Bund der Versicherten
Leitfaden Altersvorsorge

Bund der Versicherten

Leitfaden Altersvorsorge

Richtig vorsorgen und dabei sparen

zu Klampen!

Dieser Ratgeber will Sie informieren. Alle Angaben wurden sorgfältig recherchiert. Dennoch kann keine Garantie für ihre Aktualität, Richtigkeit und Vollständigkeit übernommen werden. Die Informationen beruhen auf dem Stand des Monats Februar 2009. Eine Haftung der Autoren, des Herausgebers oder des Verlags für Personen-, Sach- und Vermögensschäden ist ausgeschlossen. Die Verwendung des Buches durch Dritte – etwa zu Absatz fördernden Zwecken – ist nicht statthaft. Unzulässig ist es in diesem Zusammenhang zudem, den Eindruck einer Zusammenarbeit mit dem Bund der Versicherten e. V. zu erwecken. Alle Rechte dieses Werkes sind urheberrechtlich geschützt. Eine Vervielfältigung oder Verbreitung – auch nur auszugsweise – darf nicht ohne schriftliche Genehmigung des Verlages und des BdV vorgenommen werden. Das gilt auch für die Erfassung und Verarbeitung in elektronischen Systemen.

Bund der Versicherten e. V.
Tiedenkamp 2,
24558 Henstedt-Ulzburg
Postfach 1153
24547 Henstedt-Ulzburg
Tel.: 04193-9 90 40 (nur für Mitglieder!)
Tel.: 04193-9 42 22 (für Nichtmitglieder!)
Fax: 04193-9 42 21
E-Mail: info@bundderversicherten.de
www.bundderversicherten.de

© 2009 zu Klampen Verlag · Röse 21 · D-31832 Springe
info@zuklampen.de · www.zuklampen.de

Umschlag: Matthias Vogel (paramikron), Hannover
Umschlagfoto: © Sherwin McGehee / iStockphoto
Satz: thielenVERLAGSBÜRO, Hannover
Druck: CPI - Clausen & Bosse, Leck

ISBN 978-3-86674-029-7

Bibliografische Information Der Deutschen Bibliothek
Die Deutsche Bibliothek verzeichnet diese Publikation in der Deutschen Nationalbibliografie; detaillierte bibliografische Daten sind im Internet über ‹http://dnb.ddb.de› abrufbar.

Inhaltsverzeichnis

Vorwort   9

1. **Riester-Förderung**   11
   - Zulagen und Steuervorteile   11
   - Förderberechtigte und Anbieter   14
   - Auszahlungen und förderschädliche Verwendungen   18
   - Verbraucherrechte und Sozialpolitik   23
   - Tipps für Auswahl und Abschluss eines Riester-Vertrages   24

2. **Rürup-Rente oder Basis-Rente**   28
   - Wesensmerkmale der Rürup-Rente   28
   - Zusatzversicherungen   29
   - Vor- und Nachteile der Rürup-Rente   31
   - Steuerregeln   34
   - Nachgelagerte Besteuerung in der Rentenphase   36
   - Zielgruppen – attraktiv für wen?   37
   - Renditen der steuerlich geförderten Rürup-Rente   38
   - Angebote zum Abschluss einer Rürup-Rente   38
   - Individuelle Bedarfsermittlung   43

3. **Betriebliche Altersvorsorge**   45
   - Gesetzliche Rahmenbedingungen der Betriebsrente   45
   - Zusageformen der bAV   46
   - Die fünf verschiedenen Durchführungswege der bAV   47
   - Förderungen einer Entgeltumwandlung   52
   - Zusatzversicherungen   57
   - Mitnahme von Betriebsrente bei Arbeitgeberwechsel   59
   - Zu beachten bei bAV-Angeboten
     zur Entgeltumwandlung   60
   - Betriebsrente im öffentlichen Dienst   62

4. Langfristige Sparverträge   64

TEIL 1: Geldanlage mit Wertpapieren   64
- Vom Magischen Dreieck   64
- Traditionelle Anlageformen   66
- Welche hauseigenen Anlageformen bieten Banken und Sparkassen?   67
- Einlagensicherung   72
- Rating   73
- Festverzinsliche Wertpapiere   74
- Aktien   79
- Fonds   82
- Sonstige Geldanlagen   85
- Abgeltungssteuer   86
- Entscheidung   90
- Vermögenswirksame Leistungen   91

TEIL 2: Investmentfonds   93
- Klassische Investmentfonds   93
- Neue Fondskategorien   99
- Gebühren, Renditen und Ratings von Fonds   107
- Anlegerverhalten und Börsenschwankungen   113
- Perspektiven des Fondssparens   117

TEIL 3: Private Kapitallebens- und Rentenversicherungen   119
- Kapitallebensversicherungen   119
- Gravierende Nachteile   120
- Zusatzabsicherungen   123
- Private Rentenversicherung   124
- Zusatzabsicherungen   127
- Möglichkeiten der Vertragsgestaltung   127

TEIL 4: Fondspolicen   129
- Fondspolicen versus klassische Lebens- und Rentenversicherungen   129
- Britische Lebensversicherer   132
- Neue Fondspolicen mit Garantien   133
- Abgeltungssteuer und Versicherungsmantel   139
- Intransparente Kostenverrechnung   143
- Genaue Bedarfsermittlung bei Vertragsabschluss   146

5. Immobilienerwerb — 151
- Bauen, Kaufen oder Mieten? — 151
- Förderungsmöglichkeiten — 157
- Kreditverkäufe — 160
- Schrottimmobilien — 160
- Bausparen — 161

6. Individuelle Bedarfsermittlung — 164
- Die BdV-Altersvorsorgeberatung — 165
- Dichtung und Wahrheit bei der Versorgungslücke — 171

7. Pflegeversicherung — 175
- Pflegepflichtversicherung — 175
- Private Pflegezusatzversicherung — 180

8. Adressen — 185

ANHANG 1: Literaturhinweise — 185

ANHANG 2: Adressen und Internet-Websites von Behörden, Verbänden und privaten Organisationen — 186

Vorwort

Liebe Leserin, lieber Leser,
private Altersvorsorge ist eines der wichtigsten Themen unserer Zeit. Die gesetzliche Rente wird künftig nur noch eine Grundsicherung bieten. Die Fortführung Ihres Lebensstandards wird sie wohl kaum noch garantieren können.

Der Staat hat uns im Laufe der Jahre eine Reihe von Gesetzesänderungen beschert: Einführung der staatlich geförderten Altersvorsorge nach »Riester« und »Rürup« sowie neue Steuergesetze für Renten und Kapitaleinkünfte. Hinzu kommt der Anspruch des Arbeitnehmers auf eine betriebliche Altersvorsorge durch Gehaltsumwandlung.

Doch wer die Wahl hat, hat auch die Qual: Ob Sie Ihre Altersvorsorge mit Wertpapieren, Investmentfonds, mit Versicherungen oder mit Sparverträgen auf die Beine stellen wollen, ist allein Ihre Entscheidung.

Wichtig ist bei alledem jedoch der Grundsatz: Risikovorsorge steht vor Alterssicherung! Stellen Sie heute sicher, dass Ihnen ein Schadensfall nicht die Existenz rauben kann. Sonst fehlt Ihnen das Geld, um fürs Alter zu sparen. Im Klartext: Denken Sie beispielsweise an die Privathaftpflichtversicherung sowie an eine Berufsunfähigkeitsversicherung, bevor Sie in ein Altersvorsorgeprodukt investieren.

Weil die Altersvorsorge ein Zukunftsthema geworden ist, hat sich der Bund der Versicherten (BdV) diesem angenommen. Dabei hat er festgestellt, dass es eine fast undurchschaubare Angebotsvielfalt gibt. So viele Fragen auch auftreten, so wenig gern beschäftigen sich die Verbraucher damit.

Der BdV, der Herausgeber dieses Buches, ist vor über einem Vierteljahrhundert gegründet worden. Seitdem engagiert sich der Verein für die Rechte der Versicherten. Mittlerweile ist er mit mehr als 50.000 Mitgliedern Deutschlands größte Verbraucherschutzorganisation auf diesem Gebiet.

Mit diesem Ratgeber gibt der BdV Ihnen ein Instrument an die Hand, mit dem Sie sich eine Bresche durch den »Angebotsdschungel« schlagen können. Hier erfahren Sie, wie Sie Altersvorsorgeprodukte auswählen, die Ihren Bedürfnissen entsprechen. Sie finden alles über die verschiedenen Anlagemöglichkeiten und deren Leistungen. Und schließlich lesen Sie, wie Sie Chancen und Risiken sinnvoll gegeneinander abwägen.

Viel Erfolg bei Ihrem Vorhaben wünscht Ihnen

Ihr BdV-Team

1. Riester-Förderung

Der Startschuss der staatlich geförderten Altersvorsorge in Deutschland kam mit der Rentenreform im Jahre 2001 durch die Verabschiedung des Altersvermögensgesetzes (AVmG). Seit 2002 kann jeder sozialversicherungspflichtige Arbeitnehmer und seine Familie die nach dem früheren Bundesarbeitsminister Walter Riester benannte »Riester-Förderung« in Anspruch nehmen – als Ausgleich für die demographisch bedingte Absenkung des Niveaus der Gesetzlichen Rente.

Die wichtigsten Vorteile der Riester-Förderung bestehen darin, dass es durch Zulagen und Steuervorteile zu einer hohen Förderquote kommt, die die Gesamtrendite des Vertrages deutlich erhöht. Darüber hinaus gibt es eine Auszahlungsgarantie auf die geleisteten Beiträge. Entnahmen für die Finanzierung von Wohneigentum sind während der Einzahlungsphase möglich. Bei Beginn der Rentenauszahlung kann einmalig eine Summe von bis zu 30 Prozent des gesamten angesparten Vertragsguthabens ausgezahlt werden. Im Gegensatz zur betrieblichen Altersvorsorge fallen für die meisten Rentner keine Beiträge für die gesetzliche Kranken- und Pflegeversicherung an, es sei denn sie sind freiwillig gesetzlich krankenversichert. Im Todesfall kann das Vertragsguthaben auf den Ehepartner übertragen werden. Bei Langzeitarbeitslosigkeit und Bezug von Arbeitslosengeld II zählt das Riester-Vertragsguthaben nicht zum anrechenbaren Privatvermögen.

Zulagen und Steuervorteile
Die Art und Weise, wie die staatliche Förderung der »Riester-Rente« funktioniert, ist auf den ersten Blick nicht leicht verständlich, denn es werden Zulagen und Steuervorteile miteinander kombiniert. Die Zulagen betragen seit 2008 für den Förderberechtigten 154 Euro/Jahr, für jedes Kind 185 Euro/Jahr (für jedes, seit dem 1. Januar 2008 geborene Kind sogar 300 Euro/Jahr). Wer bis zum 25. Lebensjahr einen Riester-Vertrag abschließt, erhält einmalig den in 2008 eingeführten Bonus von 200 Euro. Um die vollen Zulagen zu erhalten, müssen mindestens vier Prozent des Bruttogehaltes des

Vorjahres in den Riester-Vertrag eingezahlt werden, wobei eine Obergrenze von 2.100 Euro/Jahr besteht. Entscheidend ist nun, dass die Zulagen zu dieser Vier-Prozent-Grenze nicht hinzugezählt, sondern abgezogen werden, woraus sich der so genannte »Mindesteigenbeitrag« ergibt.

Beispiel: Das gesamte Bruttoeinkommen des Vorjahres eines Arbeitnehmers beträgt 40.000 Euro. 4 Prozent hiervon ergeben die Summe von 1.600 Euro. Wenn er ledig ist, hat er Anspruch nur auf die Grundzulage von 154 Euro, die von den 1.600 Euro abgezogen werden. Sein Mindesteigenbeitrag beträgt demnach 1.446 Euro, die er in einem Jahr zahlen muss, um die volle Grundzulage zu erhalten. Zahlt er weniger ein, z. B. nur 100 Euro/Monat (also 1.200 Euro für das gesamte Jahr), wird anteilig zum Mindesteigenbeitrag die Zulage reduziert.

Umgekehrt kann er einen großen Vorteil daraus ziehen, wenn er ein Kind hat, für das er noch Kindergeld bezieht. In unserem Beispiel würden von den 1.600 Euro nicht nur die Grundzulage von 154 Euro, sondern auch die Kinderzulage von 185 Euro abgezogen werden, so dass sich der Mindesteigenbeitrag auf 1.261 Euro für das gesamte Jahr reduzieren würde (monatlich etwas mehr als 105 Euro). Hat er sogar zwei Kinder, würde der Mindesteigenbeitrag nochmals um 185 Euro verringert werden (entsprechend bei jedem weiteren Kind).

Genauso wie ein Förderberechtigter das Recht hat, weniger als den Mindesteigenbeitrag in den Riester-Vertrag einzuzahlen, so darf er bis zu einer gewissen Grenze auch mehr einzahlen. Der eigene Höchstbetrag ergibt sich aus der genannten Obergrenze von 2.100 Euro/Jahr minus Grundzulage von 154 Euro (und minus eventueller Kinderzulagen von je 185 Euro). Ohne Kinder beläuft sich der eigene Höchstbetrag auf 1.946 Euro, bei einem Kind z. B. auf 1.761 Euro im Jahr. Ab einem Jahresbruttoeinkommen von 52.500 Euro sind Mindest- und Höchsteigenbeitrag allerdings identisch.

Diese Höchstbeitragsgrenze ist entscheidend für die zweite Säule der Riester-Förderung, die aus Einkommensteuer-Rückzahlungen besteht. Die Beiträge werden aus schon versteuertem Einkommen geleistet, sollen aber laut Gesetz von der Einkommensteuer befreit sein. Dieses kann nur rückwirkend mittels Veranlagung beim Finanzamt durch den Lohn- oder Einkommensteuerjahresausgleich (Sonderausgabenabzug) geschehen.

Unabhängig davon, wie hoch der tatsächlich geleistete Eigenbeitrag zum Riester-Vertrag ist (unter oder über dem Mindesteigenbeitrag bis maximal zum Höchsteigenbeitrag), kann er zusammen mit den Zulagen auf der Anlage AV angegeben werden. Das Finanzamt verrechnet den Gesamtbetrag als absetzbare Vorsorgeaufwendungen. Es zieht vom Ergebnis der Steuerersparnis die Zulagen wieder ab und erstattet den Differenzbetrag im Rahmen des Jahresausgleichs. Ersichtlich ist, dass es bei dieser Form der »Günstigerprüfung« zu einer positiven Differenz nur bei höheren Eigenbeiträgen kommen kann. Ist die mögliche Steuerrückzahlung niedriger als die Zulage(n), geschieht nichts.

Dieses aufwändige zweistufige Verfahren aus Zulagen und Steuerrückzahlungen stellt den Kern der Riester-Förderung dar. Wesentlich zum Verständnis von Zulagen und Steuervorteilen ist außerdem, dass die Zulagen, die von der Zentralen Zulagenstelle für Altersvermögen bei der Deutschen Rentenversicherung Bund ausgezahlt werden, direkt als Guthaben in den Riester-Vertrag fließen und deshalb die späteren Rentenauszahlungen aus diesem erhöhen. Umgekehrt gehen die Steuerrückzahlungen auf das Girokonto des Förderberechtigten und sind nach ihrer Auszahlung unmittelbar verfügbar.

Genauso wie die Steuerrückzahlung nur mittels Steuererklärung beim Finanzamt erfolgt, so werden Grund- und Kinderzulage(n) nur auf Antrag bei der Zentralen Zulagenstelle ausgezahlt. Dieses wird von vielen Riester-Sparern vergessen, die sich dadurch finanziell »selbst schaden«. Schließlich sind die Zulagen der wesentliche Teil der staatlichen Förderung, von der alle Förderberechtigten profitieren. Hinzukommt, dass bei der »Günstigerprüfung« das Finanzamt in jedem Fall die Zulagen abzieht. Das gilt unabhängig davon, ob diese beantragt und ausgezahlt wurden oder nicht. Maximal für zwei Jahre können Zulagen rückwirkend beantragt werden.

In der Praxis sendet nach Vertragsabschluss der Anbieter des Riester-Vertrages dem Förderberechtigten den Zulagenantrag zu. Dieser muss ihn ausgefüllt an den Anbieter zurücksenden, der ihn anschließend an die Zulagenstelle weiterleitet. Seit 2005 ist gesetzlich geregelt, dass der Zulagenantrag nur noch einmal gestellt werden muss und dann für die gesamte Vertragslaufzeit gilt (Dauerzulagenantrag). Gibt es eine Änderung der persönlichen Verhältnisse (des Einkommens oder durch Geburt eines Kindes, Scheidung o. a.), muss der Förderberechtigte gegenüber seinem Anbieter selbst aktiv werden.

Förderberechtigte und Anbieter

Während Zulagen und steuerlich absetzbare Höchstbeträge in den Jahren von 2002 bis 2008 planmäßig erhöht wurden, ist der Kreis der Förderberechtigten weitgehend konstant geblieben. Hauptzielgruppe sind sozialversicherungspflichtige Arbeitnehmer mit Ehepartner/in sowie ihre Kinder, solange Kindergeld gezahlt wird.

Der Ehepartner muss in jedem Fall einen eigenen Vertrag abschließen, um die Zulagen zu erhalten. Ist der Ehepartner selbst sozialversicherungspflichtig berufstätig, so gelten für ihn dieselben Regeln für Mindest- und Höchsteigenbeiträge. Teilzeitbeschäftigte und »Mini-Jobber« müssen mindestens den Sockelbetrag von 60 Euro/Jahr entrichten (letztere müssen außerdem eigene Beiträge zur gesetzlichen Rentenversicherung zahlen). Ist der Ehepartner dagegen dauerhaft nicht berufstätig und nicht als Arbeitnehmer/in für den dreijährigen Erziehungsurlaub freigestellt, so greift die »abgeleitete Förderung«: Sogar ohne eigene Beiträge werden die Zulagen ausgezahlt (»Null-Vertrag«). Achtung: Heirat ist Voraussetzung für die »abgeleitete« Förderung, uneheliche Lebensgemeinschaften werden nicht berücksichtigt! Kinderzulagen erhält normalerweise die Mutter oder auf Antrag der Vater.

Förderberechtigt sind außerdem Beamte, rentenversicherungspflichtige Selbstständige und Landwirte, Wehr- und Zivildienstleistende, Arbeitslosengeldempfänger sowie weitere besondere Personengruppen (Kindererziehende in den ersten drei Jahren des Kindes, nicht-erwerbsmäßige Pflegekräfte, Bezieher von Vorruhestandsgeld u. a.). Neu seit 2008: Auch Bezieher einer Rente wegen voller Erwerbsminderung oder Erwerbsunfähigkeit sowie Dienstunfähigkeit (Versorgungsrenten) gehören nunmehr zu den Personen, die eine Riester-Förderung erhalten können. Das setzt voraus: Unbeschränkte Einkommensteuerpflicht und die Zugehörigkeit zu den Förderberechtigten unmittelbar vor Bezug dieser Versorgungsrenten.

Nicht förderberechtigt sind dagegen alle Selbstständigen, die nicht-rentenversicherungspflichtig sind oder in berufsständische Versorgungswerke einzahlen, und Sozialhilfebezieher. Bei Unklarheiten über den Beschäftigtenstatus gibt die jeweilige örtliche Beratungsstelle der Deutschen Rentenversicherung Bund (ehemalige BfA) Auskunft. Nicht-Förderberechtigte können als Ehepartner aber »mittelbar« einen Riester-Vertrag abschließen.

Riester-Verträge gab es bis vor Kurzem »nur« in drei Varianten: Fondssparpläne (bei Investmentgesellschaften), Banksparpläne (bei

Sparkassen und Banken) sowie Rentenversicherungen (bei Lebensversicherern). Die Anbieter müssen ihre Verträge vorab durch die Finanzaufsicht (BaFin) zertifizieren lassen. Dabei wird geprüft, ob der Vertrag den gesetzlichen Mindestanforderungen entspricht (lebenslange Rentenauszahlung, Rentenbezug nicht vor dem 60. Lebensjahr, garantierte Beitragsrückzahlung, fünfjährige Verteilung der Vertriebskosten usw.). Entscheidend für den Verbraucher ist, dass die Zertifizierung durch die Finanzaufsicht kein Qualitätsurteil hinsichtlich der Rendite oder anderer vertraglicher Gestaltungen ist. Sie besagt nur, dass es sich um ein aufsichtsrechtlich geprüftes Riester-Angebot handelt.

Seit Sommer 2008 können durch die Einführung des Eigenheimrentengesetzes zusätzlich zu den bisherigen Varianten spezielle Riester-Verträge für die Eigenheimfinanzierung abgeschlossen werden. Diese Verträge unterliegen ebenfalls der Zertifizierung durch die BaFin. Neu gefördert werden: Bausparverträge (Bausparkassen), Immobiliendarlehen (Banken, Bausparkassen, Sparkassen und Versicherer) sowie die Kombination aus einem Bausparvertrag und einem tilgungsfreien Darlehen (Kombikredit).

Bisher haben Riester-Rentenversicherungen mit einem Marktanteil von über 75 Prozent eindeutig dominiert, Riester-Fondssparpläne können ihre Position langsam, aber sicher ausbauen. Riester-Banksparpläne sind dagegen weiterhin unterrepräsentiert. Aus Sicht eines Verbrauchers sollten die wesentlichen Kriterien für eine Entscheidung zwischen diesen Varianten die angestrebte Vertragslaufzeit, die eigene Risikobereitschaft und die Kosten sein.

Für Personen ab 50 Jahre ist der Abschluss eines Banksparplanes empfehlenswert, da dieser kostengünstig ist und eine nur mäßig schwankende Verzinsung bietet. Auch für jüngere sicherheitsorientierte Sparer kann er eine geeignete Lösung sein. Trotz eines nominal niedrigen Zinses ist seine Renditeerwartung stabil. Der Verbraucher sollte sich vor Vertragsabschluss genau darüber informieren lassen, von welchen Kennzahlen die Zinsgutschriften und Bonusausschüttungen abhängen (Umlaufrendite, Euribor o. a. als Referenzzinssatz).

Wer dagegen noch mindestens 15 oder gar 20 Jahre Vertragslaufzeit vor sich hat, kann auf einen Fondssparplan zurückgreifen. Kursschwankungen an den Börsen sind bei einem so langen Zeitraum bisher vielfach mehr als ausgeglichen worden. Denn ein Sparer kann von zeitweise niedrigen Kursen durch den Kostendurchschnittseffekt sogar profitieren. Dennoch verbleibt ein Risiko, dass zum Rentenbeginn nur die eingezahlten Beiträge für die Rentenauszahlung zur Verfügung stehen. Selbstverständlich muss die Qualität der angebotenen Fonds gut sein. Auf reduzierte Ausgabeaufschläge und eine niedrige laufende Verwaltungsgebühr sollte geachtet werden.

Klassische Riester-Rentenversicherungen können nur gelegentlich für Sparer bis etwa 40 akzeptabel sein. Bei diesen weiß der Verbraucher schon bei Vertragsabschluss, wie hoch seine Mindestrente sein wird (jenseits der sowieso bestehenden Beitragsgarantie). Auf Grund dieser Garantie wird die Überschussbeteiligung aber geringer ausfallen als bei einem gut laufenden Fondssparplan. Hinzukommt, dass die Überschussbeteiligung auch durch die steigende Lebenserwartung (nicht nur durch sinkende Erträge am Kapitalmarkt) abgesenkt werden kann, die mittels Sterbetafeln ermittelt und immer wieder angepasst wird. Gegenüber einem Banksparplan fallen die erheblich höheren Abschluss- und Verwaltungskosten negativ ins Gewicht. Fondsgebundene Rentenversicherungen können zwar höhere Renditen als klassische Varianten bieten, haben gegenüber reinen Fondssparplänen aber ebenfalls den Nachteil meist viel höherer Kosten. Sie scheiden deshalb sehr oft aus. Hohe Kosten wirken sich nicht nur auf die Rendite, sondern auch auf die übertragbare Summe bei einem Wechsel zu einem anderen Anbieter, deutlich aus. Denn sie verringern das zu übertragende Vertragsguthaben.

Riester-Rentenversicherer dürfen seit 2005 nur noch so genannte Unisex-Tarife anbieten, d. h. sie müssen geschlechtsneutral kalkuliert sein. Bei Fonds- und Banksparplänen entfällt diese Vorschrift, da ihre Wertentwicklung nur von Börsen- und Zinskennzahlen abhängt.

Auch ist es möglich, *mehrere* Riester-Verträge abzuschließen. Zulagen und Steuervorteile werden deswegen aber nicht erhöht und maximal auf zwei Verträge verteilt. Deshalb ist ein zweiter Riester-Vertrag normalerweise nicht sinnvoll. Anstelle des Abschlusses eines privaten Riester-Vertrages wäre auch der eines betrieblichen Riester-Vertrages möglich. Nicht alle Betriebe sehen diese Möglichkeit allerdings vor. Empfehlenswert ist im Allgemeinen jedoch nur ein privater Riester-Vertrag. Ein betrieblicher Riester-Vertrag könnte höchstens ausnahmsweise von Privatversicherten erwogen werden, wenn der Arbeitgeber einen kostengünstigen Altersvorsorgevertrag ausgewählt hat. Für gesetzlich Versicherte scheidet er von vornherein aus, weil sie auf die Rente aus dem betrieblichen Riester-Vertrag Kranken- und Pflegeversicherungsbeiträge im Alter zu zahlen haben.

Außerdem möglich wäre, zusätzlich zu einem Riester geförderten Vertrag einen Riester-Fondssparplan ohne Förderung abzuschließen, mit dem die Abgeltungssteuer für reine Fondssparpläne »umgangen« werden kann. Nachteilig sind allerdings der Verlust der Flexibilität bei Ein- und Auszahlungen sowie die Beschränkung der Auswahl der Fonds. Zudem erhält der Sparer weder Zulagen noch Steuervorteile für einen solchen Riester-Fondssparplan. Es gelten hierfür dieselben Steuerregeln wie für Lebensversicherungen: Ist der Sparer bei Auszahlung mindestens 60 Jahre alt und hat der Riester-Fondssparplan (ohne Förderung) mindestens zwölf Jahre gelaufen, sind die Erträge nur mit der Hälfte des persönlichen Steuersatzes zu versteuern. Das ist auch beim Spitzensteuersatz weniger, als wenn für den Gesamtertrag 25 Prozent Abgeltungsteuer anfallen. Eine Rente hieraus unterliegt der günstigeren Ertragsanteilbesteuerung. Einen Riester-Fondssparplan ohne Förderung könnte jeder abschließen, dieser kann aber nur in zwei Fällen möglicherweise interessant sein: Einerseits für Selbstständige, die überhaupt keine Riester-Förderung erhalten und außerdem für diejenigen förderberechtigten Riester-Sparer, welche die Höchstförderung von 2.100 Euro bereits voll ausgeschöpft haben. Die mögliche »Überzahlung« eines bereits bestehenden geförderten Riester-Fondssparplans über die Förderungshöchstgrenze hinaus, ist nicht empfehlenswert. Vielmehr sollte dann ein separater zweiter Riester-Fondsparplan ohne Förderung abgeschlossen und bespart werden. Von Vorteil kann sein, dass auch diese Fondssparpläne zum Rentenbeginn zumindest die Summe der eingezahlten Beiträge vorsehen müssen. Dadurch wird das Risiko eines Verlustes der eingezahlten Beiträge verhindert, wobei eine Garantie immer Rendite kostet. Die Besonderheit ist: Ein derartiger Riester-Fondssparplan muss nicht verrentet werden, sondern kann auch aufgelöst werden.

Erwähnt werden sollen folgende weitere Punkte: Personen, die bei Vertragsabschluss bereits über 50 Jahre alt sind, kann es passieren, dass Anbieter den Abschluss eines Vertrages verweigern, wenn bis zum Rentenbeginn weniger als zwölf Jahre verbleiben. Obwohl eine Mindestvertragsdauer gesetzlich nicht vorgeschrieben ist, können die Anbieter diese festlegen (besonders bei der Vertragsvariante Rentenversicherung ist dieses wahrscheinlich). Hier kann nur geraten werden, sich einen anderen Anbieter oder besser eine andere Vertragsvariante zu suchen.

Riester-Sparern steht insgesamt eine sehr breite Auswahl an möglichen Vertragsangeboten zur Verfügung. Wem es weniger auf Rendite als auf Sicherheit ankommt, sollte vor allem auf einen kostengünstigen Banksparplan zurückgreifen. Eine klassische Riester-Rentenversicherung kann hingegen allenfalls für Sparer bis etwa 40 Jahre bei einem kostengünstigen Anbieter geeignet sein. Wer risikobereiter ist und von langfristigen Kurswertsteigerungen an den Börsen profitieren möchte, hat dafür die besten Chancen mit einem Fondssparplan. Es versteht sich von selbst, dass mittels Vergleichsangeboten und Vergleichstests bei jedem Anbieter die Qualität und Zuverlässigkeit seiner Leistungsversprechen vorab genau geprüft werden sollte.

Auszahlungen und förderschädliche Verwendungen
Vorrangiges Ziel der Riester-Förderung ist die Auszahlung einer lebenslangen Zusatzrente. Grundsätzlich darf diese nicht vor dem 60. Lebensjahr beginnen. Ein späterer Zeitpunkt kann frei gewählt werden und wird in den meisten Fällen mit dem Beginn des Bezugs der gesetzlichen Rente übereinstimmen. Es wird also das so genannte »Langlebigkeitsrisiko« abgedeckt, was bedeutet, dass die Riester-Sparer die Gewissheit haben, ihre Zusatzrente wird immer gezahlt, egal wie alt sie letztlich werden. Ein möglicher Renditevergleich muss diesen besonderen »Risikofaktor« deshalb berücksichtigen.

Bei Rentenversicherungen gibt es von vornherein eine garantierte Mindestrente, deren Überschussbeteiligung je nach Kapitalmarktlage und neuen Sterbetafeln schwanken kann. Bei Bank- und Fondssparplänen werden dagegen meistens zuerst Entnahmepläne angewandt, die wegen etwas erhöhter Auszahlungen einen gewissen Kapitalverzehr mit sich bringen. Spätestens ab dem 85. Lebensjahr wird das Restkapital dann in eine gleichbleibende Leibrente umgewandelt.

Wegen der »nachgelagerten Besteuerung«, die 2005 eingeführt wurde, unterliegt auch die Riester-Rente im Alter der vollen Besteuerung (Freistellung der Beiträge, Besteuerung der Auszahlungen). Der persönliche Steuersatz ist im Rentenalter aber meist deutlich niedriger als während der Phase der Erwerbstätigkeit.

Wie eingangs erwähnt, müssen Rentner, die in der gesetzlichen Krankenkasse pflichtversichert sind (Krankenversicherung der Rentner (KVdR)), bei Erhalt einer Riester-Rente keine Beiträge an diese zahlen. Das ist die überwiegende Zahl der Rentner. Zwei Ausnahmen gibt es allerdings: wenn im Rahmen einer betrieblichen Altersvorsorge »geriestert« wurde, sowie für diejenigen Personen, die als Rentner freiwillig in einer gesetzlichen Krankenkasse versichert sind.

Was geschieht, wenn der Förderberechtigte verstirbt? Im Gegensatz zur Rürup-Rente hat der Gesetzgeber festgelegt, dass ein Riester-Vertrag übertragen oder vererbt werden darf. Der Rechtsanspruch hierauf und welche Kosten dabei anfallen, muss vertraglich eindeutig festgelegt sein.

Als förderschädliche Verwendung gilt grundsätzlich, wenn das Geld bei Tod des Riester-Sparers an die Erben ausgezahlt wird. Nur der verwitwete Ehegatte kann das in einem Riester-Vertrag angesparte Guthaben im Erbfall uneingeschränkt übernehmen. Dafür muss er dieses auf einen eigenen geförderten Riester-Vertrag übertragen. Hat der hinterbliebene Ehepartner bisher keinen eigenen Riester-Vertrag abgeschlossen, kann er dies innerhalb eines Jahres nach dem Todesfall nachholen. Der Neuabschluss ist auch dann möglich, wenn er bisher nicht unmittelbar förderberechtigt war. Schließlich hat er einen Anspruch auf einen Ehepartnervertrag (Zulagenvertrag). Möchte der hinterbliebene Ehepartner den Vertrag nach förderunschädlicher Übertragung nicht fortführen, kann er ihn jederzeit beitragsfrei stellen. Viele Riester-Rentenversicherungsverträge sehen auch alternativ vor: Das angesparte Kapital kann als Hinterbliebenenrente (Witwen- oder Waisenrente) im Todesfall ausgezahlt werden. Diese Variante ist nicht förderschädlich. Die dem Erblasser gewährten Steuerermäßigungen und Zulagen müssen weder der hinterbliebene Ehepartner noch die kindergeldberechtigten Kinder (Waisen) zurückerstatten.

Besteht der verwitwete Ehegatte allerdings auf die Auszahlung des Kapitals oder fällt das Erbe an die Kinder, müssen die Fördermittel (Zulagen und Steuervorteile) genau wie im Fall der Vertragskündigung komplett zurückgezahlt werden. Zusätzlich sind die Erträge nachzuversteuern und es könnte auch Erbschaftssteuer anfallen. Andere Erben trifft ebenfalls diese Rückzahlungs- und Versteuerungspflicht.

Verstirbt der Riester-Sparer während der Auszahlung nach Rentenbeginn, sollten die Hinterbliebenen beachten: Bei Riester-Rentenpolicen kommt es auf die Vertragsgestaltung an. Ist eine der nachfolgenden Varianten nicht vereinbart, fällt das noch vorhandene Kapital an den Lebensversicherer:

Förderungsschädlich: Bis zum Ende der vereinbarten Rentengarantiezeit (z. B. 10 Jahre) wird die Rente weitergezahlt. Öfter ist auch die Auszahlung einer einmaligen Todesfallsumme, seltener der Summe der abgezinsten Renten bis zum Ende der Rentengarantiezeit, möglich.

Förderungsunschädlich: Der Betrag kann bei vielen Anbietern in eine Witwen- oder Waisenrente umgewandelt werden. Auch ist vielfach für den hinterbliebenen Ehepartner die Übertragung auf einen eigenen Riester-Vertrag möglich.

Bei Riester-Fondssparplänen hängt die Vererbbarkeit des angesammelten Vermögens bei Versterben in der Auszahlungsphase grundsätzlich von der jeweiligen vertraglichen Vereinbarung ab. Der hinterbliebene Ehepartner kann meistens das verbliebene Altersvorsorgevermögen förderungsunschädlich auf einen eigenen Altersvorsorgevertrag übertragen. Das trifft auch auf Riester-Banksparpläne zu.

Besteht der Erbe, auch der Ehepartner oder die Kinder, hingegen auf die Auszahlung des Kapitals, müssen Zulagen und etwaige Steuervorteile zurückgezahlt werden. Auch sind Erträge zu versteuern und gegebenenfalls Erbschaftssteuer zu zahlen.

Erlaubt ist, den Riester-Vertrag eine Zeitlang ruhen oder gänzlich beitragsfrei zu stellen. Das ist dann sinnvoll, wenn ein Förderberechtigter feststellt, dass er die Beiträge – zumindest für eine gewisse Zeit – nicht mehr aufbringen kann. Durch das Gesetz sind die Vertragsanbieter nur verpflichtet, die Beitragsfreistellung anzubieten, allerdings nicht die Wiederaufnahme des Vertrages. Diese Option sollte man sich vertraglich zusichern lassen, auch über die Höhe der dann möglichen Stornoabzüge sollte man sich vorab genau informieren.

Ein zeitweiliges Aussetzen (Stundung) oder eine Beitragsfreistellung sind immer besser als eine Kündigung des Vertrages, die grundsätzlich möglich ist. Im Falle einer Kündigung müssen alle Zulagen und Steuervorteile zurückgezahlt und das Restguthaben zusätzlich versteuert werden. Eine Kündigung sollte nur die letzte von allen denkbaren Möglichkeiten sein.

Nachteilig ist die definitive Verlegung des Wohnsitzes ins Ausland nach Rentenbeginn – selbst innerhalb der EU. Der Anbieter zweigt in diesen Fällen von jeder Rentenauszahlung 15 Prozent für die Zulagenstelle ab, bis alle gewährten Steuervorteile und Zulagen zurückgezahlt sind. Zinserträge aus der Ansparphase werden dem Riester-

Sparer aber nicht wieder abgenommen. Zudem entfallen die deutschen Steuern auf die Riester-Rente. Dadurch kann sich die Sache dennoch lohnen. Die derzeitige Gesetzeslage wird damit begründet, dass ein Rentner in diesem Fall nicht mehr in Deutschland steuerpflichtig ist. Deshalb verliert er seinen Anspruch auf die vorher ausgezahlten Zulagen und Steuervorteile. Gegen diese Regelung läuft allerdings ein Verfahren vor dem Europäischen Gerichtshof in Luxemburg, dessen endgültige Entscheidung mit Spannung erwartet wird. Diese Entscheidung betrifft nicht nur Auswanderungswillige, sondern auch Grenzgänger (Arbeiten in Deutschland und Wohnen im Nachbarstaat oder umgekehrt) sowie ausländische Arbeitnehmer in Deutschland.

Eine weitere, nicht-förderschädliche Besonderheit der Riester-Verträge bestand auch schon vor der Einführung des Eigenheimrentengesetzes darin, dass das Vertragsguthaben während der Einzahlphase zur Finanzierung von *Wohneigentum* teilweise entnommen werden darf. Das im Sommer 2008 verabschiedete Eigenheimrentengesetz trat rückwirkend zum 1. Januar 2008 in Kraft. Es hat die staatliche Riester-Förderung von selbstgenutztem Wohneigentum als Altersvorsorge auf eine neue Grundlage gestellt. Diese Form der Riester-Rente wird auch als Wohn-Riester bezeichnet. Neben den bisherigen Riester-Renten-Sparverträgen, können nunmehr Bausparkassen geförderte Riester-Anlageprodukte als Bausparverträge und Wohnungsgenossenschaften Riester-Sparverträge für ihre Mitglieder anbieten. Zusätzlich dürfen Banken Immobilienkredite mit staatlicher Riester-Förderung auf den Markt bringen. Auch Riester-Kombikredite aus einem Bausparvertrag und einem gleichzeitigen beginnenden tilgungsfreien Darlehen können offeriert werden. Ob und welche Riester-Anlageprodukte im Rahmen Ihrer Immobilienfinanzierung für Sie geeignet sein könnten, sollten Sie mit einem neutralen und unabhängigen Baufinanzierungsexperten klären. Zu den neuen Riester-Sparformen gibt es bisher nur eingeschränkte Marktvergleiche: Die ersten Wohn-Riester-Darlehensangebote haben Finanztest (02/2009) und die zu Riester-Bausparverträgen Ökotest (02/2009) ausgewertet.

Auch können Sie zu Beginn der Rentenauszahlungsphase Ihr angespartes Kapital aus einem »normalen« Riester-Vertrag vollständig zur Tilgung der Restschuld Ihres Immobilienkredites nutzen. Das dürfen auch Riester-Sparer, die ihr Eigentum vor 2008 erworben haben.

Allerdings müssen sie in einem solchen Fall die Tilgungsbeträge versteuern.

Nach dem bisherigen »Entnahmemodell« konnte ein Betrag zwischen 10.000 bis 50.000 Euro für die Darlehenstilgung einer Immobilie verwendet werden. Um die Riester-Förderung nicht zu verlieren, musste der entnommene Betrag bis spätestens zum Rentenbeginn wieder eingezahlt worden sein. Diese Beschränkungen fallen nun weg, nur für die Jahre 2008 und 2009 gilt der Mindestbetrag von 10.000 Euro noch. Das gesamte Vertragsguthaben kann zur Darlehenstilgung genutzt werden. Auch die obligatorische Rückzahlung bis Rentenbeginn entfällt.

Es kommt aber zu einer Besteuerung der für die Immobilienfinanzierung verwendeten Eigenbeiträge und Zulagen im Rentenalter, weil die Befreiung von der Einkommensteuer während der Einzahlphase weiterhin gilt. Dafür wird ein »fiktives Wohnförderkonto« errechnet: die Summe sämtlicher Eigenbeiträge plus Zulagen, verzinst mit zwei Prozent, unterliegt der nachgelagerten Besteuerung im Alter (mit dem persönlichen Steuersatz). Wer die errechnete Steuerlast auf einen Schlag bezahlt, bekommt einen Rabatt von 30 Prozent auf die zu versteuernde Summe, ansonsten wird die Steuerlast bis zur Vollendung des 85. Lebensjahres verteilt. Gefördert werden nur Darlehen, die ein Eigentümer zum Bau oder Kauf einer selbstgenutzten Immobilie aufnimmt. Diese muss nach 2007 angeschafft oder fertig gestellt worden und der Hauptwohnsitz sein. Die Tilgung des Darlehens muss spätestens bis zum 68. Lebensjahr erfolgt sein.

An der neuen Regelung erscheint problematisch, dass im Rentenalter Steuern gezahlt werden müssen. Diese Besteuerung muss aber nicht zwangsläufig ein Nachteil gegenüber anderen Riester-Verträgen sein. Denn das Wohnförderkonto wird »nur« bis zum Rentenbeginn mit zwei Prozent und danach gar nicht mehr verzinst. Andere Sparer müssen die Erträge aus ihren Riester-Verträgen komplett versteuern. Bei Förderbeträgen in gleicher Höhe könnten Immobilieneigentümer demnach weniger Steuern als andere Riester-Sparer zahlen. Das ergaben zumindest sowohl die von Finanztest als auch von Ökotest durchgerechneten Beispielsfälle.

Abschließend sei erwähnt, dass eine Riester-Rente nach Beginn der Auszahlungen dem Pfändungsschutz nicht mehr unterliegt. Allerdings bieten die Pfändungsgrenzen einen gewissen Schutz.

Verbraucherrechte und Sozialpolitik

Die Riester-Förderung hatte 2002 einen schwierigen Start. Zum einen lag dies am geringen Fördervolumen, zum anderen an der umständlichen Vertragsgestaltung. So betrug die Grundzulage 2002/2003 nur 38 Euro/Jahr, 2004/2005 nur 76 Euro/Jahr, 2006/2007 lag sie bei 114 Euro/Jahr. Die Kinderzulage lag anfangs bei nur 46 Euro/Jahr und der steuerlich absetzbare Höchstbetrag bei lediglich 525 Euro/Jahr (oder 1 Prozent des Jahresbruttoeinkommens). Da es noch keinen Dauerzulagenantrag gab, mussten bis 2005 die Zulagen jedes Jahr neu beantragt werden. Außerdem war noch nicht möglich, dass bei Rentenbeginn bis zu 30 Prozent des Vertragsguthabens auf einem Schlag ausgezahlt werden können und nur der Restbetrag dauerhaft verrentet werden muss. Ferner wurde neu geregelt, dass die Vertriebskosten auf die ersten fünf Jahre und nicht auf die ersten zehn Jahre der Vertragslaufzeit verteilt werden können, damit Vertreter ihre Provision schneller erhalten. Das ist ein Zugeständnis an die Versicherungswirtschaft und steht im Widerspruch zum Verbraucherschutz.

Mit dem Erreichen der letzten Förderstufe seit 2008 und den zwischenzeitlich erfolgten vertraglichen Vereinfachungen hat sich die Riester-Förderung aber immer mehr durchgesetzt. Bis Ende 2007 gab es etwa 10 Millionen abgeschlossene Verträge, wobei mit über 30 Millionen Förderberechtigten insgesamt gerechnet wird. Gerade weil die Riester-Förderung sich nun in der Breite durchgesetzt hat, ist eine neue Diskussion um ihre mögliche Weiterentwicklung in Gang gekommen. Zu ihrem Verständnis müssen die sehr unterschiedlichen Interessenlagen berücksichtigt werden.

Ein wichtiger Punkt ist, ob die Riester-Rente mit Beginn der Auszahlungen auf die Grundsicherung angerechnet werden soll oder nicht. Die Grundsicherung erhalten derzeit alle Rentner, deren gesetzliche monatliche Rente weniger als etwa 700 Euro/Monat beträgt und deshalb vom Sozialamt auf diesen Betrag aufgestockt wird (exakte Zahlen variieren je nach Bundesland). Alle Formen von privatem Vermögen oder anderen regelmäßigen Bezügen (z. B. Betriebsrenten) werden vorher berücksichtigt. Verbraucherpolitisch ist unumgänglich, dass die Vertragsanbieter im Rahmen ihrer Informationspflicht auf diesen Umstand hinzuweisen haben. Wer berufstätig ist, wird im Alter nur dann eine Grundsicherung erhalten, wenn er durchgängig ein sehr geringes Einkommen hat. Unter rein finanziellen Gesichtspunkten lohnt sich die Riester-Rente dann nicht.

Allerdings kann am Anfang und in der Mitte des Berufslebens kaum eingeschätzt werden, ob man im Alter tatsächlich auf Grundsicherung angewiesen sein wird. Deshalb erscheint es nicht sinnvoll von vornherein auf einen Riester-Vertrag zu verzichten, weil es vielleicht einmal soweit kommen könnte. Abgesehen davon, könnte sich das Niveau der Grundsicherung je nach Lage der Staatskassen künftig nicht nur nach oben, sondern auch nach unten verändern.

Einen Ansatzpunkt für eine mögliche Lösung dieses Dilemmas gibt es dennoch. Bei Langzeitarbeitslosigkeit und Bezug von Arbeitslosengeld II zählt das Riester-Vertragsguthaben (wie das der Rürup-Rente und betrieblicher Altersvorsorge) nicht zum anrechenbaren Privatvermögen. Diese Regelung stellt eine Privilegierung gegenüber anderen privaten Altersvorsorgesparverträgen dar. Zu überlegen wäre, ob nicht auch bei der Grundsicherung eine ähnliche Ausnahme geschaffen wird, d. h. eine teilweise Freistellung der Riester-Rentenauszahlungen von der Grundsicherung.

Eine ganz andere Frage ist die der Dynamisierung der Förderbeiträge. Die Riester-Rente profitiert davon, dass einschließlich Zulagen bis zu 2.100 Euro pro Jahr eingezahlt werden können. Viele bewerkstelligen über einen Riester-Vertrag einen nennenswerten Teil ihrer Altersvorsorge. Allerdings macht sich langsam bereits die Festschreibung der gesetzlichen Höchstbeträge bemerkbar. Die Einkommen sind seit Einführung der Riester-Rente gestiegen. Dadurch wächst auch die Versorgungslücke. Der GDV schlug daher im Jahr 2007 vor, wie bei der betrieblichen Altersversorgung einen Bezug der Förderhöchstgrenzen und Zulagen zur Einkommensentwicklung herzustellen. Eine solche Anpassung kann sinnvoll sein. Der Entscheidung der Politik auch zu dieser Frage darf mit Spannung entgegengesehen werden.

Insgesamt bleibt festzuhalten, dass die Riester-Förderung für alle Förderberechtigten meistens ein geeigneter Altersvorsorgebaustein ist. Der Staat hat damit ein wirkungsvolles Instrument für den Aufbau einer privaten Zusatzrente geschaffen, von dem nahezu jede Einkommensgruppe und in jeder persönlichen Situation (als Ledige, als Verheiratete, mit oder ohne Kinder) profitieren kann.

Tipps für Auswahl und Abschluss eines Riester-Vertrages
Der Staat hat mit der vorgeschriebenen Zertifizierung der Angebote einen Rahmen geschaffen, nach dem sich Anbieter und Vorsorgesparer gleichermaßen richten müssen. Jenseits dieser Mindeststandards

haben die Anbieter von Riester-Verträgen aber Freiheiten, die Vertragsbedingungen weiter zu gestalten. Weitere wichtige Details für den Vertragsabschluss seien abschließend genannt:
- Wünschenswert ist z. B., dass der Beginn der Rentenauszahlungen auch nach Vertragsabschluss noch flexibel festgelegt werden kann. Gesetzlich vorgeschrieben ist lediglich, dass die Rentenauszahlungen nicht vor dem 60. Lebensjahr beginnen dürfen. Bei einem guten Vertrag sollte es möglich sein – bei Einhaltung der gesetzlichen Vorschrift –, den Rentenbeginn um maximal fünf Jahre vorzuverlegen oder umgekehrt noch hinausschieben zu können.
- Auch wenn gesetzlich garantiert ist, dass die geleisteten Eigenbeiträge ohne Abzüge für spätere Umrechnung als Rente zur Verfügung stehen müssen, so haben die Anbieter Spielräume bei den Rechnungsgrundlagen. Bei einem guten Vertrag sollten die Rechnungsgrundlagen für die spätere Rente (bei Rentenversicherungen: Sterbetafel, Rechnungszins, Rentenfaktor) im Vertrag klar genannt werden und während der Vertragslaufzeit nicht mehr geändert werden können.
- Bei Riester-Fondssparplänen sollte der Fondswechsel während der Einzahlungsphase gebührenfrei und mindestens einmal jährlich möglich sein. Unterschieden wird zwischen einem Fondswechsel nur für die zukünftigen Einzahlungen sowie dem auch für die schon geleisteten Beiträge und die damit bereits erworbenen Fondsanteile. Bei Riester-Banksparplänen sollte der Referenzzins im Vertrag eindeutig ausgewiesen sein. Der Referenzzins ist die Zinsgröße, nach der sich die Verzinsung des unterzeichneten Banksparplans richtet.
- Wenn Sie unzufrieden mit einem Anbieter oder einer Anlage sind, haben Sie jederzeit die Möglichkeit, Ihr Geld in eine andere geförderte Riesteranlage zu übertragen. Die Kosten, die dabei anfallen, tragen allerdings Sie. Sie müssen bereits im Vertrag ausgewiesen werden. Alternativ können Sie aber auch den Sparvorgang einfach ruhen lassen.
- Finden Sie nach einer gewissen Zeitspanne einen anderen Anbieter, der z. B. eine bessere Rendite verspricht, so ist ein Wechsel zu diesem Anbieter möglich. Beachtet werden müssen allerdings Fristen und Gebühren. Bei einem neuen Anbieter fallen erneut Abschlusskosten an. Es findet eine Übertragung des bisherigen Vertragsguthabens statt. Dem bisherigen Anbieter muss mit mindestens drei Monaten Vorlauf bis zum Ende des nächsten Quartals

gekündigt werden. Der Vertrag mit dem neuen Anbieter sollte vorgelegt werden. Die Gebühren für den Wechsel können sehr unterschiedlich ausfallen, normalerweise liegen sie zwischen 50 bis 100 Euro. Sie müssen im Vertrag ausgewiesen sein.

Vor Abschluss eines Riester-Vertrages sollten Sie auf Folgendes unbedingt achten:
1. Prüfen Sie, ob Sie *förderberechtigt* sind (alle Personen, die Pflichtbeiträge in die gesetzliche Rentenversicherung leisten, gehören sicher dazu). Ansonsten fragen Sie bei einer der vielen regionalen Beratungs- und Auskunftsstellen der Deutschen Rentenversicherung nach.
2. Berechnen Sie überschlägig Ihren jährlichen *Mindestbeitrag*, in dem Sie vier Prozent Ihres Jahresbruttoeinkommens nehmen und davon die Grundzulage von 154 Euro sowie – falls vorhanden – die Zulage pro Kind von 185 Euro abziehen (bei Kindern, die nach dem 1. Januar 2008 geboren wurden, sind es sogar 300 Euro). Der höchste anzusetzende Betrag für das Jahresbruttoeinkommen liegt bei 52.500 Euro. Beachten Sie, dass *Ehepartner*, die dauerhaft nicht selbst erwerbstätig sind und sich z. B. nicht nur im Erziehungsurlaub befinden, sogar ohne Eigenbeitrag die Grundzulage erhalten können.
3. Schließen Sie nicht vorschnell den erstbesten Vertrag ab, sondern informieren Sie sich über die verschiedenen *Vertragsvarianten*: Fondssparpläne, Banksparpläne und Rentenversicherungen können als Riester-Vertrag abgeschlossen werden. Für Bauherren und Käufer einer selbst genutzten Immobilie können auch Wohn-Riester-Angebote, wie z. B. Riester-Bausparverträge oder Riester-Immobilienkredite interessant sein. Prüfen Sie, welche Variante am besten zu Ihnen passt.
4. *Riester-Fondssparpläne* eignen sich für Personen, die noch mindestens 15 oder 20 Jahre Vertragslaufzeit vor sich haben. Dadurch können Sie von möglichen höheren Börsengewinnen profitieren, Kursausschläge und Baissephasen werden erfahrungsgemäß langfristig mehr als ausgeglichen. Achten Sie auf eine exzellente Fondsauswahl und ermäßigte Ausgabeaufschläge.
5. *Riester-Banksparpläne* eignen sich besonders für Personen ab dem 50. Lebensjahr, denn sie garantieren eine relativ stabile Verzinsung. Da die Kosten niedrig sind, kommt auch bei einem niedrigen

Zinssatz eine gute Rendite zustande. Achten Sie auf einen klar ausgewiesenen Referenzzinssatz.
6. *Die klassische private Riester-Rentenversicherungen* eignet sich allenfalls gelegentlich für Sparer bis etwa Anfang 40, weil die Kostenbelastung in den Anfangsjahren hoch ist. Die fondsgebundene Riester-Rentenversicherung scheidet wegen der meist noch höheren Kostenbelastung häufig von vornherein aus.
7. Holen Sie sich mehrere *Vergleichsangebote* ein und beachten Sie Angebotsvergleiche in den Medien oder im Internet. Lassen Sie sich am besten neutral und unabhängig beraten, wie beispielsweise durch den Bund der Versicherten.
8. Wenn Sie einen Riester-Vertrag abgeschlossen haben, vergessen Sie auf keinen Fall, den *Zulagenantrag* zu stellen und beim Finanzamt prüfen zu lassen, ob eine *Steuerrückzahlung* für die geleisteten Beiträge möglich ist.
9. Bis zu 15 Prozent des Beitrages für einen Riester-Vertrag könnten in eine Kombination mit einer Berufsunfähigkeitsversicherung gesteckt werden. Dadurch würde diese Berufsunfähigkeitsrente auch nur sehr gering ausfallen. Deshalb verzichten Sie auf eine Berufsunfähigkeitszusatzversicherung oder ähnlichem zu einem Riester-Vertrag. Einen ausreichenden Berufsunfähigkeitsschutz erreichen Sie nur mit einer separaten Berufsunfähigkeitsversicherung oder einer Kombination aus einer Risikolebensversicherung mit einer Berufunfähigkeitszusatzversicherung. Dieser Schutz ist existenziell wichtig und jeder sollte ihn besitzen.

2. Rürup-Rente oder Basis-Rente

Die Rürup-Rente wurde 2005 eingeführt. Sie wird auch als Basis-Rente bezeichnet. Die Rürup-Rente geht auf den Ökonom Bert Rürup zurück. Er hat die Bundesregierung bei der Rentenreform beraten. Die Basis-Rente ist weitgehend der gesetzlichen Rente nachempfunden. Sie wird aber kapitalgedeckt finanziert und gehört zur ersten Schicht des neuen »Drei-Schichten-Modells« der Altersvorsorge.

Die Rürup-Rente ist eine steuerlich geförderte Altersvorsorge. Staatliche Zulagen, wie bei der Riester-Rente, gibt es nicht. Jeder Altersvorsorgesparer kann einen Teil seiner Beiträge im Rahmen der Altersvorsorgeaufwendungen als Sonderausgaben steuerlich absetzen. Es werden höhere Beiträge als bei der Riester-Rente gefördert.

Für Selbstständige und Freiberufler, die weder rentenversicherungs- noch versorgungswerkpflichtig sind, ist die Rürup-Rente meist die einzige Möglichkeit eine steuerlich geförderte Altersvorsorge aufzubauen. Die Riester-Förderung können sie, außer der indirekten Förderung über den Ehepartner, nicht nutzen. Ebenso wenig besteht für sie zumeist die Möglichkeit, betriebliche Altersvorsorgeangebote zu nutzen. Sie kann aus rein steuerlicher Sicht vor allem attraktiv für gut verdienende ältere Selbstständige und Freiberufler sein, besonders wenn sie weder rentenversicherungs- noch versorgungswerkpflichtig sind. Das gilt ebenso für gut verdienende ältere Arbeitnehmer, Beamte und wohlhabende Ruheständler.

Wesensmerkmale der Rürup-Rente
Mit dem Jahressteuergesetz 2007 wurde es auch Banken und Investmentgesellschaften erlaubt, Rürup-Verträge anzubieten. Zunächst war dies nur den Versicherern vorbehalten. Bisher ist das Angebot an Alternativen auf nur zwei Fondssparpläne beschränkt. Rürup-Banksparpläne lassen weiter auf sich warten. Förderberechtigt sind alle einkommenssteuerpflichtigen Personen, wie Arbeitnehmer, Selbstständige, Freiberufler, Beamte und Rentner. Die Rürup-Rente muss fünf Nicht-Bedingungen erfüllen: Sie darf nicht vererblich, nicht übertragbar, nicht beleihbar, nicht veräußerbar und nicht kapitalisierbar sein. Eine Kündigung ist ausgeschlossen.

Die Beiträge zur Rürup-Rente müssen ausschließlich dem Aufbau der eigenen kapitalgedeckten Altersvorsorge dienen. Die Altersrente darf frühestens im Alter von 60 Jahren monatlich bezogen werden. Der Vertrag darf nur eine lebenslange Rentenzahlung vorsehen. Bei Vertragsabschluss ab dem 1. Januar 2012 ist der 62. Geburtstag maßgeblich. Ausnahmsweise darf eine Kleinbetragsrente in einem Einmalbetrag abgefunden werden. Diese liegt vor, wenn die Monatsrente nicht höher als ein Prozent der monatlichen sozialversicherungsrechtlichen Bezugsgröße ist. Im Jahre 2009 darf diese Monatsrente höchstens 25,20 Euro betragen.

Zusatzversicherungen
Eine Rürup-Rente kann durch Zusatzversicherungen ergänzt werden. Beiträge zu Rürup-Verträgen sind als Sonderausgaben im Rahmen der Altersvorsorgeaufwendungen steuerlich absetzbar. Mitumfasst werden die Prämien für Zusatzversicherungen. In diese dürfen aber nicht mehr als rund 49 Prozent des Gesamtbeitrags fließen. Mehr als 50 Prozent des Beitrages müssen also in den Aufbau der Altersvorsorge investiert werden. Der Staat fördert so durch die Gewährung von Steuervorteilen auch eine Hinterbliebenen- sowie eine Berufsunfähigkeits- oder Erwerbsminderungsabsicherung. Das hört sich zunächst attraktiv an, ist aber nicht unbedingt sinnvoll.

Kopplung mit Berufsunfähigkeitszusatzversicherung geeignet?: Die Rente aus einer Berufsunfähigkeitszusatzversicherung zu einer Rürup-Rente unterliegt der vollen Besteuerung. Die Berufsunfähigkeitsrente aus einem separaten Berufsunfähigkeitsvertrag wird dagegen geringer mit dem günstigeren Ertragsanteil versteuert. Dadurch relativiert sich der steuerliche Vorteil der Absetzbarkeit. Um die gleiche monatliche Berufsunfähigkeitsrente zu erhalten, wie aus einem separaten Vertrag, müsste sie höher abgeschlossen werden. Dies führt zu einem höheren Beitrag für die Zusatzabsicherung und gegebenenfalls auch zur Rürup-Rente.

Die Kopplung von Berufsunfähigkeitsversicherung und Rürup-Rente ist kritisch zu bewerten: Die Knebelwirkung ist einfach zu groß. Kann der Sparer die Beiträge nicht mehr aufbringen oder muss sie reduzieren, verliert er entweder komplett seinen Berufsunfähigkeitsschutz oder die versicherte Rente deckt nicht mehr seinen Bedarf.

Flexibler und geeigneter ist deshalb die Trennung der Vorsorgeformen. Verschlechtert sich die finanzielle Situation des Sparers, lässt sich die Rürup-Rente beitragsfrei stellen. Dann erfolgt keine Einzahlung mehr in den Vertrag. Das eingezahlte Kapital wird aber weiter verzinst. Eine Berufsunfähigkeitsversicherung sollte separat abgeschlossen werden. Dann kann sie auch in finanziell schlechteren Zeiten meist weiter bezahlt werden.

Der Einschluss lediglich der **Beitragsbefreiung bei Berufsunfähigkeit** ist jedoch durchaus sinnvoll. Der Beitrag nur dafür ist günstig. Tritt Berufsunfähigkeit während der Vertragsdauer ein, so übernimmt der Anbieter das weitere Besparen des Rürup-Vertrages, solange Berufsunfähigkeit besteht. Die Altersvorsorge wird also weiter bis zum vereinbarten Altersrentenbeginn aufgebaut, ohne dass der Sparer selber Beiträge entrichtet. Dadurch wird die angestrebte Altersrente dennoch erreicht.

Kombination mit Hinterbliebenenabsicherung sinnvoll?: Prinzipiell haben die Hinterbliebenen bei der Rürup-Rente keinen Anspruch auf eine Leistung bei Tod des Altersvorsorgesparers. Das angesparte Kapital verbleibt dann bei der Spargemeinschaft. Viele Anbieter sehen daher eine Kombination der Rürup-Rente mit einer Hinterbliebenenzusatzabsicherung in Form einer Witwen- und/oder Waisenrente vor. Zur Wahrung der steuerlichen Absetzbarkeit der Beiträge in vollem Umfang muss allerdings die Zahlung in Form einer monatlichen Hinterbliebenenrente erfolgen. Der überlebende Ehepartner darf diese Rente nicht vor Vollendung des 60. Lebensjahres (ab 2012 vor Vollendung des 62.) erhalten. Anspruchsberechtigt ist nur der Ehepartner des Sparers und/oder die Kinder, solange sie kindergeldberechtigt sind. Im Normalfall wird eine vorher festgelegte Rentenhöhe vereinbart. Diese beträgt meistens 100 Prozent der späteren garantierten Rente des Sparers. Die Kinder erhalten maximal bis zu ihrem 25. Lebensjahr eine Waisenrente, der überlebende Ehepartner jedoch eine lebenslange Rente. Auch nachträglich ist diese Hinterbliebenenabsicherung möglich, wie z. B. bei der Geburt eines Kindes oder im Fall der Heirat. Ebenso ist eine Zusatzabsicherung in Form der Verrentung des Restkapitals an die Hinterbliebenen zulässig. Dadurch werden diese Beitragsanteile der Altersvorsorge zugerechnet und sind steuerlich absetzbar. Auch kann die Absicherung des Ehegatten so gestaltet werden, dass sie z. B. im Fall der Scheidung oder erneuten Heirat hinzu- oder abgewählt werden kann.

Manche Versicherer bieten die Möglichkeit einer versicherungsmathematisch individuell berechneten Risikolebensversicherung als separaten Vertrag zur Basis-Rente. Im Todesfall des Sparers erfolgt dann eine Einmalzahlung. Die Prämien für eine solche eigenständige Risikolebensversicherung sind steuerlich aber höchstens als sonstige Vorsorgeaufwendungen bis zu einem wesentlich niedrigeren Betrag absetzbar. Das trifft ebenfalls auf andere separate Risikolebensversicherungen zu. Die Hinterbliebenenversorgung kann über eine separate Risikolebensversicherung die bessere Lösung sein. Die Hinterbliebenenabsicherung im Rahmen der Rürup-Rente schmälert die eigene Altersrente.

Vor- und Nachteile der Rürup-Rente

Vorteile: Was die Rürup-Rente interessant macht, ist ihre steuerliche Förderung. Ein Lediger oder einzelveranlagender Ehepartner kann maximal 20.000 Euro und ein zusammenveranlagendes Ehepaar 40.000 Euro im Jahr in einen Rürup-Vertrag einzahlen. Die Beiträge sind jedoch bis 2025 nur anteilig abzugsfähig. Ab dem Jahr 2005 steigt bis 2025 der steuerlich absetzbare Betrag von zunächst 60 Prozent in 2-Prozent-Schritten auf 100 Prozent. Im Jahr 2009 beträgt dieser 68 Prozent.

Die steuerliche Abzugsfähigkeit verbessert generell die Rendite einer Geldanlage. Beispiel: Ein Anleger spart 35 Jahre lang 100 Euro monatlich und erzielt eine Verzinsung von 4 Prozent. Nach 35 Jahren hätte er rund 89.992 Euro angespart. Könnte sich der Anleger wegen steuerlicher Abzugsfähigkeit von jedem Beitrag 25 Prozent vom Finanzamt zurückholen, hätte er tatsächlich nur 75 Euro monatlich aufgewendet, um ein Kapital von etwa 89.992 Euro zu erhalten. Weil der Anleger somit effektiv nur 75 statt 100 Euro sparen musste, hat sich die Rendite durch die Steuerersparnis von 4 auf fast 5,4 Prozent gesteigert. Aber Achtung: Die Rente aus der Rürup-Rente wird nachgelagert besteuert.

Keine Beiträge zur gesetzlichen Krankenversicherung (GKV): Es sind keine Beiträge zur GKV zu entrichten, außer Rentner sind dort freiwillig versichert.

Selbstständige: Für Personen, die weder förderberechtigt im Sinne der Riester-Rente noch der betrieblichen Altersvorsorge sind, bietet sich als staatlich geförderte Altersvorsorge nur noch die Rürup-Rente an. Sie ist für viele Selbstständige die einzige Möglichkeit eine steuerlich begünstigte Altersvorsorge aufzubauen.

Unisex-Tarif – Männer: Unisex-Tarife sind im Gegensatz zur Riester-Rente nicht gesetzlich vorgeschrieben. Männer zahlen weniger Beitrag als Frauen. Frauen müssen für den Erhalt einer gleichhohen Rente einen höheren Beitrag einzahlen.

Einmalzahlung: Steuerlich absetzbar sind auch Einmalzahlungen. Das kann für gut verdienende Ältere vorteilhaft sein, die nur noch einen kurzen Zeitraum zum Aufbau einer Zusatzrente haben. Ebenso kann für wohlhabende Rentner eine Rürup-Rente gegen Einmalbeitrag mit sofort beginnender Rentenzahlung passend sein.

Keine Anrechenbarkeit bei Arbeitslosengeld II: Auch ist ein Vorteil der Rürup-Rente die Nicht-Anrechenbarkeit des angesparten Vermögens bei Bezug von ALG II. Das angesammelte Sparvermögen muss also zuvor nicht aufgebraucht werden. Die Beiträge können aber nicht vom anrechenbaren Einkommen abgezogen werden.

Pfändungsschutz: Die Rürup-Rente erfüllt die Anforderungen für die Anerkennung des pfändungsgeschützten Vorsorgekapitals. Der Anleger kann seine Rürup-Rente im sicheren Wissen ansparen, dass sein angespartes Kapital – bis zu einem nach Lebensalter gestaffelten Höchstbetrag – vor Pfändung geschützt ist. Die jährlich unpfändbaren Beträge hängen vom Lebensalter ab. Der geschützte Höchstbetrag beläuft sich maximal auf 238.000 Euro. Er ist z. B. im Alter von 30 Jahren auf 28.000 Euro, von 40 Jahren auf 68.500 Euro und von 50 Jahren auf 118.000 Euro begrenzt. Ist das Vorsorgevermögen größer als der jeweils zulässige Gesamtbetrag, sind immerhin noch 30 Prozent des übersteigenden Betrages zusätzlich unpfändbar. Alle Werte, die das Dreifache des unpfändbaren Betrags überschreiten, sind voll pfändbar. Dieser Pfändungsschutz bezieht sich sowohl auf das angesparte Kapital in der Ansparphase, als auch auf die ausgezahlte Rente in der Rentenbezugsphase.

Nachteile: Die Rürup-Rente ist noch strenger reglementiert als die Riester-Rente.

Nicht kapitalisierbar: Eine Kapitalauszahlung ist ausgeschlossen. Das angesparte Kapital kann also z. B. nicht zur Tilgung eines Immobilienkredits genutzt werden.

Nicht veräußerbar: Ein Verkauf des Vertrages ist ausgeschlossen.

Nicht vererblich: Stirbt der Sparer, gehen die Hinterbliebenen leer aus, außer eine Zusatzabsicherung wäre für diesen Fall einge-

schlossen.
Nicht beleihbar: Eine Verwendung als Sicherheit ist nicht möglich.
Nicht übertragbar: Die Leistungsauszahlung erfolgt nur an den Sparer.
Unkündbar: Die Rürup-Rente kann – selbst im Notfall – nicht gekündigt werden.
Fehlende Kapitalgarantie: Eine Kapitalgarantie schreiben die Bedingungen nicht vor. Bei fondsgebundenen Rürup-Rentenversicherungen können deshalb Verluste nicht ausgeschlossen werden.
Keine Kinderförderung: Eine zusätzliche Förderung für Kinder, wie bei der Riester-Rente, gibt es nicht. Für Gering- und Durchschnittsverdiener mit und ohne Kinder ist die Riester-Rente die besser geförderte Altersvorsorgeform. Die Steuerersparnis fällt für diese Personen bei der Rürup-Förderung, wenn überhaupt, nur gering aus.
Nachgelagerte Besteuerung – Doppelbesteuerung: (Siehe dort – Seite 36)
Anbieterwechsel: Die meisten Anbieter sehen in ihren Bedingungen nicht die Möglichkeit eines Anbieterwechsels vor. Auch fallen zusätzliche Kosten bei einem Vertragswechsel und erneut Abschlusskosten beim neuen Vertragspartner an.
Flexibilität – eingeschränkt: Besonders für Selbstständige und Freiberufler ist die Flexibilität wichtig. Ihr Einkommen unterliegt oftmals Schwankungen und ist nicht immer sicher. Eine Prognose, wie viel Geld sie regelmäßig langfristig für ihre Altersvorsorge sparen können, ist schwer zu treffen. Ob die Beiträge bis zum Vertragsende entrichtet werden können, ist ebenso fraglich. Flexible Zahlungsmodalitäten wären deshalb von Nöten wie die Möglichkeit zu beliebigen Zeitpunkten zusätzliche Einzahlungen vornehmen zu können. Dennoch lassen noch nicht einmal die Hälfte aller Anbieter diese Möglichkeit zu.

Eine Beitragsfreistellung kann der Sparer erst bei Erreichen der vertraglich vereinbarten Mindestrente vornehmen. Bei einigen Anbietern kann es Jahre dauern, um auf die Mindestrente zu kommen. Kann ein Sparer bei diesen Versicherern nicht solange weiterzahlen, ist sein Geld verloren. Wegen der Verwendung einer solchen Beitragsbefreiungsklausel hat die Verbraucherzentrale Hamburg im August 2008 eine Unterlassungsklage beim Landgericht Köln gegen einen Lebensversicherer eingereicht. Vor Vertragsabschluss sollten Sie daher den Anbieter befragen, wann frühestens eine Beitragsfreistellung möglich wäre sowie nach der Höhe der dann erreichten Rente. Zu bevorzugen sind Verträge von Anbietern, welche die Abschlusskosten auf mehrere Jahre verteilen. Nur manche Anbieter verteilen jedoch die Abschlusskosten auf fünf Jahre und selten noch länger. Auch langen die Unternehmen bei Beitragsfreistellung kräftig bei den Stornokosten zu.

Steuerregeln
Ob sich eine Rürup-Rente lohnt, war ursprünglich vor allem von der so genannten »Günstigerprüfung« des Finanzamts abhängig. Selbstständige konnten nach dem bis Ende 2004 geltenden Recht bis zu 5.069 Euro für Versicherungen als Vorsorgeaufwendungen absetzen. Durch das Alterseinkünftegesetz im Jahr 2005 reduzierte sich die absetzbare Summe für Vorsorgeaufwendungen auf 2.400 Euro im Jahr. Bei der Günstigerprüfung prüft das Finanzamt, ob der Versicherte mit der neuen oder alten Regelung besser bedient ist. Es gewährt dem Steuerzahler dann die günstigere Lösung. Selbstständige, die bereits mit ihren Versicherungen die 5.069 Euro ausschöpfen, werden nach den alten Regeln veranlagt. Hieraus folgte dann, dass Anleger, die bereits viel Geld für Versicherungen bezahlen, Beiträge zur Rürup-Rente nicht oder nur teilweise absetzen konnten.

Das Jahressteuergesetz 2007 macht mit dieser Benachteiligung Schluss. Zwar bleibt die Günstigerprüfung bestehen, aber die Beiträge zur Rürup-Rente können im Rahmen des Sonderausgabenabzugs zusätzlich steuerlich abgesetzt werden. 2009 können Altersvorsorgeaufwendungen von bis zu 13.600 Euro Steuer mindernd anerkannt werden. Dies entspricht 68 Prozent von 20.000 Euro. Den vollen Betrag von 20.000 Euro können Anleger aber erst 2025 von der Steuer absetzen (Verheiratete: 40.000). Bis zu diesem Jahr steigt die Absetzbarkeit in 2-Prozent-Schritten. Rürup-Anleger können folglich jedes Jahr einen höheren Anteil ihrer Altersvorsorgeaufwendungen absetzen. 2010 werden 70 Prozent dieser Aufwendungen absetzbar sein (Singles: 14.000 Euro, Verheiratete: 28.000 Euro). Zu den Altersvorsorgeaufwendungen gehören auch Beiträge zur gesetzlichen Rentenversicherung (GRV), landwirtschaftlichen Alterskasse und zu den berufsständischen Versorgungseinrichtungen. Alle Beiträge dieser Altersvorsorgeaufwendungen sind zusammen bis zum Höchstbetrag von 20.000 Euro (bzw. 40.000 Euro) steuerlich abzugsfähig. Dadurch ist der für die Rürup-Rente steuerlich maximal absetzbare Beitrag von der jeweiligen Berufs- und Personengruppe abhängig.

Er fällt daher unterschiedlich aus.
Selbstständige ohne Rentenversicherungspflicht können die maximale Förderung von 20.000/40.000 Euro nutzen. Steuerlich absetzbar sind davon in 2009 maximal Beiträge in Höhe von 13.600 /27.200 Euro. Bei Freiberuflern ist das ebenso der Fall, wenn sie nicht Pflichtbeiträge in ein Versorgungswerk entrichten müssen. Für Selbstständige und Freiberufler, die Höchstbeiträge in die gesetzliche Rentenversicherung (GRV) oder ein berufständisches Versorgungswerk einzahlen, gilt dagegen: Sie können einen maximalen Steuerminde-

Maximaler steuerlicher Spielraum für Beiträge zur Rürup-Rente 2009

	Angestellte	Selbstständige Versorgungswerk oder GRV	Selbstständige	Beamte
Altersvorsorgehöchstbetrag	20.000 Euro	20.000 Euro	20.000 Euro	20.000 Euro
Fiktiver Gesamtbeitrag*				abzüglich 10.865 Euro
=				9.134 Euro
2009: 68 %	13.600 Euro	13.600 Euro	13.600 Euro	6.211 Euro
Arbeitgeberanteil GRV	abzüglich 6.447 Euro			
Maximaler Sonderausgabenabzug	7.152 Euro	13.600 Euro	13.600 Euro	6.211 Euro
Beiträge zu GRV oder Versorgungswerk	abzügl. ** 2.321 Euro	abzügl. *** 8.768 Euro		
Steuerwirksamer Abzug = 68 % der Beiträge	4.831 Euro	4.831 Euro	13.600 Euro	6.211 Euro
Steuerwirksamer Beitrag für Rürup-Rente	7.104 Euro	7.104 Euro	20.000 Euro	9.134 Euro

* 2009: 19,9 % der Beitragsbemessungsgrenze GRV Ost von 54.600 Euro
** 2009: 36 % des Arbeitnehmeranteils von 9,95 % zur GRV West (6.447 Euro); dieser Satz steigt jährlich um 4 %.
*** 2009: 68 % des Höchstbetrages zur GRV West von 12.895 Euro (= 19,9 % von 64.800 Euro der Beitragsbemessungsgrenze West)

rungseffekt von 4.831 Euro (2009) erzielen, wenn sie 7.104 Euro (2009) in eine Rürup-Rente zahlen.

Arbeitnehmer, die den Höchstbetrag in die GRV zahlen, reduzieren ebenso ihre Steuer maximal um 4.831 Euro (2009) bei einer Beitragszahlung von 7.104 Euro.

Beamte zahlen zwar keine Beiträge in die gesetzliche Rentenversicherung. Dennoch wird bei ihnen ein fiktiver Beitrag in Höhe des Beitragssatzes zur GRV von 19,9 Prozent abgezogen, begrenzt hier jedoch auf die Beitragsbemessungsgrenze der GRV (Ost) von 54.600 Euro (2009). Es erfolgt somit maximal ein Abzug von 10.865 Euro. Dadurch wird auch bei Beamten, der maximal steuerlich geförderte Beitrag auf 9.134 Euro beschränkt und bringt Steuervorteile von 6.211 Euro mit sich.

Für GmbH-Gesellschafter-Geschäftsführer und AG-Vorstände ist ab 2008 eine erhebliche Verschlechterung eingetreten. Nunmehr ist es egal, ob die Beiträge zu einer betrieblichen Altersvorsorge vollständig aus eigener Tasche oder vom Unternehmen gezahlt werden. Auch bei ihnen wird jetzt, wie bei den Beamten, der Altersvorsorgehöchstbetrag um den fiktiven Höchstbeitrag zur GRV auf 9.134 Euro gekürzt, begrenzt auf die Beitragsbemessungsgrenze Ost. Der Steuerminderungseffekt beläuft sich damit »nur« noch auf 6.211 Euro.

Nachgelagerte Besteuerung in der Rentenphase
Beginnend bei 50 Prozent steigt der Besteuerungsanteil der ausgezahlten Renten ab dem Jahr 2005 bis 2020 jährlich um 2 Prozent und ab 2020 noch um 1 Prozent bis 2040 die vollen 100 Prozent erreicht sind. Für 2009 beträgt er 58 Prozent. Ob ein Ruheständler tatsächlich der Steuerpflicht bei Rentenbeginn und während der Rentenbezugsphase unterliegt, hängt von verschiedenen Faktoren ab. Das sind z. B. Höhe und Art der Einkünfte, Familienstand, Kredite, Krankenversicherungsbeiträge. Allgemein ist aber festzustellen, dass der Steuersatz im Rentenalter meist niedriger als während des Arbeitslebens ist.

Doppelbesteuerung: Sie ist nachteilig für den Sparer und verringert seine Rendite. Eine Doppelbesteuerung bedeutet, dass die Beiträge in der Ansparphase bis zum Rentenbeginn aus versteuertem Einkommen (Nettoeinkommen) stammen. Gleichzeitig unterliegt die Rente bei Rentenbezug aber der nachgelagerten Besteuerung. Bei langen Laufzeiten kommt es zu Doppelbesteuerungen.

Grund: Die schrittweise Erhöhung der prozentualen steuerlichen Abzugsfähigkeit der Beiträge in der Ansparphase, aber auch des Besteuerungsanteils in der Rentenphase.

Beispiel: Eine Frau mit 40 Jahren, die im Jahr 2009 einen Rürup-Vertrag abschließt, kann in 2009 nur 68 Prozent ihrer Beiträge als Sonderausgaben absetzen. Sie muss aber die Rente im Jahr 2030 im Alter von 65 Jahren lebenslang mit 90 Prozent versteuern.

Zielgruppen – attraktiv für wen?
Das unflexible Konzept der Rürup-Rente ist nicht für jeden Sparer gleich gut geeignet. Vor allem kann sie wegen der steuerlichen Vorteile interessant sein.

Als Hauptzielgruppe hat der Gesetzgeber die Selbstständigen und Freiberufler im Auge gehabt. Aus steuerlicher Sicht lohnt sich die Rürup-Rente besonders für ältere Selbstständige und Freiberufler mit einem hohen Steuersatz, erst recht wenn sie weder rentenversicherungs- noch versorgungswerkpflichtig sind. Jüngere Sparer dieser Zielgruppe zahlen später mehr Steuern auf die Rente. Für sie kann die Rürup-Rente dann attraktiv sein, wenn sie im Erwerbsleben einen hohen Steuersatz haben und einen niedrigeren Satz für die Rentenphase erwarten. Für gut verdienende Arbeitnehmer und Beamte kann die Rürup-Rente zusätzlich zu einer Riester-Rente und/oder zur betrieblichen Altersvorsorge geeignet sein. Voraussetzung: Der Altersvorsorgende möchte mehr als die dort geförderten Höchstbeiträge von 2.100 Euro (Riester-Rente) und von 4.392 Euro (betriebliche Altersvorsorge) im Jahr sparen.

Der Steuersatz hat direkten Einfluss auf die Renditeaussichten der Rürup-Rente. Ebenso einflussreich ist das Alter des Sparers. Je höher das Alter des Sparers, desto geringer fällt die spätere Besteuerung in der Rentenphase aus. Beide Faktoren verbessern die Rendite. Deshalb kann die Rürup-Rente auch für rentennahe gut verdienende Arbeitnehmer und Beamte geeignet sein. Für demnächst oder bereits im Ruhestand befindliche wohlhabende Senioren kann sich die Rürup-Rente als Sofortrente anbieten. Bei dieser erfolgt sofort nach der Einzahlung die Auszahlung einer lebenslangen Rente. Der Einmalbetrag dafür kann z. B. aus abgelaufenen Kapitallebensversicherungen oder freiwerdenden Sparverträgen stammen. Der Vorteil einer Sofortrente liegt darin, dass der steuerlich abzugsfähige Prozentsatz zum Zeitpunkt der Einzahlung höher als der spätere Rentenbesteuerungssatz ist.

Renditen der steuerlich geförderten Rürup-Rente
Die Förderrendite bei Rürup-Renten fällt gegenüber Riester-Renten geringer aus.

Beispiel – Arbeitnehmer mit 30 Prozent Steuersatz: Bei einer Vertragslaufzeit von 20 Jahren bis zum Rentenbeginn und einer Vertragsverzinsung von 4 Prozent erzielt der Sparer mit einem Rürup-Vertrag eine Rendite von 4,8 Prozent. Die Rendite eines Riester-Vertrages liegt etwas darüber bei 5,1 Prozent. Bei einer Laufzeit von nur noch fünf Jahren bis zur Rente beträgt die Rendite bei der Rürup-Rente 7,2 Prozent, bei der Riester-Rente hingegen 8,4 Prozent (Quelle: Finanztest Mai 2008).

Die erhebliche Renditesteigerung bei Verträgen mit kurzer Laufzeit bis zum Rentenbeginn liegt daran: Die Beiträge in der Ansparphase sind zu einem größeren Anteil steuerfrei, als der Besteuerungsanteil in der Rentenbezugsphase ausfällt. Ältere Sparer, die nur noch wenige Jahre bis zum Ruhestand haben, sind somit im Vergleich zu Jüngeren im Renditevorteil. Sie erzielen eine höhere Rendite.

Angebote zum Abschluss einer Rürup-Rente
Der Angebotsmarkt für die Rürup-Rente wird von den Versicherungsunternehmen beherrscht. Lediglich zwei Investmentgesellschaften bieten seit Kurzem einen Rürup-Fondssparplan an. Rurüp-Rentenversicherungen werden als klassische Rentenversicherung mit garantierter Verzinsung und als fondsgebundene Variante angeboten. Auch gibt es einige britische UWP-Rentenversicherungen.

Klassische Rürup-Rentenversicherung – garantierte Rente: Die sicherheitsorientierte Form ist die klassische Rürup-Rentenversicherung mit einer garantierten Mindestverzinsung. Der Sparbeitrag wird von den Lebensversicherern überwiegend in sichere Zinspapiere angelegt. Der garantierte Mindestzins beträgt aktuell 2,25 Prozent. Er bezieht sich nur auf den Sparanteil. Von der Prämienzahlung fließen nicht 100 Prozent in die Geldanlage. Der Versicherer behält davon Kosten für Abschluss, Verwaltung sowie Gewinn und Risiko ein. Der tatsächliche Mindestzins liegt daher je nach Kostenstruktur des Versicherers bei etwa 1 bis 1,5 Prozent. Bei Direktversicherern ohne Vertriebsstrukturen sind die Kosten meist am niedrigsten. Bei der Auswahl der Anbieter sollten Sie auf Angebote mit einer hohen garantierten Rente achten. Neben der garantierten Verzinsung

bekommt der Versicherte eine Überschussbeteiligung, wenn der Versicherer mehr als diese erwirtschaftet. Es gibt drei Formen der Überschussbeteiligung in der Ansparphase:
- Bonusrente
- Verzinsliche Ansammlung
- Anlage in Investmentfonds

Die Bonusrente ist gegenüber der verzinslichen Ansammlung die bessere Wahl. Hier werden die Überschüsse als Einmalbeiträge in die Rürup-Rente investiert. Das erhöht die garantierte Rente. Ob die Anlage der Überschüsse in Investmentfonds für Sie in Betracht kommt, hängt von ihrer persönlichen Risikobereitschaft und der Fondsauswahl ab. Klären Sie vor Vertragsabschluss, welche Überschussbeteiligung der Versicherer anbietet.

Auch die Auszahlungsform der Rente kann gewählt werden. Nicht alle Versicherer bieten jedoch alle Rentenbezugsformen an. Für die Rürup-Rente eignet sich am besten die volldynamische Rente. Sie ist zwar anfänglich um einiges niedriger als die teildynamische Variante und erst recht als die konstante (flexible) Rente. Allerdings kann sie durch die jährliche Zuteilung der Überschüsse steigen. Nur diese Volldynamik macht auf alle Fälle einen Rürup-Renten-Vertrag gesetzesfest. Denn ein planmäßiges Absinken der Höhe der Rürup-Rente sei nicht zulässig. Als Sonderausgaben können Altersvorsorgeaufwendungen zur Rürup-Rente nur dann anerkannt werden, wenn der Vertrag die Auszahlung einer monatlich gleich bleibenden oder steigenden lebenslangen Rente beinhaltet, die nicht vor dem 60. Geburtstag startet. Der Versicherer zahlt bei der volldynamischen Variante eine monatliche Rente, die jährlich ansteigt. Die Erhöhungen sind aber nicht garantiert und hängen vom Anlageerfolg ab. Daher können die Anpassungen niedriger oder sogar ganz ausfallen. Eine einmal erreichte Rentenhöhe darf aber nicht unterschritten werden! Damit sind Sie vor Kürzungen der Rente geschützt.

Bei den sich daneben im Angebot befindlichen konstanten Renten werden die erwarteten Überschüsse gleich zu Rentenbeginn der auszuzahlenden Rente gutgeschrieben. Das ermöglicht eine anfangs höhere Rente als in den anderen beiden Varianten. Bei der teildynamischen Variante geschieht das teilweise. Eine Erhöhung erfolgt dagegen bei der Konstantrente gar nicht und bei der Teildynamik um einen geringeren Prozentsatz als bei der Volldynamik. Eine Kürzung der Überschüsse und damit ein Sinken der Rentenhöhe ist möglich. Tatsächlich kam es in der jüngeren Vergangenheit zu kräftigen

Reduzierungen von Konstantrenten, zum Teil bis zur Höhe der garantierten Rente. Daher ist besonders die Konstantrente für Rürup-Renten nicht geeignet. Allerdings sollten Sie wissen, dass die volldynamische Rente ein sehr langes Leben verlangt, bis sie höher als die beiden anderen Bezugsformen ausfällt. Etwa knapp 80 Jahre muss ein Rentner alt werden. Noch einige Jahre mehr sind erforderlich, damit die bis dahin höheren Rentenzahlungen aufgeholt werden.

Fondsgebundene Rürup-Rentenversicherung: Bei der fondsgebundenen Rürup-Rentenversicherung erhält der Anleger keine garantierte Mindestverzinsung. Dafür kann er aber die Chance und das Risiko seiner Geldanlage individuell gestalten. Er trägt das Risiko des Anlageerfolges selber. Wenn die Fonds schlecht laufen, können auch Verluste entstehen. Längere Laufzeiten verringern dieses Risiko. Je näher der Rentenbeginn kommt, desto wichtiger ist es, in risikoärmere Fonds umzuschichten. Viele Versicherer bieten deshalb ein Ablaufmanagement an. Für ältere Sparer kommt diese Variante eher weniger in Betracht. Bei Rentenbeginn wird das angesparte Fondsvermögen dann in eine klassische Rentenversicherung umgewandelt und monatlich ausgezahlt. Die einzige »Garantie«, die der Anleger dabei erhält, ist ein Rentenfaktor je 10.000 Euro Fondsvermögen. Mit diesem Faktor wird das Kapital in monatliche Rente umgerechnet. Achten Sie darauf, dass der Rentenfaktor schon bei Vertragsabschluss festgelegt und nicht erst am Rentenbeginn bestimmt wird.

Nach Abzug der Kosten wird hier der Sparanteil des Beitrags in die vom Sparer gewählten Investmentfonds angelegt. Das können z. B. Aktien-, Renten-, Immobilien- oder gemischte Fonds sein. Normalerweise stehen dem Anleger mehrere Fonds zur Auswahl. Die Möglichkeit der Umschichtung wird ebenfalls eingeräumt. Bei gemanagten Fondsvarianten kann das auch automatisch erfolgen. Die Kosten für fondsgebundene Rürup-Rentenversicherungen liegen oftmals über denen für die der klassischen Variante. Grund: Es fallen sowohl Kosten für die Versicherung als auch die Fonds an. Wer sich für fondsgebundene Lösungen interessiert, sollte auch Angebote für Rürup-Fondssparpläne einholen.

Für Anleger, die ein gewisses Risiko nicht scheuen, aber auch Garantien wollen, halten die Versicherer Angebote vor. Der Sparanteil fließt dann in Garantiefonds, die es in verschiedenen Varianten gibt. Die üblichen Garantien sind eine Mischung aus sichern und renditeorientierten Geldanlagen. Der festverzinslich angelegte Teil des Geldes soll die spätere Garantieleistung erbringen. Je höher die Garantie ausfällt, desto geringer die Renditechance. Jeder Anleger sollte bedenken, ob eine Garantie für ihn sinnvoll ist. Die Garantielösungen sind oft intransparent.

Britische UWP-Rürup-Rentenversicherung: Eine spezielle Form der Garantie bieten die britischen UWP-Rürup-Rentenversicherungen (»Unitised-With-Profit«). Sie stellen eine »Kombination« aus klassischer und fondsgebundener Rentenversicherung dar. UWP-Rürup-Rentenversicherungen können für sicherheitsorientierte Anleger interessant sein, die auch die Renditechancen des Kapitalmarktes nutzen möchten.

Der Sparanteil wird nach Abzug der Kosten in einen UWP-Fonds investiert. Der Versicherte erhält einen Mindestzins. Der ist aber niedriger als der Mindestzins bei deutschen Rentenversicherungen. Er fällt je nach Unternehmen anders aus. Im Gegensatz zu deutschen Lebensversicherern muss er nicht jedes Jahr erreicht werden, sondern erst zum Ablauf. Daher besteht ein größerer Spielraum für chancenorientierte Geldanlage. Die Anbieter von UWP-Verträgen nutzen eine hohe Aktienquote, um eine höhere Rendite zu erzielen. Deutsche Lebensversicherer dürfen grundsätzlich maximal 35 Prozent in Aktien anlegen. Durch ein Glättungsverfahren erfolgt bei UWP-Policen eine Zurechnung des Guthabens. Vorneweg wird ein Jahresbonus gewährt, der das Guthaben um diesen Prozentsatz steigen lässt. Der Bonus liegt oft zwischen 3 bis 5 Prozent. Er spiegelt jedoch nicht das tatsächliche Guthaben wieder. Dieses kann höher als der geglättete Wert sein, aber auch geringer. Eine Senkung des Jahresbonus auf null kann vorübergehend erfolgen. Zum Rentenbeginn muss aber die Mindestverzinsung gewährleistet sein. Meist wird noch ein Schlussbonus gut geschrieben. Er ist das Ergebnis der tatsächlich erreichten Wertentwicklung des UWP-Fonds. Sein Deckungsstock wird im Gegensatz zu den deutschen Lebensversicherern vom Versicherervermögen getrennt gehalten.

Rürup-Fondssparpläne: Erst seit Kurzem stehen für Anleger zwei Angebote von Rürup-Fondssparplänen zur Auswahl. Es handelt sich bei diesen Angeboten aber nicht um reine Fondssparpläne. Die Angebote sind Zwitter aus einem Fondssparplan in der Ansparphase und einem »Versicherungsverrentungsplan« ab Rentenbeginn. Der

Gesetzgeber schreibt vor, dass auch Nicht-Versicherungsanbieter eine Leibrente in Form einer Verrentung nach Art der Lebensversicherer ab Rentenbeginn vorsehen müssen. Der Bundesverband Investment und Asset Management (BVI) möchte dagegen eine Regelung wie bei der Riester-Rente erreichen. Dort bleibt der Sparer bis zu seinem 85. Lebensjahr in Fonds investiert. Erst danach erfolgt eine Verrentung nach Art der Lebensversicherung zur Gewährleistung einer lebenslangen Rente. Eine Regelung wie bei der Riester-Rente wäre wünschenswert. Solange das jedoch nicht der Fall ist, weisen die Rürup-Fondssparpläne relativ hohe Kosten für den Fondssparplan einerseits und die Rentenversicherung andererseits auf. Die Renditechancen fallen dadurch und wegen der Zwitterstellung niedriger aus. Risikogeneigte Rürup-Sparer sollten daher Rürup-Fondssparpläne mit fondsgebundenen Versicherungsangeboten unter Kosten- und Fondsqualitätsgesichtspunkten genau miteinander vergleichen.

Rürup-Rente als betriebliche Altersvorsorge (bAV): Kapitel zur bAV – Seite 56

Zahlungsweise: Bei klassischen Rürup-Rentenversicherungen sollten Sie die Beiträge jährlich zahlen. Das trifft auch auf die UWP-Policen zu. Bei monatlicher oder anderer unterjähriger Zahlungsweise erhebt der Versicherer Ratenzuschläge. Bei fondsgebundenen Verträgen dagegen sollten Sie – trotzdem – monatlich oder vierteljährlich zahlen.

Grund: Durch den sogenannten »Cost-Average-Effect« (Durchschnittswertmethode) kann eine bessere Wertentwicklung erzielt werden.

Abschlusskosten: Lebens- und Rentenversicherungsverträge wurden bis Ende 2007 meist gezillmert. Das bedeutet, der Vertrag wird am Anfang voll mit Abschlusskosten belastet. Zu diesen gehört auch die Provision an den Vermittler. Das hat zur Folge, dass vor allem in den ersten Jahren kaum Geld in den Vertrag des Sparers fließt. Auch durch das neue Versicherungsvertragsgesetz, das seit 1. Januar 2008 in Kraft ist, hat sich hieran nur bei einigen Anbietern etwas zugunsten des Sparers geändert. Der Versicherer muss auch jetzt nicht die Abschlusskosten von vornherein auf die ersten fünf Jahre verteilen. Nur wenn ein Versicherter den Vertrag vorzeitig beendet, muss der

Versicherer ihn so stellen als hätte er von Anfang an, die Abschlusskosten auf die ersten fünf Jahre verteilt. Es gibt aber einige Anbieter, die die Abschlusskosten zumindest auf die ersten fünf Jahre verteilen. Aufgrund der noch praktizierten Zillmerung sollte eine Übertragung auf einen anderen Anbieter gut überdacht werden, weil erneut Abschlusskosten anfallen.

Kriterien bei der Vertragsauswahl: Bei der Auswahl des für Sie geeigneten Rürup-Rentenvertrages sollten mehrere Faktoren berücksichtigt werden. Bei der Beurteilung des Versicherers sind Unternehmensratings hilfreich, bei der des Vertrages Produktratings. Die anerkanntesten Ratingagenturen dafür sind Franke & Bornberg und Morgen & Morgen. Sie bewerten sowohl die Vertragsangebote als auch die Unternehmen.

Die Auswahl an Investmentgesellschaften dagegen ist geringer. Die Finanzstärke des Fondsanbieters spielt eine untergeordnete Rolle, weil Fonds als Sondervermögen der Anleger besonderen Schutz genießen. Die Qualität der angebotenen Fonds sollte deshalb im Vordergrund bei der Auswahl des richtigen Vertrages stehen. Hilfreich bei der Beurteilung von Fonds ist z. B. die Zeitschrift »Das Investment«. Sie enthält zu den wichtigsten Fonds Bewertungen der Rating-Agenturen Morning Star, Standard & Poors, Feri Rating & Research, Lipper, Sauren und Citywire.

Individuelle Bedarfsermittlung
Wichtig ist zuerst, dass Sie die eigenen individuellen Altersvorsorgeziele definieren. Sind diese Ziele nicht in Einklang zu bringen mit einer lebenslangen Rente und/oder mit der stark eingeschränkten Flexibilität der Rürup-Rente, ist sie für Sie nicht geeignet. Haben diese Punkte nur eine geringe Bedeutung für Sie, beeinflussen vor allem die Faktoren Alter, Steuersatz und selbstständige Berufsausübung die Vorteile einer Rürup-Rente. Hieraus folgt, dass Rürup-Renten prinzipiell am renditestärksten für ältere Gutverdiener und wohlhabende Ruheständler sowie ältere Selbstständige und Freiberufler, erst recht ohne Renten- und Versorgungswerkpflicht, sind. Für jüngere Selbstständige und Freiberufler kann die Basis-Rente dann in Betracht kommen, wenn sie während des Erwerbslebens einen hohen Steuersatz haben und im Rentenalter einen Niedrigen erwarten.

Die Rürup-Rente sollten Sie nicht nur unter Steuerspargesichtspunkten betrachten. Durch die nachgelagerte Besteuerung in der Rentenphase und die weiteren Nachteile, besonders auch die fünf Nichtbedingungen, können sich die Steuervorteile als Trugschluss herausstellen. Maßgeblich für eine Entscheidung sollte immer die persönliche Anlagestrategie, die Renditeaussichten sowie Vor- und Nachteile im Vergleich zu alternativen Altersvorsorgeformen sein. Besonders Arbeitnehmer sollten vorrangig die Riester-Rente und die betriebliche Altersvorsorge erwägen. Im direkten Vergleich hat die Riester-Rente eine höhere Renditeerwartung. Zudem ist sie flexibler und beinhaltet die Möglichkeit einer Kapitalauszahlung von 30 Prozent zu Rentenbeginn. Halten Sie diese alternativen Altersvorsorgevarianten entweder persönlich für nicht geeignet oder haben diese schon ausgeschöpft, können Sie eine Rürup-Rente in Betracht ziehen. Jüngere Sparer sollten berücksichtigen, ob für sie ein lebenslanger Rentenvertrag das Richtige ist. Entscheiden Sie sich für einen Rürup-Vertrag, spielt die Qualität der Anbieter und Verträge bei der Auswahl eine wichtige Rolle.

Rat: Empfehlenswert ist es, einen neutralen und unabhängigen Berater zum komplexen Gebiet der Altersversorgung zurate zu ziehen. Dieser sollte auch steuerlich erfahren sein, wobei die Einschaltung eines Steuerfachmanns noch besser ist. Die Aufgabe des Altersvorsorgeberaters muss es sein, die Rürup-Rente und andere Altersvorsorgemöglichkeiten für den Anleger miteinander zu vergleichen. Danach sollte dieser ihm ein auf seine Person zugeschnittenes Konzept vorzuschlagen. Eine neutrale und unabhängige Beratung können Sie beispielsweise beim Bund der Versicherten erhalten. Nützliche Informationen und Vergleiche finden Sie auch in Zeitschriften, wie z. B. Finanztest, Ökotest, Capital, Focus Money und »Das Investment«.

3. Betriebliche Altersvorsorge

Die betriebliche Altersvorsorge (bAV) als kapitalgedeckte Zusatzversorgung gehört zur zweiten Schicht der staatlich geförderten Altersvorsorge. Der Staat fördert sie mit Steuervorteilen und Sozialabgabenfreiheit über das Jahr 2008 hinaus. Selbstständigen und Freiberuflern ist die bAV nicht zugänglich, jedoch gilt eine Ausnahme für geschäftsführende Gesellschafter einer GmbH (GGF) oder Vorstände einer Aktiengesellschaft (AG). Die bAV durch Gehaltsumwandlung kann grundsätzlich dann attraktiv sein, wenn der Chef freiwillig etwas in nennenswerter Höhe dazu beisteuert und Sie gesetzlich krankenversichert sind. Für Privatversicherte ist die Gehaltsumwandlung hingegen meistens reizvoll. Für jeden Arbeitnehmer ist eine bAV dann empfehlenswert, wenn die Beiträge allein vom Arbeitgeber übernommen werden. Diese Form der bAV wird hier aber nur am Rande behandelt.

Gesetzliche Rahmenbedingungen der Betriebsrente
Wollen Arbeitnehmer auf Teile ihres Gehalts verzichten, haben sie seit 2002 einen Rechtsanspruch auf eine betriebliche Altersvorsorge durch Gehaltsumwandlung (arbeitnehmerfinanzierte bAV). Bei tarifvertraglich gebundenen Arbeitnehmern muss diese Möglichkeit ausdrücklich in ihrem oder dem allgemein verbindlichen Tarifvertrag vorgesehen sein. Das ist meist der Fall. Den Durchführungsweg und ebenso die angebotenen Tarife bestimmt der Arbeitgeber. Ist eine Pensionskasse oder ein Pensionsfonds betrieblich vorgesehen, kann nur dort eingezahlt werden. Bietet der Arbeitgeber diese Wege nicht an, können seine Beschäftigten verlangen, dass eine Direktversicherung für sie abgeschlossen wird. Bei arbeitnehmerfinanzierten Betriebsrenten (Entgeltumwandlungen) stehen den Beschäftigten mindestens die eingezahlten Beiträge und die daraus erwirtschafteten Erträge zu. Die daraus erworbenen Ansprüche sind sofort unverfallbar und gehen dem Arbeitnehmer, selbst bei einem Arbeitgeberwechsel, nicht mehr verloren. Erwirbt er nur geringfügige Rentenansprüche, kann der Arbeitgeber diese abfinden. Das ist aber nur

zulässig, wenn der Mitarbeiter nicht vom Recht auf Übertragung auf seinen neuen Arbeitgeber Gebrauch macht.

Zusageformen der bAV
Das Betriebsrentengesetz sieht ausdrücklich eine Haftung des Arbeitgebers für alle Durchführungswege vor, auch wenn die bAV über einen externen Versorgungsträger läuft. Kann der Arbeitgeber die versprochenen Leistungen zum Zusagezeitpunkt nicht mehr aufbringen, muss er für den nicht vom Versorgungsträger erbrachten Rest aufkommen. Drei Zusageformen werden hier unterschieden:

Leistungszusage: Der Arbeitgeber sagt dem Arbeitnehmer von vornherein die spätere Leistung konkret zu. Diese Leistung wird unabhängig vom notwendigen Finanzaufwand benannt. Die Zusage kann entweder in Form eines festen Betrages oder eines bestimmten Prozentsatzes, z. B. des letzten Gehaltes vor Rentenbeginn, erfolgen. Die Höhe der Betriebsrente ist ab dem Zeitpunkt der Zusage kalkulierbar.

Beitragsorientierte Leistungszusage: Der Arbeitgeber geht die Verpflichtung ein, bestimmte Beiträge in Versorgungsanwartschaften auf beispielsweise eine spätere Altersrente umzuwandeln. Die Mindesthöhe der Rente steht ab dem Zeitpunkt der Zusage fest. In der Praxis ist es häufig schwierig zwischen den beiden Varianten der Leistungszusage zu unterscheiden.

Beitragszusage mit Mindestleistung: Der Arbeitgeber überweist Beiträge an die externen Versorgungsträger. Er verpflichtet sich »lediglich« dazu, Beiträge zu zahlen. Der Arbeitnehmer erhält sämtliche Leistungen, wie Zinsen/Überschüsse, die der Versorgungsträger aus diesen Beiträgen erwirtschaftet. Das Risiko der Kapitalanlage trägt der Arbeitnehmer. Die tatsächliche Versorgungsleistung kann geringer ausfallen als die vom Arbeitgeber eingezahlten Beiträge. Die Höhe der Rente wird aber erst zum Rentenbeginn ermittelt. Nur die Summe der Beiträge hat der Arbeitgeber zu garantieren. Im Vergleich zu den anderen Zusagearten ist das Haftungsrisiko für den Arbeitgeber hier am geringsten. Die Beitragszusage mit Mindestleistung ist nur bei den Durchführungswegen Direktversicherung, Pensionskasse und Pensionsfonds zulässig.

Unabhängig von der Zusageform stellt das Betriebsrentengesetz klar, auch bei arbeitnehmerfinanzierter bAV durch Entgeltumwandlung muss der Arbeitgeber seinen Beschäftigten eine arbeitsrechtliche Leistungszusage geben. Achten Sie hierauf!

Die fünf verschiedenen Durchführungswege der bAV
Die betriebliche Altersvorsorge kennt fünf Durchführungswege. Eine weit verbreitete Form bilden die versicherungsförmigen Durchführungswege der Direktversicherung, der Pensionskasse und des Pensionsfonds. Neue bAV-Angebote werden oftmals als eine dieser Varianten angeboten. Sie unterliegen im Gegensatz zur Unterstützungskasse (U-Kasse) der Aufsicht durch die Bundesanstalt für Finanzdienstleistungsaufsicht (BaFin). Diese vier Varianten werden bei externen Versorgungsträgern durchgeführt. Bei der Direktzusage dagegen übernimmt der Arbeitgeber selber die Betriebsrente. Die Finanzierung seiner Versorgungsverpflichtung kann er beliebig vornehmen, z. B. mit einer Rückdeckungsversicherung oder einem Fonds. Bei jedem der fünf Wege ist eine Entgeltumwandlung des Arbeitnehmers zulässig.

In allen Durchführungswegen besteht ein Rechtsanspruch des Arbeitnehmers auf steuer- und sozialabgabenfreie Entgeltumwandlung mindestens bis zu vier Prozent der Beitragsbemessungsgrenze der gesetzlichen Rentenversicherung von 64.800 Euro (2009), also 2.592 Euro. Grundsätzlich werden die Beiträge vom Bruttolohn überwiesen. In den versicherungsförmigen Wegen können zusätzlich noch maximal 1.800 Euro steuer-, aber nicht sozialabgabenfrei umgewandelt werden. Voraussetzung: Es besteht keine »alte« pauschal versteuerte Entgeltumwandlung in eine Direktversicherung oder Pensionskasse. Beitragszahlung in Direktzusagen oder U-Kassen sind sogar unbegrenzt steuerfrei. Zur Verhinderung von Minirenten hat der Gesetzgeber einen Mindestbeitrag festgelegt. So können Arbeitnehmer ihr Recht auf Entgeltumwandlung nur nutzen, wenn sie mindestens 189 Euro im Jahr (2009) einzahlen. Das entspricht einem 160stel der Summe der Bezugsgröße der gesetzlichen Rentenversicherung. Die ausgezahlten Renten werden allerdings nachgelagert zu 100 Prozent mit dem persönlichen Steuersatz besteuert.

Eine Anpassung der Betriebsrenten hat bei einer bAV durch Entgeltumwandlung über eine Direktzusage oder U-Kasse um mindestens ein Prozent zu erfolgen. Wird die arbeitnehmerfinanzierte bAV allerdings über eine Direktversicherung oder Pensionskasse durchgeführt, sind sämtliche Überschüsse ab Rentenbeginn zur Erhöhung der laufenden Renten zu verwenden. Aber: Bei der seit 2002 häufig verwendeten Beitragszusage mit Mindestleistung besteht keine Anpassungspflicht des Arbeitgebers, auch nicht bei einer arbeitgeberfinanzierten Betriebsrente.

Bei der Direkt- und der U-Kassenzusage kann die Leistung weiterhin als Kapital ausgezahlt werden. Sie ist dann voll steuerpflichtig. Die neuen Direktversicherungen, Pensionskassen und Pensionsfonds, in die Arbeitnehmer steuerfrei maximal 4.392 Euro (2009) ihres Gehaltes umwandeln können, sehen keine Kapitalabfindung vor. Jedoch ist eine Teilkapitalisierung bis maximal 30 Prozent des angesparten Betrages möglich.

Direktzusage: Die Direktzusage, auch unmittelbare Pensionszusage genannt, ist mit Abstand die häufigste Form der bAV. Der Arbeitgeber verpflichtet sich, seinen Beschäftigten eine Altersrente zu zahlen. Er haftet dafür mit dem Betriebsvermögen. Die Finanzierung der Versorgungsleistung wird durch Rückstellungen in der Bilanz gebildet. Diese reduzieren den Betriebsgewinn und bringen Steuervorteile in der Ansparphase. In der Rentenphase erfolgt eine schrittweise Auflösung der Rückstellungen. Die Renten werden aus den dafür vorgesehenen Kapitalanlagen oder dem laufenden Geschäftsbetrieb gezahlt. Es gibt für diese Form der bAV weder eine Aufsichtsbehörde noch Anlagevorschriften. Das Unternehmen ist frei in seiner Anlageentscheidung. Es kann das Geld in den Betrieb investieren, eine Kapitallebensversicherung oder ein Fonds zur Finanzierung wählen. Das Anlagerisiko trägt immer nur der Arbeitgeber. Damit die Beschäftigten auch ihre Rente bekommen, falls der Betrieb diese nicht mehr zahlen kann, ist die Insolvenzabsicherung Pflicht. Deshalb muss der Betrieb Beiträge an den Pensions-Sicherungs-Verein (PSV) abführen, der dann einspringt.

Unterstützungskasse (U-Kasse): Die U-Kasse ist die am wenigsten verbreitetste Form der bAV, aber die älteste Variante. Auch hier haftet allein der Arbeitgeber für die spätere Rente. Die Abwicklung erfolgt über die U-Kasse als externen Versorgungsträger. Wenn die Mittel der U-Kasse nicht ausreichen, muss der Arbeitgeber die Renten aus eigenen Mitteln aufbringen. Eine Aufsichtsbehörde ist auch hier nicht zuständig. Ebenso besteht Freiheit bei der Kapitalanlage. Die nicht rückgedeckten U-Kassen können die Gelder daher direkt am Kapitalmarkt oder in Fonds investieren. Auch kann ein Teil als Darlehen zurück in den Betrieb fließen. Die künftigen Rentenansprüche der Arbeitnehmer können aber nicht voll ausfinanziert werden. Das ist riskanter und kommt seltener vor. Die meisten U-Kassen schließen eine Lebens- oder Rentenversicherung als Rückdeckung für die später zu erbringenden Renten ab. Diese Verträge werden auf das Kollektiv der Arbeitnehmer oder den einzelnen Arbeitnehmer abgeschlossen. Dennoch hat nur der Arbeitgeber einen Rechtsanspruch auf die Auszahlung, dafür aber der Arbeitnehmer ihm gegenüber. So können die Arbeitnehmeransprüche voll ausfinanziert und als Betriebsausgaben abgesetzt werden. Wie bei der Direktzusage muss auch hier der Arbeitgeber Beiträge an den Pensionssicherungs-Verein entrichten. Es besteht die Möglichkeit des Einschlusses von Zusatzversicherungen bei Berufs- oder Erwerbsunfähigkeit sowie einer Hinterbliebenenabsicherung.

Direktversicherung: Der Arbeitgeber schließt zugunsten seines Arbeitnehmers eine Rentenversicherung ab und wird Versicherungsnehmer. Er überweist die laufenden Beiträge auch im Fall einer arbeitnehmerfinanzierten Entgeltumwandlung, die er vom Gehalt seines Beschäftigen abzieht. Versichert und bezugsberechtigt sind die Arbeitnehmer und je nach Vertrag ihre Hinterbliebenen. Bis Ende 2004 war der Abschluss auch noch in Form einer Lebensversicherung möglich. Die spätere monatliche lebenslange Rente oder auch die Kapitalabfindung bei bis Ende 2004 abgeschlossenen Direktversicherungen übernimmt der Lebensversicherer. Die lebenslange Monatsrente ist Pflicht bei Direktversicherungen mit Abschlussdatum ab 1. Januar 2005.

Der staatlichen Aufsicht durch die Bundesanstalt für Finanzdienstleistungsaufsicht (BaFin) unterliegt die Direktversicherung. Ebenso gilt das für die strengen Kapitalanlagevorschriften des Versicherungsaufsichtgesetzes (VAG). Mit der Einführung des staatlichen Sicherungsfonds im Jahr 2005 sind die garantierten Leistungen einer Direktversicherung vor Zahlungsunfähigkeit des Lebensversicherers weitgehend geschützt. Ob der Arbeitnehmer aber die mögliche Eigenbeteiligung von maximal 5 Prozent der garantierten Leistung selber tragen muss, falls Insolvenz des Lebensversicherers eintritt, ist abhängig von Art und Umfang der Versorgungszusage des Arbeitgebers. Ein zusätzlicher Schutz für den Fall der Insolvenz des Arbeitgebers ist für diesen gesetzlich aber nicht vorgesehen. Die prognostizierten Überschussrenditen sind dagegen nicht vor Krisen geschützt. Auch hier kommt es daher auf die Wahl eines dauerhaft leistungsstarken Lebensversicherers an. Firmen können ihren Mitarbeitern Direktversicherungen nicht nur in Form einer klassischen Rentenversicherung mit einem garantierten Mindestzins von 2,25 Prozent anbieten. Auch Angebote für fondsgebundene Rentenversicherungen, bei denen nur der Erhalt der eingezahlten Beiträge erfolgt, werden Arbeitnehmern unterbreitet. Ebenso werden manchmal britische UWP-Policen mit einem geringeren garantierten Rechnungszins offeriert.

Pensionskassen: Pensionskassen sind Versorgungseinrichtungen, die wie Lebensversicherungsunternehmen bei Direktversicherungen funktionieren. Sie sind die zweit häufigste Form der bAV vor der Direktversicherung. Pensionskassen unterliegen der Aufsicht der BaFin und den strengen Regularien des VAG. Eine Absicherung über den Pensionssicherungs-Verein für den Insolvenzfall erfolgt nicht. Es kann aber eine Mitgliedschaft im staatlichen Sicherungsfonds der Lebensversicherer beantragt werden.

Pensionskassen legen zumeist wie Lebensversicherungsunternehmen überwiegend in sichere Zinspapiere an. Sie dürfen dabei grundsätzlich bis zu maximal 35 Prozent in Aktien investieren. Das kommt aber selten vor. Die normale garantierte Mindestverzinsung liegt seit 2007 bei 2,25 Prozent. Dieser Garantiezins ist festgelegt für alle deregulierten Versichererpensionskassen (Vertriebspensionskassen). Die bundesweit tätigen Pensionskassen und Firmenpensionskassen sind regulierte Pensionskassen, die ohne Vertrieb arbeiten. Sie können den Garantiezins je nach Tarif selber festlegen. Diese Kassen dürfen z. B. auch einen Mindestzins in bereits bestehenden Tarifen von z. B. 2,75 oder 3,25 Prozent für Neukunden vorsehen. Voraussetzung: Es handelt sich um einen Bestandstarif, der diesen höheren Zins nach Prüfung durch die BaFin noch weiter verwenden darf. Kalkuliert eine solche Pensionskasse jedoch neue Tarife, dürfen auch diese lediglich einen Garantiezins von 2,25 Prozent beinhalten. Weil die Firmenpensionskassen und bundesweit tätigen Pensionskassen ohne Provisionskosten auskommen, ist die tatsächliche Verzinsung nach Abzug der Kosten gegenüber Versichererpensionskassen um einiges höher. Das Betriebsrentengesetz (BetrAVG) erlaubt es den Pensionskassen auch, Tarife im Angebot zu haben, die keinen Garantiezins, sondern nur den Kapitalerhalt vorsehen. Ebenso sind fondsgebundene Tarife zulässig. Auch die Pensionskasse sollte leistungsstark sein.

Pensionsfonds: Pensionsfonds wurden mit der Rentenreform 2001 als fünftes Betriebsrentenmodell ins Leben gerufen. Ihre Verbreitung ist am geringsten von allen bAV-Modellen. Sie sind rechtlich selbstständige Versorgungsträger, die der Aufsicht der BaFin unterliegen. Ihre Kapitalanlagevorschriften sind freizügig. Das Geld der Anleger können Pensionsfonds bis zu 100 Prozent in Aktien anlegen. Ihre Anlagemöglichkeiten versprechen daher höhere Renditen als die üblichen Betriebsrentenangebote, aber auch mehr Risiko. Weil Pensionsfonds auch den Schutzvorschriften des Betriebsrentengesetzes unterliegen, schöpfen sie meist die Anlagefreiheiten aber nicht aus. Grund: Der Arbeitgeber muss zumindest für die vom Arbeitnehmer eingezahlten Beiträge geradestehen. Bei Verlusten des Pensionsfonds müsste der Arbeitgeber diese dem Arbeitnehmer ausgleichen. Deshalb sorgen Pensionsfonds zumeist selber für Sicherheit. Sie kalkulieren ihre Tarife so, dass zum Rentenbeginn mindestens die eingezahlten Beiträge vorhanden sind. Es gibt auch Tarife, die eine höhere Mindestverzinsung vorsehen. Umso mehr Garantien der Pensionsfonds vorsieht, desto geringer fällt auch die Rendite aus. Die Auszahlung des angesparten Kapitals kann auch in Form eines Auszahlungsplans erfolgen. Es erfolgt eine Auszahlung in gleich bleibenden oder steigenden Monatsraten. Ab dem 85. Lebensjahr übernimmt dann eine Rentenversicherung die Restverrentung bis zum Lebensende. Ein solcher Auszahlungsplan ist auch bei den anderen Durchführungswegen zulässig. Die Pensionsfonds können auch mit Zusatzversicherungen versehen werden.

Eine Absicherung der Ansprüche seiner Beschäftigten aus einem Pensionsfonds muss der Arbeitgeber über den Pensionssicherungs-Verein für den Insolvenzfall vornehmen. Aber er muss nur 20 Prozent der normalerweise üblichen Beiträge entrichten. Der Gesetzgeber hält dies für ausreichend, weil Pensionsfonds über ausreichend Mittel verfügen würden.

Rat: Arbeitnehmer sollten vor Abschluss einer bAV überlegen, ob die angebotenen Varianten ihres Arbeitgebers ihrer persönlichen Risikoneigung entsprechen. Maßgeblich kann dafür die Höhe der garantierten Leistung, besonders bei sicherheitsorientierten Sparern, sein. Sicherheit sollte dann vor Rendite gehen. Die Höhe der prognostizierten Überschüsse sollte dann nur eine kleinere Rolle spielen, weil sie ungewiss ist. Der Arbeitgeber muss mindestens eine sichere Betriebsrentenmöglichkeit vorhalten. Ein Anspruch auf eine fondsgebundene Lösung besteht dagegen nicht.

Förderungen einer Entgeltumwandlung
Die fünf Durchführungswege der bAV können auf vier verschiedene Weisen von Arbeitnehmern durch Entgeltumwandlung genutzt werden.
- steuerfreie Bruttoentgeltumwandlung (üblicher Weg)
- pauschal versteuerte Bruttoentgeltumwandlung bei Fortbestehen von Altverträgen
- Riester-Förderung
- Rürup-Förderung

Steuerfreie Bruttoentgeltumwandung (»Eichel-Förderung«): Arbeitnehmer können bis zu 4 Prozent der Beitragsbemessungsgrenze der gesetzlichen Rentenversicherung (2009: 64.800 Euro) von ihrem Bruttoeinkommen in ihren Betriebsrentenvertrag steuer- und sozialabgabenfrei einfließen lassen. Das sind 2009 maximal 2.592 Euro. Zusätzlich können noch steuerfrei 1.800 Euro umgewandelt werden, die aber sozialabgabenpflichtig sind, wenn Arbeitgeber und Tarifvertrag das zulassen. Allerdings können nur Arbeitnehmer eine solche Nutzung vornehmen, die keine pauschal versteuerte Betriebsrente aus den Jahren vor 2005 besitzen. Diese zusätzliche Möglichkeit besteht bei Direktversicherungen, Pensionskassen und Pensionsfonds. Beitragszahlung durch Entgeltumwandlung in Direktzusagen oder U-Kassen sind sogar unbegrenzt steuerfrei. Eine Begrenzung besteht aber darin, dass die bAV durch Entgeltumwandlung zusammen mit der gesetzlichen Rente 75 Prozent des Einkommens nicht übersteigen darf.

Besteuerung und Sozialabgabenpflicht im Rentenalter: Die Altersrente aus einer steuerfreien Entgeltumwandlung ist voll steuerpflichtig. Gesetzlich Krankenversicherte müssen darauf sogar den vollen Kranken- und Pflegeversicherungsbeitrag zahlen. Das sind einheitlich bei allen Krankenkassen 17,45 Prozent (Kinderlose: 17,7 Prozent). Ab 1. Juli 2009 soll der Satz auf 16,85 Prozent (17,1 Prozent) abgesenkt werden. Sowohl das Bundessozialgericht als auch das Bundesverfassungsgericht haben entschieden, dass diese Regelung rechtlich zulässig ist. Zu einer Belastung mit Beiträgen kommt es nur nicht bei einer sehr geringen Betriebsrente.

Bei Renten aus einer Direktzusage oder U-Kasse haben Betriebsrentner noch einen großen Vorteil: Von ihren Betriebsrenten im Jahr 2009 können Sie maximal 3.276 Euro (2.520 Euro Höchstbetrag + Zuschlag 756 Euro) als Versorgungsfreibetrag abziehen. Nur die darüber hinausgehenden Einkünfte aus der Betriebsrente sind voll zu versteuern. Dieser Freibetrag wird aber bis zum Jahr 2040 auf 0 Euro abgesenkt. Die Freibeträge für Betriebsrenten aus Direktversicherungen, Pensionskassen und Pensionsfonds sind dagegen wesentlicher geringer. Steuerfrei bleiben hier Rentenbeträge in Höhe des jeweiligen Altersentlastungsbetrags. Dieser beträgt in 2009 lediglich 1.596 Euro und wird ebenfalls bis 2040 auf 0 Euro abgeschmolzen. Ruheständler erhalten ihn erst ab dem 65. Lebensjahr. Der Versorgungsfreibetrag wird dagegen schon ab Erhalt der Versorgungsrenten gewährt.

Attraktiv – für wen? Die steuerfreie Bruttoentgeltumwandlung hat trotz der Besteuerung der bAV-Renten und auch der gesetzlichen Rente im Alter eine gewisse Attraktivität, weil diese meist geringer als während des Erwerbslebens ausfällt. Ein weiterer Vorteil ist die Finanzierung zum Teil aus ersparten Steuern und Sozialabgaben in der Ansparphase. Der Nettoaufwand ist somit für den Arbeitnehmer relativ überschaubar.

Beispiel: Gegenüber der privaten Riester-Rente ist für einen Durchschnittsverdiener, auch ohne Kinder, die Bruttoentgeltumwandlung nur auf den ersten Blick lukrativer. Für gesetzlich Krankenversicherte besteht ein erheblicher Nachteil, da sie die vollen Kranken- und Pflegeversicherungsbeiträge auf die Betriebsrenten zahlen müssen. Solange die private Riester-Rente für die meisten gesetzlich Versicherten im Rentenalter sozialabgabenfrei, auch für die Kranken- und Pflegeversicherung, bleibt, ist sie deshalb gegenüber der Bruttoentgeltumwandlung meist vorzugswürdig. Das gilt auch gegenüber der betrieblichen Riester-Rente, auf die ebenfalls die vollen Kranken- und Pflegeversicherungsbeiträge zu zahlen sind.

Der Abschluss einer bAV durch Bruttoentgeltumwandlung kann sich aber gegenüber der privaten Riester-Rente dann noch lohnen, wenn der Arbeitgeber einen Zuschuss in nennenswerter Höhe, wie z. B.

über die Erstattung ersparter Sozialabgaben hinaus, gewährt. Hierunter können auch vermögenswirksame Leistungen (VL) des Arbeitgebers gerechnet werden, die ein Arbeitnehmer für die bAV nutzen kann. Will ein Arbeitnehmer mehr als den Höchstbetrag zur Riester-Rente von 2.100 Euro einzahlen, kann darüber hinaus die bAV durch Bruttoentgeltumwandlung in Betracht kommen.

Gesetzlich Versicherte sollten weiterhin beachten: Liegt ihr Verdienst unter 44.100 Euro brutto im Jahr (2009), sparen sie in der Ansparphase neben Steuern auch die Sozialabgaben für die gesetzliche Kranken- und Pflegeversicherung sowie für die Arbeitslosen- und Rentenversicherung. Weil vom Beitrag in die bAV nichts an die gesetzliche Rentenversicherung weitergeleitet wird, gibt es später etwas weniger. Dieses Minus dürfte allerdings durch das Plus an Betriebsrente mehr als ausgeglichen werden. Verdienen Arbeitnehmer darüber hinaus bis 64.800 Euro (2009) brutto (Neue Bundesländer (NBL): 54.600 Euro), bezieht sich die Ersparnis »lediglich« auf die Beiträge zur Arbeitslosen- und Rentenversicherung. Liegt das Gehalt hingegen noch hierüber, entfällt die Ersparnis der Sozialabgaben komplett. Dennoch zahlen sie normalerweise Kranken- und Pflegeversicherungsbeiträge auf die ausgezahlte Betriebsrente. Eine Gehaltsumwandlung lohnt sich in diesen Fällen oftmals nicht. Für Privatversicherte hingegen ist eine Gehaltsumwandlung in eine bAV meist besonders reizvoll, weil sie keine Sozialabgaben auf die ausgezahlte Betriebsrente zahlen und gegebenenfalls auch noch in der Ansparphase Arbeitslosen- und Rentenversicherungsbeiträge bei einem Verdienst bis zu 64.800 Euro (NBL: 54.600 Euro) einsparen.

Pauschal versteuerte Bruttoentgeltumwandlung: Beschäftigte, die noch bis Ende 2004, eine Direktversicherung oder Pensionskasse abgeschlossen haben, können diese pauschal versteuert fortsetzen. Bis zu 1.752 Euro wird im Jahr pauschal mit 20 Prozent zuzüglich Solidaritätszuschlag und Kirchensteuer versteuert. Bei Gruppenversicherungen kann das sogar bis zu 2.148 Euro möglich sein. Erfolgt eine Finanzierung aus Sonderzahlungen, wie Weihnachts- und Urlaubsgeld, bleiben diese Beiträge sozialabgabenfrei. Die Kapitalauszahlung ist steuerfrei, wenn der Vertrag mindestens bis zum 60. Lebensjahr läuft. Die Mindestlaufzeit muss zwölf Jahre betragen und einen Todesfallschutz zumindest in Höhe der eingezahlten Beiträge zuzüglich der Erträge enthalten. Die Monatsrenten sind mit dem niedrigen Ertragsanteil zu versteuern. Dieser beträgt bei Rentenbeginn mit 65

Jahren 18 Prozent. Die Fortführung bestehender Direktversicherungen oder Pensionskassen ist vor allem für Gutverdiener vorteilhaft. Aber auch hier gilt, dass auf diese Betriebsrenten die vollen Kranken- und Pflegeversicherungsbeiträge von gesetzlich Krankenversicherten (GKV) zu zahlen sind. Auch die einmaligen Kapitalauszahlungen sind bei allen Durchführungswegen sozialabgabenpflichtig. Der Auszahlungsbetrag wird zunächst durch 120 geteilt. Auf diesen 1/120 Teil der Kapitalleistung wird monatlich der Beitrag für Kranken- und Pflegeversicherung in voller Höhe erhoben. Dieser ist 120 Monate lang zu zahlen. Der Beitragssatz beträgt derzeit 17,45 Prozent, bei Kinderlosen 17,70 Prozent.

Beispiel:
- 72.000 Euro : 120 Monate = 600 Euro (120stel)
- 17,45 Prozent von 600 Euro = 104,70 Euro monatlicher GKV-Beitrag
- 104,70 Euro x 120 Monate = 12.564 Euro gesamte GKV-Beiträge
- 72.000 Euro ./. 12.564 Euro = 59.436 Euro tatsächliche Kapitalabfindung

Diese gesetzliche Regelung hat das Bundessozialgericht bestätigt. Die Sozialverbände VdK und SoVD haben dagegen im Juli 2007 Verfassungsbeschwerde eingelegt. Das Bundesverfassungsgericht hat allerdings am 7. April 2008 beschlossen, die Klage nicht anzunehmen. Ebenfalls hat das Bundessozialgericht entschieden: Einmal bestehende Direktversicherungen bleiben immer Direktversicherungen, auch wenn der Vertrag z. B. später privat bespart wurde. Zu dieser Fallgruppe des gemischt finanzierten Direktversicherungsvertrages haben die Gewerkschaften eine Verfassungsbeschwerde eingereicht. Die Entscheidung des Bundesverfassungsgerichts dazu steht noch aus.

Riester-Förderung: Die Entgeltumwandlung mit der Riester-Förderung über den Betrieb funktioniert grundsätzlich wie die private Riester-Rente. Der Arbeitnehmer zahlt auch hier seine Beiträge für die Betriebsrente aus seinem Nettoeinkommen (Nettoentgeltumwandlung). Der Gesetzgeber spricht hier von einer Gehaltsverwendung, die keinem Tarifvorbehalt unterliegt. Damit sie als betriebliche Altersvorsorge anerkannt wird, muss der Arbeitgeber seinen Beschäftigten eine Leistungszusage geben. Der Sparer erhält dafür vom Staat Zulagen und kann darüber hinaus seinen Aufwand aus

Eigenbeiträgen und Zulagen als Sonderausgaben steuerlich absetzen. Die betriebliche Riester-Rente ist aber nur möglich, wenn die Versorgungseinrichtung das auch vorsieht. Sie ist zulässig, wenn die bAV über eine Direktversicherung, Pensionskasse oder einen Pensionsfonds läuft. Die Förderung kann aber nur privat oder betrieblich genutzt werden. Näheres zur Riester-Förderung entnehmen Sie dem Kapital »Riester-Förderung« ab Seite 11.

Ein gravierendes Manko der betrieblichen Riester-Variante ist die Pflicht für gesetzlich Krankenversicherte auf diese Rente im Alter den vollen Kranken- und Pflegeversicherungsbeitrag entrichten zu müssen. Bei privaten Riester-Renten-Verträgen entfällt das, es sei denn, ein Rentner ist doch freiwillig in der Krankenkasse versichert. Die kostengünstigeren Gruppenverträge über den Betrieb gleichen diesen Nachteil kaum aus. Ein weiterer Nachteil: Der nicht berufstätige Ehepartner kann im Gegensatz zur privaten Riester-Rente keinen eigenen Vertrag nur für die Zulagen abschließen. Grund: Betriebliche Versorgungseinrichtungen stehen nur den Beschäftigten offen. Eine Ausnahme wäre nur möglich, wenn der Betrieb zusätzlich noch eine private Riester-Rente für seine Mitarbeiter und deren Familienangehörige anbietet. Auch kann der Sparer sein Gespartes nicht in seine Immobilienpläne einbeziehen. Rat: Die private Riester-Rente ist für Arbeitnehmer im Normalfall vorzugswürdig.

Rürup-Förderung: Der Abschluss einer Rürup-Rente über den Betrieb ist seit Januar 2005 für Arbeitnehmer möglich. Die Entgeltumwandlung mit der Rürup-Förderung über den Betrieb funktioniert grundsätzlich wie die private Rürup-Rente. Der Arbeitnehmer zahlt auch hier seine Beiträge für die Betriebsrente aus seinem Nettoeinkommen. Damit es als betriebliche Altersvorsorge anerkannt wird, muss der Arbeitgeber seinen Beschäftigten eine Leistungszusage geben. Seine Beiträge kann der Sparer als Sonderausgaben im Rahmen der Altersvorsorgeaufwendungen steuerlich absetzen. Die betriebliche Rürup-Rente ist nur möglich, wenn die Versorgungseinrichtung das auch vorsieht. Sie ist zulässig, wenn die bAV über eine Direktversicherung, Pensionskasse oder einen Pensionsfonds läuft. Die Förderung kann aber nur privat oder betrieblich genutzt werden. Näheres zur Rürup-Förderung entnehmen Sie dem Kapital »Rürup-Rente oder Basis-Rente« ab Seite 28.

Ein gravierender Nachteil ist die Pflicht für gesetzlich Krankenversicherte auf die betriebliche Rürup-Rente im Alter den vollen Kranken- und Pflegeversicherungsbeitrag entrichten zu müssen. Bei privaten Rürup-Renten-Verträgen entfällt das, es sei denn, ein Rentner ist doch freiwillig in der Krankenkasse versichert. Die kostengünstigeren Gruppenverträge über den Betrieb gleichen diesen Nachteil kaum aus.

Rat: Die Betriebsrente lässt sich meist flexibler ausgestalten, wenn der Arbeitnehmer sich für die steuerfreie Bruttoentgeltumwandlung entscheidet. Möchte er mehr als maximal 4.392 Euro (2009) sparen, kann gegebenenfalls die private Rürup-Rente in Betracht kommen. Besteht allerdings die Möglichkeit der unbegrenzten steuerfreien Einzahlung in eine Direktzusage oder U-Kasse über den Betrieb, sollte dieser Weg zuerst erwogen werden. Vor dem Abschluss einer Rürup-Rente sollten Sie Rat bei einem Steuerberater einholen.

Zusatzversicherungen
Alle Zusatzversicherungen sind ein freiwilliges Angebot des Arbeitgebers. Die Versorgungszusage kann auch Leistungen für die Hinterbliebenen des Arbeitnehmers vorsehen. Meist sind solche Leistungen enthalten. Der versorgungsberechtigte Personenkreis muss in der Versorgungsordnung bestimmt sein. Eine umfassende Hinterbliebenenversorgung kann Leistungen für Witwen, Witwer, Ex-Ehepartner, nichteheliche Partner, gleichgeschlechtliche Lebenspartner und die Zahlung von Waisenrenten an die kindergeldberechtigten Kinder vorsehen (= Hinterbliebene im engeren Sinne). Auch kann vereinbart sein, dass Stiefkinder, faktische Stiefkinder, Pflege- und Enkelkinder Versorgungsleistungen erhalten. Namentlich benannte andere bezugsberechtigte Dritte haben nur Anspruch auf eine Sterbegeldleistung von maximal 8.000 Euro. Die Hinterbliebenenleistung ist grundsätzlich lebenslang, außer an die Waisen, auszuzahlen.

Ausnahme: Erfolgt nach dem Tod des Versorgungsberechtigten eine Auszahlung nur an die Hinterbliebenen im engeren Sinne, ist eine Rentengarantiezeit zulässig und deren Vereinbarung sinnvoll. Ein Wahlrecht des Arbeitnehmers zur Einmal- oder Teilkapitalauszahlung ist dann aber nicht erlaubt. Zulässig ist auch, dass der überlebende Ehepartner oder Lebensgefährte anstelle der Rente eine lebenslange Verrentung aus dem verbleibenden Restkapital erhält. Die Hinterbliebenenabsicherung im Rahmen der bAV schmälert die eigene Altersrente. Die Hinterbliebenenversorgung als Risikolebensversicherung kann die bessere Lösung sein.

Berufsunfähigkeitszusatzversicherung geeignet?: Die Rente aus einer Berufsunfähigkeitszusatzversicherung zur bAV unterliegt der vollen Besteuerung. Die Berufsunfähigkeitsrente aus einem separaten Berufsunfähigkeitsvertrag wird dagegen mit dem günstigeren Ertragsanteil versteuert. Dadurch relativiert sich der steuerliche Vorteil der Absetzbarkeit. Um die gleiche monatliche Berufsunfähigkeitsrente zu erhalten, wie aus einem separaten Vertrag, müsste sie höher abgeschlossen werden. Dies führt zu einem höheren Beitrag für die Zusatzabsicherung und gegebenenfalls auch zur bAV. Die Kombination von Berufsunfähigkeitsversicherung und bAV ist kritisch zu betrachten: Die Knebelung ist zu stark. Kann der Sparer die Beiträge nicht mehr zahlen oder muss sie reduzieren, verliert er entweder komplett seinen Berufsunfähigkeitsschutz oder die versicherte Rente deckt nicht mehr seinen Bedarf. Flexibler und geeigneter ist daher die Trennung der Vorsorgeformen. Verschlechtert sich die finanzielle Situation des Sparers, lässt sich die bAV beitragsfrei stellen. Das eingezahlte Kapital wird aber weiter verzinst. Eine Berufsunfähigkeitsversicherung sollte separat abgeschlossen werden. Dann kann sie auch in finanziell schlechteren Zeiten meist weiter bezahlt werden.

Der Einschluss lediglich der Beitragsbefreiung bei Berufsunfähigkeit ist jedoch durchaus sinnvoll. Der Beitrag nur für dieses Modul ist günstig. Tritt Berufsunfähigkeit während der Vertragsdauer ein, so übernimmt der Anbieter das weitere Besparen der bAV, solange Berufsunfähigkeit besteht. Die Altersvorsorge wird also weiter bis zum vereinbarten Altersrentenbeginn aufgebaut, ohne dass der Sparer selber Beiträge entrichtet. Dadurch wird die angestrebte Altersrente dennoch erreicht.

Im Einzelfall kann aber eine Zusatzabsicherung, besonders eine Berufsunfähigkeitszusatzversicherung zur bAV, für Arbeitnehmer mit Vorerkrankungen sinnvoll sein. Denn die Gesundheitsprüfung fällt möglicherweise nicht so streng aus. Manchmal wird auch nur eine Bestätigung vom Arbeitgeber verlangt, dass keine Arbeitsunfähigkeit im letzten Jahr(en) von länger als einer bestimmen Dauer bestand. Auch wenn andere Anbieter längst abgewinkt haben, hätten Arbeitnehmer so die Chance Berufsunfähigkeitsschutz oder auch Hinterbliebenenschutz abzusichern.

Mitnahme von Betriebsrente bei Arbeitgeberwechsel

Verlassen Beschäftigte ihre Firma, gehen ihre Rentenansprüche nicht verloren, wenn sie unverfallbar geworden sind. Bei einer bAV durch Entgeltumwandlung ist dies immer sofort der Fall. Handelt es sich um eine arbeitgeberfinanzierte bAV, muss der Arbeitnehmer neuerdings nur noch mindestens fünf Jahre Betriebszugehörigkeit aufweisen und 25 Jahre alt sein. Diese Alterssenkung gilt aber nur für neue Zusagen seit dem 1. Januar 2009. Für Zusageerteilung vor diesem Zeitpunkt ist weiterhin das Alter von 30 Jahren maßgeblich.

Ausnahme: Zusagen, die ab dem 1. Januar 2009 fünf Jahre Bestand haben und bei denen der Arbeitnehmer beim Ausscheiden aus dem Betrieb das 25. Lebensjahr vollendet hat.

Der bisherige Arbeitgeber muss im Rentenalter eine Rente auszahlen, wenn Sie bis zu diesem Zeitpunkt die bAV bei ihm beitragsfrei stellen. Eine private Fortführung ist bei einer bAV durch Entgeltumwandlung über eine Direktversicherung, Pensionskasse oder Pensionsfonds möglich. Dann erfolgt aber keine steuerliche Förderung mehr. Ein weiterer Nachteil einer privaten Fortsetzung ist die Beitragspflicht von gesetzlich Krankenversicherten im Rentenalter in voller Höhe. Seit dem 1. Januar 2005 haben Arbeitnehmer einen Rechtsanspruch auf Übertragbarkeit (Portabilität) ihrer bAV bei Arbeitgeberwechsel. Das setzt aber voraus:

- Nur für Neuzusagen ab 2005 über die Durchführungswege Direktversicherung, Pensionskasse und Pensionsfonds besteht der Portabilitätsanspruch. Für Altverträge hängt die Übertragbarkeit weiterhin von der Zustimmung beider Arbeitgeber ab. Das gilt auch für alle Rentenanwartschaften aus Direktzusagen und U-Kassen, unabhängig vom Zeitpunkt ihrer Entstehung.
- Ihren Rechtsanspruch müssen Arbeitnehmer innerhalb eines Jahres nach Beendigung ihres alten Arbeitsvertrages wahrnehmen.
- Der zu übertragende Wert darf nicht höher als die Beitragsbemessungsgrenze der gesetzlichen Rentenversicherung von 64.800 Euro (2009) sein.

Der neue Arbeitgeber muss eine bisher vorhandene Berufsunfähigkeits- oder Hinterbliebenenrente nicht weiterführen. Außerdem sieht die Kalkulation jedes Versorgungsträgers anders aus. Ein neues Versorgungswerk kann – trotz gleicher Kapitalbasis – eine niedrigere Rente vorsehen. Beinhaltet der alte Vertrag eine höhere Garantieverzinsung von z. B. 2,75 oder 3,25 Prozent und der neue Vertrag die seit 2007 grundsätzlich nur noch zulässige Verzinsung von 2,25 Prozent, sinkt bei der Kapitalübertragung die garantierte Rente automatisch um einiges ab. Teilweise verringern neue Abschlusskosten und/oder auch zusätzliche Übertragungskosten das Kapital.

Die freiwillige Übertragung von Betriebsrentenansprüchen im Wege der Einvernehmlichkeit bei Arbeitgeberwechsel ist auch zulässig. Jedoch müssen dafür beide Arbeitgeber und der Beschäftigte zustimmen. Kann eine solche Einigung erzielt werden, ist diese Möglichkeit meist die beste Lösung, weil erworbene Ansprüche und die bestehende Zusage mit etwaigen Zusatzabsicherungen vollständig fortgeführt werden. Die Übertragung nur des Wertes der Anwartschaft (Barwert) im gegenseitigen Einvernehmen kann eine weitere, aber nachteiligere, Variante sein.

Der Gesamtverband der Deutschen Versicherungswirtschaft (GDV) hat den Übertragungsanspruch mit einem Übertragungsabkommen ausgestaltet. Dieses gilt für Pensionskassen und Direktversicherungen. Es verpflichtet die beteiligten Unternehmen zum Verzicht auf erneute Abschlusskosten. Sie müssen aber GDV-Mitglied und Mitglied im gesetzlichen Sicherungsfonds für die Lebensversicherer sein. Das sind nur einige Pensionskassen, aber die meisten Direktversicherungen. Jeder Versorgungsträger muss dieses Abkommen extra unterzeichnen, damit es gilt. Wenn die Übertragung des Barwerts aus einer Direktzusage oder U-Kasse (interner Durchführungsweg) auf eine Direktversicherung, Pensionskasse oder Pensionsfonds (externer Durchführungsweg) oder umgekehrt erfolgen würde, muss der Übertragungswert voll versteuert werden. Eine Nachzahlung ersparter Sozialabgaben erfolgt dann ebenfalls. Normalerweise wird daher eine solche Überkreuzübertragung nicht vorgenommen.

Zu beachten bei bAV-Angeboten zur Entgeltumwandlung
Ein Wechsel des Anbieters ist für den Arbeitnehmer nicht möglich, sondern höchstens für den Arbeitgeber, weil er Vertragspartner des Versorgungsträgers ist. Der Beschäftigte ist nur Versicherter. Aus einem abgeschlossenen bAV-Vertrag kommt der Arbeitnehmer nicht heraus. Er kann ihn höchstens beitragsfrei stellen. Vor Abschluss sollten Sie daher die bAV-Angebote samt ihrer Bedingungen genau prüfen. Neben der steuerlichen Förderung, der nachgelagerten Besteuerung, der Sozialabgabenpflicht im Alter und der Übertragbarkeitsregelung bei Arbeitgeberwechsel sollten Sie noch beachten:

bAV-Bedingungen: Das angesparte Kapital ist unantastbar. Es darf weder beliehen noch veräußert und schon gar nicht von Dritten gepfändet werden. Es ist auch nicht vererblich. Ebenso kann keine Abtretung erfolgen und eine Kündigung ist ausgeschlossen. Sie bewirkt lediglich eine Beitragsfreistellung. Die Ansprüche werden beim Arbeitslosengeld II nicht angerechnet. Die Altersrente darf frühestens mit dem 60. Lebensjahr monatlich bezogen werden. Bei Vertragsabschluss ab 2012 ist der 62. Geburtstag entscheidend. Die Ausnahme ist der vorzeitige Altersrentenbezug, wie z. B. bei Piloten.

Abschlusskosten: Die bAV-Verträge werden häufig am Anfang mit Abschlusskosten in voller Höhe belastet (Zillmerung). Die Beiträge dienen dann in den ersten Jahren der Deckung der Provisionskosten an den Vermittler. In diesem Zeitraum ist kaum oder kein Kapital vorhanden, das bei einem Arbeitgeberwechsel zur Verfügung steht.

Bittere Konsequenz hieraus: Führen die Arbeitnehmer den Vertrag nicht selber privat fort, endet der bAV-Vertrag. Die eingezahlten Beiträge sind dann weg oder wenigstens zum größten Teil. Diese Nachteile können auch bei Zahlungsunterbrechungen, wie im Fall einer Arbeitspause wegen Elternzeit, eintreten. Aber mit Urteil vom März 2007 hat das Landesarbeitsgericht München (LAG) entschieden, Entgeltumwandlungen auf der Grundlage von gezillmerten Tarifen seien unzulässig und daher rechtlich unwirksam. Betroffene Arbeitnehmer, die dadurch eine Benachteiligung erleiden, hätten demnach einen Schadenersatzanspruch gegen ihren Arbeitgeber. Dieser Anspruch müsste gegebenenfalls gerichtlich durchgesetzt werden. Im eingeleiteten Revisionsverfahren wurde eine differenzierte Bewertung des Bundesarbeitsgerichtes (BAG) erwartet. Sehr kurz vor der Revisionsverhandlung zog der Kläger allerdings seine Klage zurück. Wenn es um Neuabschlüsse geht, sollten Sie möglichst auf ungezillmerte bAV-Tarife bestehen. Zumindest aber solche Tarife verlangen, welche die Abschlusskosten auf mindestens fünf Jahre verteilen. Sind Sie noch bei ihrem Arbeitgeber beschäftigt, verhandeln Sie mit ihm über eine »Vertragsheilung« und erwirken möglichst eine Tarifumstellung auf einen ungezillmerten Tarif.

Beitragsfreistellung und Flexibilität: Jeder Anbieter kann die Beitragsfreistellung eigenständig regeln. Teilweise werden hohen Extrakosten dafür verlangt. Meist muss erst ein bestimmtes Kapital angespart sein, bevor diese erfolgen kann. Wird diese Summe unterschritten, endet der Vertrag. Auch kann sie an Bedingungen gebunden sein, wie in der Elternzeit. Prüfen Sie vor Vertragsabschluss das Kleingedruckte. Achten Sie darauf, ob Beitragsreduzierungen und Zahlungsunterbrechungen ohne weiteres möglich sind.

Rat: Vergleichen Sie vor Abschluss eines bAV-Vertrages über ihren Arbeitgeber dessen Angebote mit anderen staatlich geförderten Altersvorsorgemöglichkeiten, wie der privaten Riester- und Rürup-Rente. Auch ein Vergleich mit privaten Altersvorsorgemöglichkeiten, wie Fonds, festverzinslichen Wertpapieren oder privaten Rentenversicherungen kann hilfreich sein. Empfehlenswert kann aufgrund der Komplexität der Thematik die neutrale und unabhängige Beratung durch Experten sein. Auf dem Gebiet der bAV sind das vor allem gerichtlich zugelassene Rentenberater für bAV (www.rentenberater.de). Im Übrigen erhalten Sie eine neutrale und unabhängige Beratung zur gesamten Altersvorsorge im Allgemeinen zum Beispiel beim Bund der Versicherten

Betriebsrente im öffentlichen Dienst
Öffentlich Bedienstete von Bundesländern und Kommunen haben ebenso wie kirchliche Mitarbeiter die Möglichkeit ihre Zusatzrente aus der Pflichtversicherung per Gehaltsumwandlung freiwillig aufzubessern. Die Bediensteten des Bundes hingegen haben diese Möglichkeit nicht. Ein entsprechender Tarifvertrag steht noch aus. Die garantierten Renten der öffentlichen Versorgungskassen fallen oft höher als die bei privaten Anbietern aus. Das ergab eine stichprobenartige Erhebung der Zeitschrift Finanztest (02/2009), die Angebote der Versorgungsanstalt des Bundes und der Länder (www.vbl.de – Tel: 18 05 - 67 77 10; 14 Cent/min. aus dem dt. Festnetz) in Karlsruhe und der Kirchlichen Zusatzversorgungskasse des Verbandes der Diözesen Deutschlands (www.kzvk.de – Tel: 02 21 - 203 15 90) in Köln getestet hat.

Die öffentlich Bediensteten haben vor allem die Möglichkeit das Angebot zusätzlicher freiwilliger Betriebsrenten von Pensionskassen zu nutzen, die für ihre Pflichtversicherung zuständig sind. Die Versorgungsanstalt des Bundes und der Länder (VBL) ist hier der größte Anbieter. Landesbedienstete sind auf diese festgelegt. Wählbar für die Gehaltsumwandlung sind die Tarife »VBL extra« (klassische private Rentenversicherung mit garantierter Verzinsung) oder die »VBL dynamik« (fondsgebundene Rentenversicherung), bei denen nur der

Beitragserhalt garantiert wird. Kommunale Bedienstete können ihr Geld auch bei den nur für den öffentlichen Dienst zuständigen Kommunalversicherern oder bei der Sparkassen-Finanzgruppe anlegen.

Kirchliche Mitarbeiter können meistens nur über ihre Pflichtkasse selbst in eine Betriebsrente freiwillig sparen. Der Tarif nennt sich »freiwillige Zusatzrente« bei der Kirchlichen Zusatzversorgungskasse des Verbandes der Diözesen Deutschlands (KZVK) und ist eine klassische Rentenversicherung mit garantierter Verzinsung.

4. Langfristige Sparverträge

TEIL 1: Geldanlage mit Wertpapieren

Vom Magischen Dreieck
Ob Sie Ihr Geld für eine eiserne Reserve oder für Ihre Altersvorsorge anlegen wollen: In jedem Fall müssen Sie sich vorher für eine Anlageform entscheiden. Das Ergebnis Ihrer Überlegungen wird die Antwort auf die Frage sein, welches Produkt Ihren Wünschen am nächsten kommt. Rentabilität, Liquidität und Sicherheit sind dabei die wesentlichen Aspekte für Ihre Entscheidung.

Die Rentabilität steht für die Rendite, die Ihre gewünschte Anlageform einbringt. Der Ertrag ist die Differenz zwischen dem, was Sie angelegt haben und dem, was abzüglich Kosten wieder »rauskommt«. Teilen Sie dann den Ertrag durch das eingesetzte Kapital und Sie erhalten die Rendite (verkürzte Darstellung, die Zinseszinsformel ist komplizierter). Bei einem Sparkonto ist das die Verzinsung.

Als Liquidität wird die Verfügbarkeit einer Anlageform bezeichnet. Die dahinter stehende Frage lautet: Wie schnell kann ich mein Geld wieder in Händen halten? Und unter der Sicherheit einer Anlage versteht man das Pendant zum Risiko einer Anlage. Sicherheit und Risiko beurteilt jeder Mensch anders:

Dem Einen bereitet der Verlust von 20 Euro bereits schlaflose Nächte, während andere selbst beim Verlust ihres halben Kapitals noch seelenruhig bleiben.

Alle diese Überlegungen lassen sich am Beispiel einer Grafik – eines magischen Dreiecks – deutlich machen: Warum denn magisch? Magie liegt zwischen Wunsch und Wirklichkeit, zwischen Wollen und Können. Als Anleger wünschen Sie sich natürlich eine Anlage, die hundertprozentig sicher, dabei aber auch täglich verfügbar ist und eine hohe Rendite einbringt. Diese Idealvorstellung gibt es in Wirklichkeit nicht. Je mehr Sie sich zu einer Spitze des Dreiecks bewegen, umso weiter entfernen Sie sich von den anderen und müssen eine Einbuße bei der Verfügbarkeit hinnehmen.

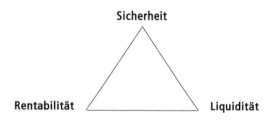

Durch Hinzufügen weiterer Entscheidungskriterien, wie beispielsweise der Laufzeit oder der Bequemlichkeit bei der Betreuung einer Anlage, lässt sich aus dem Dreieck schnell ein Vier- oder Fünfeck bilden. Werden noch Kriterien wie ethische Anlagegesichtspunkte und steuerliche Behandlung hinzugefügt, wird aus dem Dreieck schnell ein Sechs- oder Siebeneck.

Die Laufzeit sollte bei allen Überlegungen immer mit ein zentrales Thema sein. Viele werden sagen, dass dies durch die Betrachtung der Liquidität doch bereits berücksichtigt wird. Das ist nur teilweise richtig. Es gibt Anlagen mit längerer Laufzeit, bei denen Sie keine Möglichkeit haben eine vorzeitige Rückzahlung zu ermöglichen. Über

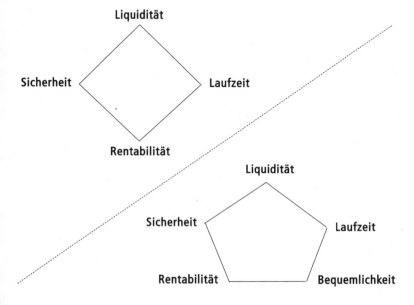

andere Anlageformen mit ähnlicher oder gleicher Laufzeit können Sie allerdings vorzeitig verfügen, gegebenenfalls jedoch unter Verlust von Zinsen und/oder Bonuszahlungen.

Unter Bequemlichkeit verstehen Sie den Aufwand, den die Betreuung der gewählten Anlageform zeitlich in Anspruch nimmt. Wenn Sie sich beispielsweise für einen Sparbrief entschieden haben, müssen Sie sich erst zum Ablauf der Vertragsvereinbarung um eine neue Verwendungsmöglichkeit für das Geld kümmern. Haben Sie stattdessen ein Depot mit verschiedenen Fonds, werden Sie zumindest monatlich nach deren Wertentwicklung schauen und gegebenenfalls Veränderungen im Depotbestand vornehmen.

Können Sie monatlich über 100 Euro oder mehr verfügen, sollten Sie daran denken, die Summe auf verschiedene Anlageformen zu verteilen. Ein guter Mix aus Risikoformen und Anlagezeiträumen ist eine gute Basis. Schlecht wäre es, wenn Sie Ihre eiserne Reserve in Aktien aus Emerging-Markets oder in einem Sparbrief »parken«. Schließlich haben Sie bei der erst genannten Variante ein ausgesprochen hohes Risiko, bei der zweiten Variante sind Sie bis zum Ende der Laufzeit fest gebunden. Sinnvoller wären für eine Liquiditätsreserve ein Tagesgeldkonto oder ein Geldmarktfonds.

Die Tabelle will Ihnen das Zusammenspiel von Risikoform und Anlagezeitraum unter Berücksichtigung von möglichen in Frage kommenden Anlageformen erläutern:

Zeitraum / Risiko	Kurz	Mittel	Lang
Niedrig	Tagesgeld, Termingelder	Bundeswertpapiere, Geldmarktfonds	Rentenfonds (Euro), Banksparpläne
Mittel	Bundeswertpapiere, Geldmarktfonds	Offene Immobilien-, Mischfonds (Europa), Rentenfonds (Euro)	Offene Immobilien-, Mischfonds (Welt), Aktienfonds (Europa)
Hoch	Rentenfonds (Euro)	Index-, Aktienfonds (Europa), Misch-, Rentenfonds (Welt)	Aktienfonds (Welt), Einzelaktien

Traditionelle Anlageformen
Banken und Sparkassen bieten viele Anlagemöglichkeiten an. Bei der Namensgebung sind sie erfinderisch und locken ihre Kunden mit Namenszusätzen wie Plus und Clever. Das kommt an, denn welcher Kunde möchte nicht mehr bekommen als anderswo?

Doch trotz der unterschiedlichen Namen haben alle Anlageformen Einiges miteinander gemein: 1. Sie geben der Bank Geld und 2. Sie erhalten Ihr Geld verzinst zurück. Details wie Höhe der Anlage, Art der Einzahlung, Verfügbarkeit zwischendurch sowie Vor- und Nachteile besprechen Sie am besten mit Ihrem Geldinstitut. Wie verlockend ein Angebot auch erscheinen mag, vergessen Sie nicht: Die Anlage muss zu Ihnen und Ihren Wünschen passen. Also keine vorschnellen Entscheidungen treffen.

Welche hauseigenen Anlageformen bieten Banken und Sparkassen?

Sparstrumpf/Sparschwein: Zu Großelterns Zeiten war der Sparstrumpf modern. Heute ist das Sparschwein beliebt. Kinder wie Erwachsene nutzen es gern. Darin ist Geld sicher, sowie der Sparschwein-Schlüssel entfernt ist. Erträge wirft es so aber nicht ab. Dafür ist es jedoch jederzeit verfügbar. Wer ein Sparschwein nutzt, sollte unbedingt den nächsten Schritt machen und ein Konto eröffnen, um das Geld darauf einzuzahlen.

Sparbuch: Das Sparbuch ist ein kleines Büchlein, in das von der Bank Ein- und Auszahlungen des Kunden eingetragen werden. Einzahlungen können Sie auch ohne Buch vornehmen, müssen es bei Auszahlungen aber auf jeden Fall mitbringen. Je Kalendermonat können Sie bis zu 2.000 Euro abheben. Falls Sie mehr Geld holen möchten, müssen Sie der Bank den gewünschten Betrag drei Monate vorher mitteilen.

Haben Sie unvorhergesehenen Geldbedarf, zahlt Ihnen die Bank trotzdem aus, was Sie benötigen. Allerdings berechnet sie dafür Vorschusszinsen. Die werden am Jahresende von Ihren Zinsen abgezogen. Zinsverlust schmerzt hier besonders: Denn die Guthabenzinsen auf Sparbüchern sind sehr gering. Sie liegen zwischen 0,5 Prozent und im günstigsten Fall 1,5 Prozent. Der Zinssatz ist variabel. Er kann sich also jederzeit nach oben oder unten verändern.

Allerdings ist das Sparbuch sicher. Sie bekommen Ihr Geld samt Zinsen auf jeden Fall ausgezahlt. Wenn Sie ein Sparbuch eröffnen möchten, erwartet die Bank eine Mindesteinlage von 0,51 Euro von Ihnen. Dieser Betrag ist das Mindestguthaben, das bei Auszahlungen nicht unterschritten werden darf. Sollten Sie diese 0,51 Euro abheben wollen, müssen Sie das Sparbuch auflösen.

Tagesgeld: Als Alternative zum Sparbuch gibt es das Tagesgeldkonto. Eine Mindesteinlage ist nicht gefordert. Das eingezahlte Geld ist ebenfalls sehr sicher. Sie können auf dieses Konto täglich einzahlen oder Geld abheben. Kündigen müssen Sie beim Abheben nicht, egal welchen Betrag Sie benötigen. Allerdings werden Sie das Geld zumeist nicht bar erhalten, sondern müssen es auf ein so genanntes Referenzkonto überweisen. Als solches haben Sie vermutlich Ihr Girokonto angeben. Von ihm können Sie jederzeit das überwiesene Geld am Bankschalter oder am Geldautomaten abheben.

Außer der täglichen Verfügbarkeit gibt es einen weiteren Vorteil: die Zinshöhe. Die liegt meist weit über dem Sparbuch-Niveau: aktuell (Stand Januar 2009) finden Sie Angebote bis zu 5,75 Prozent. Das Tagesgeldkonto eignet sich ideal für »eiserne Reserven« oder um Geld kurzfristig »zu parken«.

Doch nicht alle Tagesgeldkonten gleichen einander wie ein Ei dem anderen: Einige Anbieter gewähren ab dem ersten Cent einen mit steigender oder fallender Anlagesumme unveränderten Zinssatz. Andere zahlen nur noch einen geringeren Zinssatz, wenn ein bestimmter Betrag überschritten wird. Dabei kann es sein, dass dieser geringere Zinssatz nur auf die über diesen bestimmten Betrag hinausgehende Summe gerechnet wird oder auf das Gesamtkapital.

Wieder andere Anbieter arbeiten mit einem Staffelzins. Das heißt, je höher Ihr Guthaben ist, desto höher fällt Ihr Guthabenzins aus. Sinkt Ihr Guthaben unter einen bestimmten Wert, gilt ein geringerer Zinssatz.

Was bei allen Angeboten gleich ist: Die Zinssätze sind variabel, können also jederzeit von der Bank angepasst werden. Das kann sowohl nach oben als auch nach unten geschehen. Zinszahlungen sollten quartalsweise, besser noch monatlich erfolgen. So können Sie noch vom Zinseszinseffekt profitieren.

Vorsicht bei »Lockvogelangeboten«: Da werden Zinsen angepriesen, die weit über marktüblichem Niveau liegen. Zwar ist das verlockend. Aber das kann nachteilig für Sie sein. Manchmal gilt der Zinssatz nur für einen bestimmten Zeitraum. Das wäre nicht schlimm, so kommen Sie wenigstens vorübergehend zu höheren Zinsen. Manche Geldinstitute machen diese Angebote nur Neukunden. Oder sie gewähren bessere Zinssätze nur auf Neugelder, also auf solche, die vorher bei einer anderen Bank gelegen haben.

Besonders ärgerlich ist es, wenn Sie einen hohen Zinssatz nur erhalten, falls Sie eine Mindestsumme anlegen und zugleich neben dem

Tagesgeldkonto einem Verbundgeschäft zustimmen müssen. Das kann so aussehen: Die Hälfte der Mindestsumme zahlen Sie auf das überdurchschnittlich verzinste Tagesgeldkonto ein. Die andere Hälfte müssen Sie in einen Fonds einzahlen. Für diesen und das zugehörige Depot werden Ihnen obendrein Gebühren berechnet (Ausgabeaufschlag und laufende Depotkosten). Da kann es leicht passieren, dass Ihr Zinsertrag aus der Tagesgeldkontoanlage geringer ist als die Summe der Kosten.

Festgeld: Auch ein Festgeld- oder Termingeldkonto zählt zu den sicheren Anlageformen. Wer ein solches Konto eröffnet, gibt sein Geld für einen bestimmten Zeitraum aus den Händen. Ein Festgeld hat eine Laufzeit von einem Monat und verlängert (prolongiert) sich nach dessen Ablauf automatisch um den gleichen Zeitraum, wenn Sie nicht vorher gekündigt haben. Abweichende Festlegungszeiten von zwei, drei, sechs oder auch zwölf Monaten sind möglich. Sie lohnen sich jedoch nur dann, wenn die Zinssätze höher als bei den kürzeren Laufzeiten sind.

Über ein Festgeldkonto sollte nachdenken, wer sein Geld über den vereinbarten Zeitraum nicht benötigt. Außerdem sollte der Zinssatz höher als beispielsweise auf einem Tagesgeldkonto sein. Derzeit (Stand Mai 2008) liegen die Zinssätze nahe, teilweise unter denen von Tagesgeldkonten.

Ein Vorteil des Festgeldkontos ist, dass der Zins für die gesamte Laufzeit unveränderbar ist. Er kann von der Bank weder nach unten, aber auch nicht nach oben angepasst werden. Allerdings wird für die Eröffnung eines Festgeldkontos eine Mindestanlagesumme von beispielsweise 5.000 Euro verlangt. Je nach Geldinstitut kann diese Grenze auch höher oder niedriger sein. Ein- oder Auszahlungen während der Laufzeit sind nicht möglich.

Sparplan/Sparvertrag: Hinter diesen Begriffen verbirgt sich im Prinzip ein Sparbuch, auf das Sie regelmäßig einzahlen. Dabei ist die Grundverzinsung nur leicht höher als auf dem »normalen« Sparbuch. Sie wird jedoch durch ein Bonussystem aufgebessert. Die Grundverzinsung ist variabel. Sie sollten auf den Referenzzins achten. Oft ist dieser nicht nachvollziehbar. Dasselbe gilt für die Anpassung des Zinssatzes an den Referenzzins, der vielfach im Interesse der Bank, aber nicht im Sinne des Sparers vorgenommen wird. Die Bonuszahlungen dagegen verlaufen nach einem festgelegten Schema. Ein Sparvertrag gehört zu den sicheren Anlageformen.

Vergleichen Sie vor Abschluss eines solchen Vertrages die Angebote verschiedener Anbieter. Berücksichtigen Sie nicht nur die Grundverzinsung und die Höhe der Bonuszahlungen. Betrachten Sie zudem die Rendite für die von Ihnen gewünschte Laufzeit und die vorgesehene monatliche Rate. Unter der Rendite verstehen Sie den Ertrag, den das Geld abwirft.

Bei der Laufzeit müssen Sie herausfinden, was das Geldinstitut anbietet. Einige verlangen von Ihnen bei Vertragsabschluss festzulegen, über welchen Zeitraum der Vertrag laufen soll. Zu empfehlen sind aber die Anbieter, die bei Vertragsbeginn eine Höchstlaufzeit (beispielsweise 25 Jahre) festlegen und es Ihnen ermöglichen, das tatsächliche Ende jederzeit durch Kündigung zu bestimmen.

Beim monatlichen Anlagebetrag haben Sie nach oben keine Begrenzung, dürfen aber eine Mindestrate (oft zwischen 10 und 15 Euro) nicht unterschreiten. Einige Anbieter ermöglichen es sogar, die Rate während der Laufzeit einmal zu senken oder zu Vertragsbeginn einmalig und zusätzlich einen Betrag einzuzahlen.

Das Bonussystem kann unterschiedlich gestaltet sein. So ist neben einem festen Bonussatz auch ein Staffelbonus möglich. Der Bonus kann ab dem Vertragsbeginn oder erst nach einer bestimmten Vertragslaufzeit starten. Das ist natürlich ein von der Bank geschaffener Anreiz, den Sparer langfristig zum Durchhalten zu bewegen – und ihn an sich zu binden. Der Bonus kann auf das gesamte Guthaben, die Einzahlungen des Sparjahres oder auch nur auf die Zinsen gewährt werden.

Durch diese vielfältigen Möglichkeiten kann Ihnen tatsächlich nur die Renditeberechnung einen ordentlichen Vergleich ermöglichen. Erkundigen Sie sich auch, was passiert, wenn Sie das Geld vorzeitig benötigen. Kann jederzeit gekündigt werden oder gibt es eine Kündigungssperrfrist? Werden die Boni bis zur Vertragsaufhebung vollständig gezahlt oder gehen sie in Teilen oder ganz verloren? Sind Vorschusszinsen zu zahlen?

Sparbrief: Hinter dem Begriff Sparbrief steckt eine einmalige Anlage. Wie auch beim Festgeldkonto ist die Mindestanlagesumme je nach Geldinstitut unterschiedlich. Starten können Sie teilweise bereits ab 250 Euro. Zuzahlungen oder Abhebungen sind während der fest vereinbarten Laufzeit aber nicht möglich.

Die Laufzeit kann zwischen einem und maximal zehn Jahren liegen. Längere Anlagezeiträume sind die Ausnahme. Welche Laufzeiten die Bank anbietet, liegt in deren Ermessen. Der Zinssatz ist jedoch während der gesamten Laufzeit fest. Die Zinsen werden entweder auf ein von Ihnen vorher bestimmtes Konto überwiesen oder dem angelegten Geld hinzugerechnet. So erhöht sich Jahr für Jahr das zu verzinsende Kapital – der Zinseszinseffekt tritt ein.

In Niedrigzinsphasen sollten Sie auf langfristige Bindung Ihres Geldes verzichten, weil Sie sich aus einem Sparbrief nicht vorzeitig rauskündigen können, um in eine zinsgünstigere Anlageform umzuschichten. Wenn Sie auf das Geld eine bestimmte Zeit verzichten können, ist diese sichere Anlageform eine Alternative. Dennoch sollten Sie vorsorglich andere Angebote vergleichen und auch andere Anlageformen berücksichtigen.

Eine Besonderheit des Sparbriefes ist es, dass es ihn in drei Varianten gibt. Ein Sparbrief wird mit einem so genannten Nennwert ausgegeben. Das ist der Wert, den Sie bei Fälligkeit von der Bank zurückbekommen. Beim »normalen« Sparbrief werden die Zinsen auf Ihr eingezahltes Kapital jährlich gezahlt. Sie können auch einen abgezinsten Sparbrief kaufen. Statt des Nennwertes zahlen Sie einen um die Zinserträge verminderten Kaufbetrag. Bei Fälligkeit wird Ihnen der Nennwert zurückgezahlt, das heißt Ihr Kaufpreis zuzüglich aller Zinsen auf einen Schlag. Als dritte, aber heute nicht mehr übliche Variante gibt es den aufgezinsten Sparbrief. Bei dem zahlen Sie den vollen Nennwert ein und bekommen diesen sowie alle Zinsen in einem Betrag zum Laufzeit-Ende.

Selbstverständlich finden sich bei den Sparanlagen weitere Konstruktionen und Abwandlungen. So können Sie einen bestimmten Betrag zu einem festen Zins für fünf Jahre anlegen. Während des ersten Jahres gilt eine Kündigungssperrfrist, Sie kommen also nicht an Ihr Geld heran. Nach dem ersten Jahr ist das bei einer dreimonatigen Kündigungsfrist möglich. Diese Anlageform wird meist zwar höher als ein Sparbuch, jedoch niedriger als ein Sparbrief verzinst. Um die Attraktivität zu erhalten, wird aber eine Zinsstaffel über fünf Jahre vereinbart. Je länger Sie als Anleger durchhalten, desto höher ist Ihre Rendite.

Allgemein: Vermeiden Sie es, für Ihre Anlage Kontoführungs- oder Überweisungsgebühren zahlen zu müssen. Wenn Ihnen die Höhe der Zinsen nicht zusagt, sprechen Sie Ihren Bankberater darauf an. Bei höheren Anlagebeträgen oder langjähriger Kontoverbindung lassen sich durchaus »Möglichkeiten« finden. Fragen Sie nach einer Zinsstaffel. Wird bei einer höheren Anlagesumme ein geringerer Zins gezahlt, lohnt es sich, das »überschüssige« Geld anderweitig anzulegen.

Einlagensicherung
Was passiert also, wenn Ihre Bank in die Pleite schlittert? Die gesetzliche Vorgabe: Jede Bank muss der Entschädigungseinrichtung deutscher Banken (EdB) angeschlossen sein. Durch diese Vorgabe sind 90 Prozent Ihrer Einlage geschützt. Dabei beträgt die Höchstgrenze maximal 20.000 Euro. Das bedeutet, bei einer Einlage von 10.000 Euro bekommen Sie 9.000 Euro erstattet, bei 20.000 Euro sind es 18.000 Euro und bei 50.000 Euro bekommen Sie nur noch 20.000 Euro.

Das ist unbefriedigend. Wer verzichtet gern auf 10 Prozent oder mehr seiner Anlage? Deshalb haben sich die meisten deutschen Privatbanken freiwillig dem Einlagensicherungsfonds angeschlossen. Durch ihn sind die Einlagen des Kunden bis zu 30 Prozent des haftenden Eigenkapitals der Bank geschützt. Das bedeutet für unsere genannten Beispiele, dass Sie Ihre 10.000 Euro, 20.000 Euro oder 50.000 Euro vollständig zurückbekommen, weil das haftende Eigenkapital einer Bank weit über diesen Beträgen liegt. Ob Ihre Bank diesem Sicherungsfonds angeschlossen ist, erfahren Sie unter www.bdb.de.

Sparkassenkunden sind noch besser geschützt. Hinter diesen steht ein großes Sicherungsnetz aus verschiedenen Stützungsfonds und der Sicherungsreserve der Landesbanken. Genügt das trotzdem einmal nicht, besteht die Verpflichtung, sich gegenseitig zu helfen. Dann käme der überregionale Ausgleich aller Sparkassen-Stützungsfonds zum Einsatz. Sollte auch das nicht ausreichen, sind die Sparkassen mittelbar geschützt. Denn Städte oder Landkreise müssen diese Geldinstitute bei einem drohenden Konkurs notfalls sanieren.

Auch die Genossenschaftsbanken helfen sich bei einer drohenden Pleite gegenseitig. Fonds sichern die Kundengelder zu 100 Prozent ab. Außerdem gibt es als Prüfinstanz den Garantieverbund. Der soll verhüten, dass die Bank zahlungsunfähig wird. Schlimmstenfalls übernimmt er Bürgschaften und Garantien.

Einen über die gesetzlichen Bestimmungen hinaus gehenden Einlagenschutz bietet ebenso der freiwillige VÖB-Einlagensicherungsfonds der öffentlichen Banken. Im Sicherungsfall stehen die Mittel des Fonds für die gebotenen Maßnahmen, besonders die unmittelbaren Zahlungen an den Anleger, zur Verfügung.

Ausländische Banken: Für Einlagensicherungen gibt es vielfach gesetzliche Regelungen. In der EU sind die Mindestanforderungen durch EG-Richtlinien festgelegt und in Deutschland durch das Einlagensicherungs- und Anlegerentschädigungsgesetz umgesetzt. Geschützt sind 90 Prozent der Einlagen, maximal jedoch 20.000 Euro. In Deutschland betreiben allerdings auch Banken Geschäfte, die nicht der deutschen gesetzlichen Einlagensicherung unterliegen. Das sind Banken mit Hauptsitz im Ausland, die in Deutschland keine eigene deutsche Gesellschaft, sondern nur Niederlassungen betreiben. Angesichts der weltweiten Finanzkrise haben viele Länder ihre Einlagensicherung geändert. Die Erhöhungen der Garantien sind allerdings soweit erkennbar stets zeitlich begrenzt. Entscheidend ist auch, dass hinter einer Einlagensicherung ausreichende Mittel stehen. Das Beispiel Island hat gezeigt, dass selbst eine staatliche Garantie unnütz sein kann. In Deutschland handelt es sich um eine politische Absichtserklärung der Regierung, eine gesetzliche Umsetzung ist bisher nicht geplant.

Gerade wenn eine Bank aus dem Ausland mit hohen Einlagenzinsen lockt, sollten Sie besonders darauf achten ob und wie Ihre Einlage abgesichert wird.

Rating
Unter Rating ist die Beurteilung eines Unternehmens zu verstehen, das Anleihen emittiert. »Geratet« werden ebenfalls Investmentfonds. Die Beurteilung wird von Ratingagenturen vorgenommen. Diese machen sich von dem Unternehmen nicht nur anhand der zugänglichen Informationen ein Bild, sondern sprechen auch direkt mit den Managern und schauen sich die detaillierten Unternehmenszahlen an. Als Ergebnis wird dann eine Note erteilt.

Eine der bekanntesten Ratinggesellschaften ist Standard & Poor's (S & P), die für Top-Unternehmen ein AAA vergeben. Dies entspricht sozusagen bester Qualität und dem geringsten Ausfallrisiko. Der Buchstabe D hingegen bedeutet, dass bei dem Unternehmen der Zahlungsausfall eingetreten ist. Zwischen AAA und D finden sich verschiedene Abstufungen, die die Qualität differenzieren.

Wenn Sie sich für Anleihen als Altersvorsorgeinstrument interessieren, sollten Sie sich für Unternehmen mit einer Beurteilung im A-Bereich entscheiden. Wurde das Unternehmen nicht von S&P geratet, sondern beispielsweise von Fitch oder Moody´s, werden sich die Bezeichnungen leicht unterscheiden. Generell müssen Sie aber auch Anleihen untereinander nach Rendite und Liquidität vergleichen, wenn Sie sich für ein bestimmtes Rating entschieden haben.

Je weiter sich das Rating von AAA entfernt, desto riskanter ist die Anleihe einzustufen. Damit das Unternehmen seine Anleihe nun aber auch an den Mann bringen kann, muss eine Attraktivität für diese geschaffen werden. Das geschieht über den Zinssatz, mit dem die Anleihe ausgestattet ist. Der ist bei einer C-Anleihe höher als bei einer AAA-Anleihe.

Warum von hochverzinsten und somit schlecht gerateten Anleihen abzuraten ist, zeigt das Beispiel vieler Anleihen des Landes Argentinien. Wer die in der Vergangenheit gekauft hat, hat häufig sein Geld nicht wieder gesehen. Argentinien konnte in diesen Fällen seinen Rückzahlungsverpflichtungen nicht nachkommen. Seien Sie also kritisch bei der Auswahl Ihrer Anlage und lassen Sie sich nicht von hohen Zinsen und möglichen Wechselkursgewinnen (bei Fremdwährungsanleihen, also Anleihen in fremder Währung, die in Euro zurückgezahlt werden) verleiten.

Agenturen wie Morningstar, FeriTrust oder Standard&Poor´s bewerten auch Fonds. Dabei wird zwischen einem quantitativen und einem qualitativen Rating unterschieden. Bei einer quantitativen Beurteilung wird die Entwicklung des Fonds (somit auch das Fondsmanagement) betrachtet. Die qualitative Beurteilung berücksichtigt darüber hinaus beispielsweise Strukturen und Prozesse der Investmentgesellschaft selber.

Festverzinsliche Wertpapiere

Bei festverzinslichen Wertpapieren finden sich Begriffe wie Anleihen, Pfandbriefe, Schuldverschreibungen oder Obligationen. Auch Bundesschatzbriefe gehören zu den Festverzinslichen, wobei diese einen Sonderfall darstellen. Allen gemein ist, dass diese Anlageformen für die Laufzeit mit einem festen Zinssatz und einem Nominalbetrag (Nennwert) ausgestattet sind. Unter den Festverzinslichen finden Sie solche mit hoher aber auch andere mit geringer Sicherheit. Das hängt vom Schuldner (Emittent) der Anleihe ab. Die Bundesrepublik Deutschland ist ein guter Schuldner und das Risiko nur sehr gering. Argentinien ist dagegen ein schlechter Schuldner. Das führte in der Vergangenheit dazu, dass Anleger ihr Geld nicht wieder gesehen haben.

Börsennotierte Anleihen, wie Bundesobligationen, können Sie täglich verkaufen. Ob Sie dabei allerdings Gewinn oder Verlust machen, hängt vom Kurs ab. Die Einlösung am Laufzeitende erfolgt jedoch zum Nennwert. Dies sollte ein Anleger vorziehen, als auf steigende Kurse zu spekulieren. Spekulation hat mit Altersvorsorge nichts zu tun.

Dass der Kurs einer Anleihe während der Laufzeit über oder unter pari (100 Prozent) liegen kann, hat einen Grund. Zum Zeitpunkt der Emission (Ausgabe) der Anleihe wurde sie mit einem marktgerechten Zinssatz ausgegeben. Weil sich auf dem Markt der Zins täglich neu bildet, kann es innerhalb kürzester Zeit geschehen, dass der Zinssatz der Anleihe nicht mehr marktgerecht ist. Es muss also eine Anpassung vorgenommen werden, um die Anleihe bei sinkenden Zinsen für den Anleger attraktiver und bei steigenden Zinsen für den Emittenten tragbar zu machen. Das geschieht über den Kurs, denn der Zinssatz der Anleihe ist für die gesamte Laufzeit festgelegt.

Steigt beispielsweise das Zinsniveau um ein Prozent, wird ein Abschlag vom Kurswert vorgenommen. Die Anleihe notiert dann unter pari mit einem Kurswert von vielleicht 99 Prozent. Ein Anleger, der zu diesem Zeitpunkt einsteigt, zahlt für einen Anleihenennwert von 10.000 Euro nur 9.900 Euro. Er bekommt aber den gleichen Zinssatz wie jemand, der die Anleihe zu 100 Prozent oder gar 105 Prozent gekauft hat. Vorteil des zu einem niedrigeren Kurs eingestiegenen Anlegers ist eine Rendite, die über dem eigentlichen Zinssatz liegt. In die Renditeberechnung fließt nämlich neben dem Zinssatz auch der Kurswert ein. Dadurch findet der Mehrertrag von 100 Euro aus der Kursdifferenz (Nennwert abzüglich Kaufpreis) seine Berücksichtigung.

Wertpapiere wie Anleihen und Obligationen werden im Depot einer Bank oder Sparkasse für Sie verwahrt. Das heißt, dass Sie für dieses Depot im ungünstigsten Fall Gebühren zahlen, wenn Sie nicht gerade bei einem Anbieter das Depot unterhalten, der darauf verzichtet. Darüber hinaus werden auch bei Kauf und Verkauf der Wertpapiere Gebühren fällig, die Sie berücksichtigen müssen.

Bundeswertpapiere: Bundeswertpapiere zählen zu den sicheren Anlageformen und sind deshalb für jeden Anlagetyp geeignet. Selbst der risikoorientierte Anleger kann sie als Beimischung für sein Portfolio (Gesamtheit seiner Investitionen) gut nutzen. Einmal gekauft, stehen die Zinsen fest – sie unterliegen keinem Zinsänderungsrisiko.

Schuldner der Papiere ist die Bundesrepublik Deutschland, die diese Papiere zur Finanzierung beispielsweise an natürliche Personen verkauft. Der Staat zahlt also nicht nur die vereinbarten Zinsen, sondern auch bei Fälligkeit oder bei einer vorzeitigen Rückgabe Ihr Kapital zurück. Die Bundesrepublik Deutschland Finanzagentur GmbH ist für die Abwicklung zuständig und Ansprechpartner für alle Ihre Fragen.

Sie haben die Möglichkeit, Bundeswertpapiere direkt über die Finanzagentur (auch regelmäßig per Dauerauftrag) zu kaufen und in einem Depot vor Ort kostenlos verwalten zu lassen. Dafür müssen Sie nur ein so genanntes Schuldbuchkonto eröffnen. Aus dem Depot heraus können Sie Ihre Wertpapiere verkaufen aber auch weitere hinzukaufen. Selbstverständlich ist es auch möglich, einen Freistellungsauftrag zu stellen. Auf Ihr Depot haben Sie sogar online Zugriff.

Entscheiden Sie sich für die Verwaltung der Papiere in einem Depot Ihrer Bank, werden meistens Depotgebühren berechnet, die von Bank zu Bank unterschiedlich hoch ausfallen. Erwerb und Einlösung bei Fälligkeit sind jedoch auch hier gebührenfrei.

Bundesschatzbriefe: Das wohl bekannteste Wertpapier ist der Bundesschatzbrief (Buscha). Kaufen können Sie diesen ab 50 Euro bei Ihrer Bank oder Sparkasse; über die Finanzagentur zahlen Sie mindestens 52 Euro – was aber mit der Abrechnung zusammenhängt. Nach oben hin ist Ihnen jedoch keine Grenze gesetzt. Ein Buscha hat eine Laufzeit von sechs Jahren (Typ A) bzw. sieben Jahren (Typ B). Der Zinssatz erhöht sich jedes Jahr um einen von vornherein festgelegten Wert (Staffelzins). Die Zinszahlung erfolgt bei Typ A jährlich, bei Typ B erst am Ende der Laufzeit.

Benötigen Sie vor Ablauf der Laufzeit Ihr gesamtes Geld oder auch nur einen Teil zurück, so müssen Sie die Bedingungen hierfür beachten: Eine vorzeitige Rückzahlung von eingezahlten Geldern ist frühestens nach einem Jahr Laufzeit möglich. Dann können Sie maximal 5.000 Euro innerhalb von 30 Zinstagen ausgezahlt bekommen. Benötigen Sie mehr, können Sie nach den 30 Tagen weitere maximal 5.000 Euro erhalten.

Buschas werden als so genannte Daueremission von der Bundesrepublik immer wieder neu ausgegeben (emittiert), wenn sich die Situation auf den Kapitalmärkten ändert. In diesem Fall wird der Verkauf der alten Emission eingestellt und nur noch die neue ausgegeben. Dabei kann es sein, dass die neue Ausgabe höhere Zinssätze vorsieht, als die, die Sie bereits gekauft haben. Ob es sich dann lohnt, die »alte« gegen die »neue« zu tauschen (durch Verkauf und Kauf), ist ein reines Rechenexempel.

Bundesobligationen: Vielen bekannt ist auch die Bundesobligation, die liebevoll »Bobl« genannt und ebenfalls als Daueremission ausgegeben wird. Entgegen den Bundesschatzbriefen werden Bundesobligationen auch an der Börse gehandelt. Für einen Kauf über die Börse ist kein Mindestbetrag vorgesehen. Ein Limit, bis zu welcher Anlagesumme Sie kaufen können, gibt es ebenfalls nicht.

Entschließen Sie sich zu einem Kauf über die Finanzagentur, so müssen Sie mindestens 110 Euro anlegen – auch das hängt wieder mit der Abrechnung zusammen. Allerdings können Sie hier »nur« maximal 250.000 Euro pro Geschäftstag investieren.

Grundsätzlich werden die Zinsen, die auch hier von Beginn an feststehen und unveränderlich sind, während der fünfjährigen Laufzeit jährlich gezahlt.

Wenn Sie den Bobl vorzeitig verkaufen wollen oder müssen bzw. zurückgeben, kann dies zum aktuellen Börsenkurs geschehen. Wie im Kapitel »Festverzinsliche Wertpapiere« aufgeführt, entsteht ein gewisses Risiko beim vorzeitigen Verkauf auf Grund des schwankenden Kurses. So können Sie unter Umständen durch einen Kurs unter pari weniger als den eigentlichen Nennwert erhalten.

Die Gebühren, die Ihnen Banken und Sparkassen bei einem Verkauf berechnen, müssen Sie natürlich mit berücksichtigen. Da diese unterschiedlich sein können, informieren Sie sich direkt bei Ihrem Berater. Bei einem Verkauf aus Ihrem Depot bei der Finanzagentur hingegen wird der Einheitspreis der Frankfurter Wertpapierbörse als Festpreis zu Grunde gelegt und eine Gebühr von 0,4 Prozent des Kurswertes als Effektenprovision berechnet.

Für den Kauf, die Verwaltung und Einlösung bei Fälligkeit berechnen Banken und Sparkassen also Gebühren. Bei der Finanzagentur sind diese Positionen aber gebührenfrei, so dass ein Depot dort zu empfehlen ist.

Stückzinsberechnung: Zu den Besonderheiten der so genannten Stückzinsberechnung, die unter anderem beim Kauf von Buschas und Bobls zum Tragen kommt, sprechen Sie auf jeden Fall mit Ihrem Berater. Vereinfacht ausgedrückt passiert Folgendes: Wenn Sie ein Wertpapier verkaufen, haben Sie Anspruch auf den Teil der Zinsen, der

Ihnen für die Dauer des Besitzes zusteht. Der Käufer muss Ihnen also diesen Teil zahlen, der zwischen dem letzten Zinszahlungstermin und dem Verkaufstag aufgelaufen ist. Er selber bekommt am Zinstermin aber die gesamten Zinsen ausgezahlt. Insofern findet der Käufer den Verkäufer quasi mit der Stückzinszahlung für den bis zum Verkaufstag entstandenen Zinsanspruch ab.

Finanzierungsschätze: Genau wie die Bundesschatzbriefe sind die Finanzierungsschätze nicht börsennotiert. Wenn Sie sie kaufen möchten, müssen Sie mindestens 500 Euro anlegen. Das Anlagevolumen ist auf 250.000 Euro je Geschäftstag (Limit) festgelegt.

Vor dem Kauf müssen Sie sich für die Laufzeit – ein oder zwei Jahre – entscheiden. Die Rückzahlung erfolgt dann in der Regel zum 20. des Fälligkeitsmonats. Ein vorzeitiger Verkauf ist bei dieser Anlage jedoch strikt ausgeschlossen. Dafür ist der Kauf nicht nur über die Finanzagentur, sondern auch über Banken und Sparkassen gebührenfrei. Allerdings ist die Verwaltung nur bei der Finanzagentur kostenlos.

Jeden Monat wird eine neue Emission herausgegeben. Besonderheit ist, dass es sich bei den Finanzierungsschätzen um so genannte Diskontpapiere handelt. Das heißt, dass Sie beim Kauf nicht den vollen Betrag (Nennwert) zahlen, sondern einen um die Zinsen verminderten Betrag. Am Ende der Laufzeit erhalten Sie dann den Nennwert zurück, also Ihr investiertes Geld zuzüglich der Zinsen.

Bundesanleihen: Diese Wertpapiere können Sie sowohl direkt an der Börse über ein Kreditinstitut als auch über die Finanzagentur kaufen. Einen Mindestanlagebetrag gibt es nicht, doch beachten Sie bei einem Kauf über die Börse die Gebühren, die Ihnen Ihre Bank in Rechnung stellt.

Während der Laufzeit von zehn Jahren oder 30 Jahren werden die Zinsen jährlich ausgezahlt. Die Rückzahlung am Ende der Laufzeit erfolgt zum Nennwert. Ein vorzeitiger Verkauf über die Börse ist möglich – hier wird jedoch der aktuelle Tageskurs zu Grunde gelegt. Davon werden noch die Gebühren abgezogen. Wird die Anleihe über das Depot bei der Finanzagentur zurückgegeben, wird der Einheitskurs der Frankfurter Wertpapierbörse als Festpreis genommen. Eine Gebühr von 0,4 Prozent des Kurswertes wird Ihnen in Rechnung gestellt.

Für den Kauf, die Verwaltung und die Einlösung bei Fälligkeit berechnen Banken und Sparkassen ihre Gebühren. Bei der Finanzagentur sind diese Positionen, wie bei den anderen Bundeswertpapieren auch, gebührenfrei, so dass die Einrichtung eines Depots dort zu empfehlen ist.

Tagesanleihe: Unter diesem Begriff bietet die Finanzagentur seit dem 1. Juli 2008 eine Anlageform an, die mit dem Tagesgeldkonto der Banken vergleichbar ist. Mindestens 50 Euro müssen Sie einmalig oder regelmäßig anlegen, um diese Anleihe zum gültigen Kurs kostenfrei im Schuldbuchkonto verwahren zu können. Maximal können Sie 250.000 Euro täglich anlegen.

Die Verzinsung ist variabel und errechnet sich nach der Formel: EONIA x 0,925 (EONIA ist die Abkürzung für Euro OverNight Index Average). Hiermit wird der Durchschnittszinssatz bezeichnet, den Banken untereinander für Geldausleihungen über Nacht verlangen.

Liegt der EONIA unter 2 Prozent so entspricht die Verzinsung EONIA minus 0,15 Prozent. Sollte der EONIA 0,15 Prozent oder weniger betragen, so erhalten Sie einen Zinssatz von 0 Prozent. Bei einem EONIA von 6 Prozent oder mehr wird der EONIA minus 0,45 Prozent gerechnet.

Ihr Vorteil ist es, dass die Zinsen täglich gutgeschrieben werden. Sie profitieren somit täglich vom Zinseszinseffekt. Ein gewisser Nachteil entsteht jedoch dadurch, dass sich ein sinkender Zins auch sofort auf die Tagesanleihe auswirkt.

Zum 31.12. eines jeden Jahres werden die aufgelaufenen Zinsen automatisch in neue Anteile der Anleihe angelegt, eine Barauszahlung erfolgt nicht. In diesem Moment greift (genau wie bei einem Verkauf der Anleihe) die Besteuerung.

Weitere: Darüber hinaus gibt es noch Bundesschatzanweisungen, Unverzinsliche Schatzanweisungen, Fremdwährungsanleihen und einige andere Wertpapiere, die angeboten werden. Auf diese wollen wir hier jedoch nicht weiter eingehen und empfehlen Ihnen, sich über die Modalitäten und Voraussetzung direkt auf der Seite der Finanzagentur (www.deutsche-finanzagentur.de) zu informieren.

Aktien

Mit Aktien lässt sich viel Geld gewinnen. Aber in Krisen kann es mit ihnen durchaus rasant bergab gehen. Was ist eine Aktie? Aktiengesellschaften (AG) geben zur eigenen Finanzierung Anteile von sich aus. Diese Anteile (Aktien) können durch Anleger (Aktionäre) erwor-

Merkmal	Bundesschatz-brief	Bundes-obligation	Finanzie-rungsschatz	Bundes-anleihe	Tages-anleihe
Mindesterwerb	52 Euro	110 Euro	500 Euro	ohne	50 Euro
Zinszahlung	A: jährlich B: Zinsansammlung	jährlich	abgezinst	jährlich	jährlich
Laufzeit	A: 6 Jahre B: 7 Jahre	5 Jahre	1 Jahr oder 2 Jahre	10 Jahre oder 30 Jahre	unbegrenzt
Verkauf/ vorzeitige Rückgabe	frühestens nach einem Jahr maximal 5.000 Euro innerhalb 30 Zinstagen	jederzeit	nicht möglich	jederzeit	jederzeit, maximal 1 Mio. Euro je Bankgeschäftstag
Rückzahlung	A: zum Nennwert B: zum Nennwert + Zinsen	zum Nennwert	zum Nennwert	zum Nennwert	zum Nennwert

ben werden. Mit dem Kauf einer oder mehrerer Aktien beteiligen Sie sich also an einem Unternehmen – und sind damit nicht nur am Gewinn, sondern auch am Verlust der Firma beteiligt. Umso wichtiger ist die richtige Auswahl der Aktiengesellschaft.

Ein Gewinn wird nach Beschlussfassung der Hauptversammlung der AG anteilig über die so genannte Dividende auf die Aktionäre verteilt und ausgezahlt. In schlechten Jahren kann diese ohne Weiteres ausfallen. Sie tragen also das unternehmerische Risiko. Schließlich gilt bei Aktien, dass Vergangenheitswerte für die Kursentwicklung oder die Dividende, kein Garant für die Zukunft sind.

Der Kurs einer Aktie bildet sich durch Angebot und Nachfrage. Viele Aktionäre haben das zu spüren bekommen, als die Technologie-Blase platzte. Überhöhte Bewertungen von Aktien hatten die Kurse auf Spitzenwerte getrieben – bis eines Tages die Anleger begannen, ihre Aktien wieder zu verkaufen, um Gewinne zu realisieren. Den Verkäufern (Anbieter) standen anfangs viele Käufer (Nachfrager) gegenüber, die auf noch höhere Kurse spekulierten. Als jedoch immer mehr Verkäufer auftraten und sich nicht genügend Käufer fanden, wurden die Kurse nach unten angepasst. Es entstand schnell eine Abwärtsspirale, weil immer mehr Anleger verkaufen wollten, um nicht nur weiterhin den (sich schmälernden) Gewinn aus dem Investment zu realisieren, sondern um mittlerweile auch Verluste zu begrenzen. Diese

Entwicklung schwappte schnell auf andere Aktien der Technologiebranche über und führte auf Grund der starken Kursverluste zu einer immensen Geldvernichtung.

Für die Altersvorsorge sind Aktien nur sehr bedingt geeignet, denn sie bergen ein großes Risiko in sich. Dieses Risiko kann sogar beschrieben werden: Theoretisch können Sie alles verlieren, was Sie in die Aktie gesteckt haben – zuzüglich der Kosten, Gebühren und Courtagen, die Sie beim Kauf oder während der Haltedauer im Depot aufwenden mussten. Sie können also äußerst verlustreich aus der Sache herauskommen.

Auf der anderen Seite bieten Aktien Chancen – so bekommen Sie bei vielen Aktiengesellschaften jährlich eine Dividende (eine Dividendenzahlung können Sie sinngemäß mit Zinszahlungen aus dem Sparbuch vergleichen). Über die Höhe der Dividende wird allerdings jedes Jahr neu entschieden. Die eigentliche Chance steckt jedoch in der Entwicklung des Aktienkurses.

Der Kurs wird von vielen Faktoren beeinflusst und kann sogar im Laufe nur eines einzigen Tages erheblich schwanken. Der Kurs spiegelt die künftige Erwartung des Marktes wider. Die Faktoren können Sie in messbare und nichtmessbare unterteilen. Beispielhaft seien hierzu einige Fragen formuliert: Welche Unternehmenszahlen oder Meldungen hat die Aktiengesellschaft gerade veröffentlicht und wie werden diese von den Experten und den Anlegern beurteilt? Wie ist die generelle Stimmung an den Aktienmärkten? Wie ist die Branche zu beurteilen, in der die Aktiengesellschaft tätig ist? Wie viele Kauf- und Verkaufsaufträge für die Aktie liegen vor? Welchen Einfluss übt die Konjunktur auf den Kurs aus? Wer empfiehlt mir diese Aktie und warum? In wie weit beeinflussen die politischen Rahmenbedingungen die Kursentwicklung?

Sind die Nachrichten und Zahlen rund um die Aktie positiv, kann (muss aber nicht!) der Kurs nach oben gehen. Er kann auch aus kaum nachvollziehbaren Gründen stagnieren oder gar sinken. Letztlich hängt alles von der Aktiengesellschaft (Aktie), für die Sie sich entschieden haben und von den Rahmenbedingungen sowie der Wirtschaftslage, ab.

Wenn Sie sich für eine Anlage entscheiden, sollten Sie nicht nur das Geld für dieses Investment übrig sondern auch einen ausreichend langen Atem haben und gute Nerven besitzen. Schließlich ist Altersvorsorge nur über einen langen Zeitraum sinnvoll machbar. Bei einem Aktieninvestment sollten Sie mindestens 15 Jahre einplanen und eine spekulative oder zumindest starke gewinn-/risikoorientierte Einstellung haben.

Seien Sie sich aber bewusst, dass trotz der langen Zeit niemand die tatsächliche Entwicklung der Aktie vorhersagen kann – und somit das Ergebnis, welches Sie später in Euro und Cent in der Tasche haben werden. Aktien eignen sich für die Altersvorsorge deshalb nur äußerst bedingt und sollten nur dann in Frage kommen, wenn Sie andere Altersvorsorgeformen ausgeschöpft und das Geld für die Aktien tatsächlich nicht anderweitig verplant haben. Und: Die ausgewählte Aktie muss zu Ihnen und Ihrer Risikoeinstellung passen.

Vor der Entscheidung für einen Aktienkauf muss eine intensive Beratung unter Berücksichtigung der persönlichen Lebenssituation und der Risikoeinstellung stehen. Dabei ist eine breite Streuung von großer Bedeutung. Das folgt aus der von Markowitz entwickelten Portfoliotheorie. Diese stellt den Zusammenhang zwischen Risiko und Rendite in den Mittelpunkt. Ziel jedes Anlegers ist es, eine hohe Rendite bei möglichst geringem Risiko zu erlangen. Allerdings beinhalten Anlageprodukte mit hohen Renditechancen auch hohe Risiken.

Eine Aktie kann beispielsweise erheblich mehr Ertrag in derselben Zeitspanne erwirtschaften als eine Anleihe. Diese höhere Gewinnchance muss sich ein Anleger aber mit einem höheren Risiko »erkaufen«. Bei der Auswahl der Aktien spielt außerdem die Bonität des Herausgebers (Emittenten) eine entscheidende Rolle. Steht es um diese schlecht, weil die Auftragslage rückläufig ist, können vielleicht die Renditechancen positiv ausfallen, aber das Ausfallrisiko wächst zunehmend.

Im Fall einer Insolvenz der Firma geht der Anleger leer aus. Sein eingesetztes Kapital ist verloren. Deshalb sollten Sie Aktien breit streuen und in Werte von mehreren Unternehmen investieren, damit das Anlagerisiko verringert ist. Ideal wäre ein Depot, in dem zwischen zehn und 15 verschiedene Aktien liegen. Dafür ist ein höherer Kapitaleinsatz notwendig sowie viel Wissen und auch Zeit. Besser kann deshalb eine breite Streuung über die Investition in einen Aktienfonds geeignet sein, der von professionellen Fondsmanagern geleitet wird.

Fonds
Es gibt viele Arten offener Fonds, von Geldmarkt-, Renten- und Aktienfonds bis zu Immobilienfonds. Daneben finden sich auch geschlossene Fonds. Dabei können die Fonds von ihrer Anlagemen-

talität beispielsweise geographisch (z. B. Europa oder Asien) oder branchenspezifisch unterteilt werden. Das zeigen diese Beispiele:

Regionenfonds: Als Region sind beispielsweise Asien, Amerika oder der Pazifikraum zu bezeichnen. Entsprechend werden nur Wertpapiere aus dieser Region gekauft.

Länderfonds: Wie der Name schon verrät, werden von diesem Fonds nur Wertpapiere gekauft, deren Emittenten ihren Sitz in einem bestimmten Land haben.

Ethikfonds: Diese Fondsgattung investiert das Kapital in Wertpapiere, die bestimmten ethischen Grundsätzen Rechnung tragen. Ethikfonds werden von immer mehr Menschen nachgefragt.

Umweltfonds: Unter diesem Begriff finden sich Unternehmen wieder, die sich beispielsweise auf Wind- oder Solarkraft spezialisiert haben.

Für die Altersvorsorge eignen sich aber nicht alle Fondsarten. Abzuraten ist von diesen Fondsvarianten:

Fremdwährungsfonds: Unter einem Fremdwährungsfonds versteht man einen auf eine fremde Währung (also nicht Euro) lautenden Fonds. Dies können vor allem der Amerikanische Dollar, der Japanische Yen oder das Britische Pfund sein. Neben der Spekulation auf eine positive Fondspreisentwicklung wird auf Währungsgewinne spekuliert.

Wandelanleihenfonds: Ein Wandelanleihenfonds ist sowohl Aktie als auch Anleihe. Dieser kann vom Anleger innerhalb einer bestimmten Frist in eine festgelegte Anzahl von Aktien desselben Schuldners umgetauscht werden. Eine Wandlung ist dann lohnenswert, wenn die betreffenden Aktien mächtig gestiegen sind und dadurch den Nominalwert der Anleihe übertreffen. Das asymmetrische Risikoprofil lässt Wandelanleihenfonds so attraktiv erscheinen: Sie profitieren in ihrer Funktion als Aktie von steigenden Aktienkursen, leiden allerdings nicht im selben Umfang unter fallenden Kursen.

Junkbondfonds: Der Fondsmanager kauft risikoreiche Anleihen, deren Emittenten auf Grund des Risikos hohe Zinsen zahlen müssen.

Zur »Absicherung« werden aber auch erstklassige Anleihen als sichere Basis gekauft.

Geschlossene Fonds (z. B. Immobilien oder Schiffe): Bei diesem Fondstyp locken hohe Ausschüttungen sowie Steuervorteile, deren Anerkennung bei den Finanzbehörden jedoch immer schwieriger wird. Mit Risiken wie Verlust des investierten Geldes oder eine mögliche Nachschusspflicht für den Anleger muss gerechnet werden. Einen Anspruch auf Verzinsung oder einen festen Rückzahlungstermin gibt es nicht. Das Fondsvolumen ist von vornherein begrenzt. Ist das Volumen erreicht, wird der Fonds geschlossen und kann nicht mehr von Anlegern gezeichnet werden. Die Anteile an geschlossenen Fonds sind viel eingeschränkter handelbar als bei offenen Fonds. Erst seit kurzem gibt es die ersten Zweitmarktplattformen. Dadurch ist nunmehr ein vorzeitiger Verkauf möglich, aber weitaus schwieriger als bei Wertpapieren. Die Laufzeit des Fonds beträgt meist zwischen zehn und 20 Jahren, teilweise sogar länger. Investiert wird das Geld beispielsweise in den Erwerb von Grundstücken und Gebäuden oder von Schiffen.

Medienfonds: Als Anleger beteiligen Sie sich an der Finanzierung von Spielfilmen und TV-Produktionen. Besonders riskant wird dieses Investment, wenn der Film nicht den erhofften Erfolg einspielt und floppt. Das Kapital kann verloren gehen. Das Ergebnis, wenn statt einer Filmproduktion Filmrechte erworben werden, kann genauso aussehen.

Windkraftanlagenfonds: Diese Fonds sammeln für die Erstellung von Windrädern oder Windparks Geld ein. Risiko und Chance sind identisch: Kann die versprochene Rendite erwirtschaftet werden?

Venture Capital-Fonds (meistens geschlossene Fonds): Unter Venture Capital versteht man so genanntes Wagniskapital. Der Anleger gibt sein Geld an ein aufstrebendes Unternehmen und möchte dadurch an dessen Erfolg Teil haben. Zwar besteht tatsächlich die Chance auf eine Vervielfältigung des eingesetzten Kapitals, doch ist das Risiko nicht zu verkennen: Der Totalverlust des eigenen Geldes.

Private Equity-Fonds (meistens geschlossene Fonds): Auch hierbei handelt es sich um Wagniskapital, welches der Anleger investiert. Dieses wird jedoch nicht wie bei Venture-Capital in der Phase der Unternehmensgründung sondern in der Phase der Expansion bzw. des Börsengangs eingebracht. Allerdings kann sich hinter diesem Fondstyp entgegen der Namensbezeichnung auch ein Venture Capital-Fonds verbergen.

Bei der Beurteilung oder der Auswahl eines Fonds gilt: Vergangenheitswerte sind keine Zukunftswerte. Im Klartext: So gute Ergebnisse ein Fonds in der Vergangenheit auch erzielt haben mag und so schön das auch in farbigen Charts dargestellt wird, so ungewiss ist die Entwicklung für dessen Zukunft. Schließlich hängt der Erfolg eines Fonds nicht nur von verschiedenen Faktoren, wie bei einem Aktienfonds von der Auswahl der richtigen Aktien, der Entwicklung des Marktes und den politischen Gegebenheiten ab, sondern auch von Merkmalen wie den Fähigkeiten des Fondsmanagers und dem Wesen des Fonds. Man kann also nur hoffen, dass alle Voraussetzung bestehen bleiben, damit sich der Fonds auch zukünftig gleichbleibend oder positiver entwickelt.

Sonstige Geldanlagen

Zero-Bonds, Floater, Wandelanleihen, Genussscheine usw.: Besondere Formen von Anleihen finden sich auch. Zu diesen gehören Zero-Bonds. Bei ihnen werden die Zinsen nicht jährlich ausgezahlt, sondern in einer Summe am Ende der Laufzeit, wobei der Gesamtbetrag der Zinsen vom Kaufpreis abgezogen wird (abgezinst). Ebenfalls gibt es variabel verzinsliche Anleihen (Floater), die sich beispielsweise an einem Leitzins wie dem EURIBOR orientieren und sich daher jederzeit verändern können. Spezielle Merkmale weisen auch Wandelanleihen auf oder Anleihen, die eine Zinsobergrenze vorsehen.

Genussscheine gibt es in vielen Varianten. Man kann sie zwischen einer Aktie und einer Anleihe ansiedeln. Sie unterscheiden sich in der Laufzeit, in der Höhe der Zinssätze sowie durch Zinszahlungstermine und durch Kündigungsmöglichkeiten. Ein Vergleich ist oftmals schwierig. Eine Investition muss gut überlegt sein, zumal der Handel an der Börse nicht allzu liquide ist. Und im Falle des Konkurses eines Emittenten, bekommen die Gläubiger als Letzte ihr Geld zurück, sofern noch welches da ist.

Unternehmensanleihen werden von Firmen zur Kapitalbeschaffung emittiert. Möglicherweise ist dies für sie die günstigere Alternative als sich einen Kredit bei einer Bank oder frisches Geld über eine Aktienemission zu verschaffen. Nicht nur aus der Fragestellung heraus, wie es dem Unternehmen wirtschaftlich geht, ist daher ein intensiv prüfender Blick auf das Rating notwendig. Schließlich geben Sie ein unbesichertes Darlehen aus, also ein Darlehen mit dem Risiko, dass Sie Ihr Geld als Totalverlust abschreiben können. Ein Beispiel für dieses Risiko ist die Firma Fokker gewesen. Selbst eine Börsennotierung und ein hohes Umlaufvolumen sind keine Garantie für dauerhafte Zinszahlungen und Rückzahlung des Kapitals.

Calls, Puts, Futures und Swaps: Dieses sind spezielle Möglichkeiten des Finanzmarktes und definitiv keine Instrumente für die Altersvorsorge. Also Finger weg!

Gold: Halten Sie die Anlage Ihres Geldes in Edelmetallen für sicher? Sie sollten aber wissen, dass auch der Kurswert des Goldes Schwankungen unterliegt. Diese Schwankungen spiegeln das Verhältnis von angebotener und nachgefragter Goldmenge wider. Wird mehr Gold angeboten als nachgefragt, dürfte der Kurs fallen. Regeln lassen sich für die Beurteilung des Kurses aber schwer finden, weil sich dieser auch durch politische Einflüsse bildet.

Durch die nicht abschätzbare Kursentwicklung müssen Sie also mit Kursverlusten rechnen. Zinserträge, wie bei Sparbüchern oder Anleihen, bekommen Sie nicht, zahlen aber möglicherweise Gebühren für die Beschaffung/Lagerung des Goldes.

Rat: Bei Anlagen, die Ihnen ausgesprochen hohe Renditen bei absoluter Sicherheit versprechen, sollten Sie auf der Hut sein. Solche Anlagen werfen vielleicht im ersten Jahr noch den versprochenen Zins ab. Aber ab dann wird möglicherweise nicht mehr gezahlt – das kann dann mit dem Totalverlust Ihres Geldes enden.

Abgeltungssteuer

Ab dem 1. Januar 2009 ist die Abgeltungssteuer eingeführt. Von diesem Zeitpunkt an werden keine unterschiedlichen Anrechnungsverfahren und Steuersätze mehr für die verschiedenen Erträge aus Kapitalvermögen (Zinsen, Dividenden, Veräußerungsgewinne) herangezogen. Es gilt dann nur noch ein einheitlicher Steuersatz in Höhe von 25 Prozent. Hinzuzurechnen ist der Solidaritätszuschlag in Höhe von 5,5 Prozent bezogen auf den Steuersatz der Abgeltungssteuer sowie gegebenenfalls die Kirchensteuer, die je nach Bundesland unterschiedlich ausfällt. Selbstverständlich muss derjenige, der keiner Konfession angehört, auch keine Kirchensteuer zahlen. Ihr Kreditinstitut führt die Abgeltungssteuer und auf Ihren Wunsch auch die Kirchensteuer an das Finanzamt ab. Nennen Sie Ihrem Kreditinstitut Ihre Konfession nicht, müssen Sie die Kirchensteuerveranlagung über die Einkommensteuererklärung vornehmen.

Allerdings wird die Abgeltungssteuer erst dann von Ihren Erträgen abgezogen, wenn Ihr Sparerpauschbetrag in Höhe von 801 Euro (für Ledige) oder 1.602 Euro (für Verheiratete) ausgeschöpft ist. Hinter dem Pauschbetrag verbirgt sich jedoch nichts anderes als der altbekannte Freistellungsauftrag, der sich aus Sparerfreibetrag (750 Euro) und Werbungskostenpauschale (51 Euro) zusammensetzt. Eine Werbungskostenpauschale wird es künftig nicht mehr geben.

Überprüfen Sie, ob Sie bei Ihren Banken, Bausparkassen, Fondsgesellschaften und anderen Institutionen einen Freistellungsauftrag/Sparerpauschbetrag gestellt haben. Selbstverständlich können Sie diesen auch auf mehrere Banken aufteilen, dürfen jedoch die Gesamthöhe von 801 Euro insgesamt nicht überschreiben. Ein einmal gestellter Auftrag gilt, wenn Sie es nicht anders beantragen, unbefristet. Die Höhe können Sie aber jederzeit verändern.

Einigen war es bisher möglich, eine so genannte Nichtveranlagungsbescheinigung (NV-Bescheinigung) einzureichen. Dies wird auch nach dem 1. Januar 2009 möglich sein. Zumeist machen Rentner davon Gebrauch, die über (hohe) Einkünfte aus Kapitalvermögen verfügen, auf der anderen Seite jedoch nur geringe Einkünfte aus Rentenzahlungen erzielen. Die NV-Bescheinigung ist in der Höhe nicht begrenzt, gilt aber nur für drei Jahre und ist danach beim zuständigen Finanzamt neu zu beantragen. Wenn Sie die Voraussetzungen für die Bescheinigung nicht mehr erfüllen, müssen Sie diese zurückgeben. Natürlich kann das Finanzamt die Bescheinigung auch jederzeit zurückfordern.

Erträge aus Vermietung und Verpachtung unterliegen also weiterhin dem persönlichen Steuersatz. Für Edelsteine, Edelmetalle und Kunstgegenstände gilt weiterhin nur die einjährige Spekulationsfrist.

Wer beispielsweise Aktien oder Fonds vor dem 1. Januar 2009 gekauft hat, genießt für diese Bestandsschutz. Das heißt, dass der Gewinn aus einem Aktienverkauf steuerfrei ist, wenn diese mindestens ein Jahr im Depot gelegen haben. Dabei geht das Finanzamt zu

Gunsten des Anlegers davon aus, dass die Anteile, die zuerst gekauft wurden, auch zuerst verkauft werden.

Für Zertifikate gilt eine Sonderregelung. Diese mussten bis zum 15. März 2007 angeschafft worden sein, damit der Bestandsschutz greift. Anderenfalls müssen diese bis zum 30. Juni 2009 unter Beachtung der einjährigen Spekulationsfrist veräußert werden, um in den Genuss der Abgeltungssteuerfreiheit zu gelangen. Ansonsten greift die Abgeltungssteuer in vollem Umfang.

Verluste können weiterhin steuerlich geltend gemacht werden. Dabei dürfen aber nur noch Verluste aus Aktien mit Gewinnen aus der Veräußerung von Aktien verrechnet werden. Auch bereits aufgelaufene Verluste sind anrechenbar, weil sie automatisch in das Folgejahr vorgetragen werden. Diejenigen Anleger, die das nicht möchten, müssen bis zum 15. Dezember eines Jahres von ihrer Bank eine Verlustbescheinigung anfordern. Nur so können sie diese selber über die Einkommensteuererklärung geltend machen.

Grundsätzlich sollten Sie bei Ihren Anlageentscheidungen auch steuerliche Aspekte berücksichtigen. Lassen Sie sich aber von diesen alleine nicht leiten, sondern überlegen Sie genau, was Sie möchten. Hierzu einige Beispiele:

Zwar können fondsgebundene Versicherungen einen kleinen Ertragsvorteil bieten. Dies jedoch nur, wenn Sie tatsächlich über die gesamte Laufzeit Ihre Einzahlungen vornehmen. Eine vorzeitige Vertragsaufhebung macht den geringen Vorteil jedoch vollständig zunichte und ergibt unter dem Strich sogar einen schlechteren Ertrag als eine Direktanlage in den gleichen Fonds.

Viele Berater empfehlen zur Umgehung der Steuer den Kauf von Dachfonds, mit der richtigen Begründung, dass diese Fonds bei Umschichtungen und Verkäufen von der Steuer befreit sind. Sie als Anleger sind – egal ob Sie einen Dachfonds, einen Aktienfonds oder einen anderen Fonds verkaufen – immer in der gleichen Position: Bei Verkauf wird die Abgeltungssteuer berücksichtigt. Darüber hinaus weisen Dachfonds selber in der Regel eine höhere Kostenbelastung aus als »normale« Fonds. Diese Kosten müssen Sie berücksichtigen.

Wenn einem eine steueroptimierte, absolut sichere und hoch verzinste Anlage angeboten wird, würden viele wahrscheinlich zugreifen. Und das selbst dann, wenn sie von den Erklärungen des Beraters nichts oder nur wenig verstanden haben. Schließlich geht es hier darum, Steuern zu sparen. Aber für welche Anlage er sich tatsächlich

Sparbuch, Tagesgeld, Festgeld, Sparpläne, Sparbriefe, Bundesschatzbriefe, Tagesanleihe	Zinsen unterliegen der Abgeltungssteuer
Anleihen	Kursgewinne und Zinsen unterliegen der Abgeltungssteuer
Fonds	Kursgewinne, Dividenden, Zinsen und Veräußerungsgewinne unterliegen der Abgeltungssteuer; Umschichtungen im Fonds selber (durch Fondsmanager) bleiben steuerfrei
Zertifikate	Abgeltungssteuer gilt bereits
Immobilie, eigen genutzt	Verkauf steuerfrei, wenn zwei Jahre durchgehend selbst genutzt
Immobilie, fremd genutzt	Verkauf steuerfrei nach zehn Jahren
Lebensversicherungen	bei Auszahlung, vor dem 01.01.05 abgeschlossen: steuerfrei Ausnahme: Auszahlung vor dem 60. Lebensjahr und/oder vor Ablauf von 12 Jahren, dann greift Abgeltungssteuer (oder auch bei Einmalbeiträgen)
	bei Auszahlung, nach dem 01.01.05 abgeschlossen: 50 % des Ertrags mit individuellem Steuersatz Ausnahme: Auszahlung vor dem 60. Lebensjahr und/oder vor Ablauf von 12 Jahren, dann greift Abgeltungssteuer
	bei Verkauf, vor dem 01.01.05 abgeschlossen, nach Ablauf von 12 Jahren: steuerfrei
	bei Verkauf, ab dem 01.01.05 abgeschlossen, laufzeitunabhängig: Abgeltungssteuer greift
Private Rentenversicherung	Ertrag (Differenz zwischen Auszahlung und eingezahlter Beiträge) voll steuerpflichtig; bei Vertragsabschluss vor dem 01.01.2005 nur mit dem Ertragsanteil von z. B. 18 %, wenn die Rente mit 65 beginnt. Beginnt sie früher, ist er höher, startet sie später, ist er geringer. Bei Kapitalwahlrecht: siehe Lebensversicherung
Riester	voll steuerpflichtig
Rürup	für 2009 sind 58 % der Rente mit dem persönlichem Steuersatz steuerpflichtig, bis 2040 progressiver Anstieg bis auf 100 %
Betriebliche Altersvorsorge	Komplett steuerpflichtig mit dem individuellen Steuersatz als Rentner zzgl. ggf. gesetzlicher Krankenversicherungsbeiträge auf die Rente

entschieden hat, weiß der Anleger dann doch nicht. Ist die Entscheidung richtig gewesen?

Entscheidung
Die richtige Entscheidung treffen am Ende Sie selbst. Das kann Ihnen keiner abnehmen. Aber einige wichtige Denkanstöße, die geben wir Ihnen hier gern. Bitte bedenken Sie:

- Bin ich bereit, für einen höheren Ertrag auch ein höheres Risiko in Kauf zu nehmen (zum Beispiel Aktienfonds) oder ziehe ich die Sicherheit vor (zum Beispiel Bundesschatzbriefe)?
- Streue ich mit meiner Entscheidung mein Risiko sowohl in der Laufzeit als auch der Menge meiner Anlagen oder bin ich dann zu einseitig (beispielsweise nur in einem Fonds oder bei mehreren Fonds nur in einem Anlageschwerpunkt) investiert?
- Welche Voraussetzungen an Laufzeit und Verfügbarkeit muss die Anlage erfüllen und wo bin ich bereit (auch bei Risiko und Rendite), Abstriche zu machen?
- Habe ich alle Informationen über die Anlage, also neben den Chancen auch die Risiken oder Nachteile, kennengelernt?
- Sind mir alle Kosten bekannt, also sowohl die direkten beim Kauf, Verkauf oder vorzeitiger Auflösung als auch jene indirekten für ein zu unterhaltendes Depot oder die laufende Verwaltungsgebühr? Kann ich sie alle akzeptieren?
- Nehme ich die Angebote von ortsansässigen Banken wahr oder schaue ich mich auch anderweitig um (zum Beispiel im Internet)?
- Mit wem kann ich mich im Zweifel oder über Empfehlungen des Beraters austauschen?
- Von Anlagen, die eine hohe Steuerersparnis versprechen, sollte man besser die Finger lassen. Es ist wenig sinnvoll, Geld in unklare Steuersparmodelle zu stecken und damit langfristige Bindungen einzugehen, die dann schließlich nicht durchgehalten werden können. Der vorzeitige Ausstieg zieht stets höhere Verluste statt Steuerersparnisse nach sich. Im Zweifelsfall hat ein Steuerberater den richtigen Rat.
- Wenn ich eine Anlageform nicht verstehe, ist sie nicht richtig für mich. Kurzfristige Anlagen haben mit der Altersvorsorge nichts zu tun.

Vermögenswirksame Leistungen

Arbeitgeber zahlen Ihren Angestellten vermögenswirksame Leistungen (VL). VL sind Leistungen, die Ihr Chef zusätzlich zum Gehalt zahlt. Ob und in welcher Höhe Ihnen VL zustehen, regelt ein Tarifvertrag. Aber auch eine Betriebsvereinbarung kann Grundlage sein.

VL müssen angelegt werden und dürfen nur in bestimmte Anlageformen investiert werden. Zu diesen zählen spezielle Banksparverträge, betriebliche Riesterverträge, Lebensversicherungen, Hypothekendarlehen sowie Bau- und Fondssparverträge. Aber nur die beiden letzteren werden staatlich gefördert, so dass wir die anderen Anlageformen nicht weiter betrachten.

Wenn Sie ein zu versteuerndes Einkommen von 17.900 Euro (Ledige) bzw. 35.800 Euro erzielen, haben Sie Anspruch auf diese staatliche Förderung, die Arbeitnehmersparzulage (AnSpZ). Sie beträgt bei Bausparverträgen neun Prozent auf maximal 470 Euro, was 42,30 Euro als Zusatzzahlung ausmacht. Bei Fondssparverträgen werden auf bis zu 400 Euro 18 Prozent Förderung und somit 72 Euro jährlich vom Staat zugeschossen.

Ein Fondssparplan läuft über sechs Jahre und ruht ein weiteres Jahr, so dass Sie nach sieben Jahren über Ihr Geld verfügen können. Falls Sie es nicht benötigen, können Sie die Fondsanteile einfach ruhen lassen. Entscheiden Sie sich für einen Bausparvertrag, können Sie sich nach sieben Jahren das Bauspargutgaben samt Förderung auszahlen lassen. Allerdings lohnt sich das nicht wirklich – lesen Sie dazu das Kapitel Bausparen.

Wenn Ihr Arbeitgeber VL zahlt, Sie diese aber noch nicht in Anspruch nehmen, sollten Sie sich schnell darum kümmern. Sonst geht Ihnen das Geld verloren. Sind Sie sich nicht sicher, ob Sie Anspruch haben, fragen Sie Ihren Chef oder die Personalabteilung.

Haben Sie Kinder, auch in der Ausbildung, weisen Sie sie auf dieses Thema hin. Denn viele junge Leute sind mit dem Sparen nicht so vertraut. Gerade Auszubildende dürften nämlich auf Grund der Einkommensgrenze zu dem förderberechtigten Kreis gehören.

Selbst wenn der Arbeitgeber von sich aus keine VL zahlt, können Sie ihn um eine entsprechende Überweisung auf einen Bauspar- oder Fondssparvertrag bitten. Er wird Ihnen dann den Betrag von Ihrem Nettolohn abziehen und direkt überweisen.

Sogar das parallele Besparen von Fonds und Bausparvertrag ist seit 1999 möglich – und für beide wird die staatliche Förderung gezahlt. Ihr eigener Aufwand ist dafür gering. Monatlich müssen für den

Bausparvertrag rund 39 Euro (470 Euro im Jahr), für den Fonds rund 33 Euro (400 Euro im Jahr) eingezahlt werden, um die volle Förderung zu erhalten. Von diesen Beträgen müssen Sie den Anteil abziehen, den Ihnen Ihr Arbeitgeber zahlt (dieser kann bis zu 39,88 Euro betragen).

Statt Vermögenswirksame Leistungen zu zahlen, beteiligen sich einige Arbeitgeber durch einen Zuschuss an der betrieblichen Altersvorsorge (bAV) ihrer Mitarbeiter. Dieser Vorteil ist nicht zu unterschätzen. Andere Arbeitgeber gewähren die VL nur dann, wenn diese in die bAV investiert werden, was zum Teil sogar über einen Tarifvertrag geregelt wird. Um die VL in diesem Fall zu erhalten, muss von Ihnen natürlich vorher ein entsprechender Vertrag abgeschlossen werden.

TEIL 2: Investmentfonds

Investmentfonds sind eine wichtige Säule des Altersvorsorgesparens. Für das langfristige Sparen kombinieren sie die drei Eckpunkte jeder Geldanlage: Rendite, Sicherheit und Liquidität (»magisches Dreieck«). Das Grundprinzip ist einfach: Jeder Investmentfonds investiert sein vorhandenes Kapital in eine oder mehrere Anlageklassen (Aktien, festverzinsliche Wertpapiere, Immobilien, Währungen, Rohstoffe o. a.). Innerhalb des jeweiligen Anlageschwerpunktes kommt es zu einer breiten Streuung auf viele einzelne Wertpapiere oder Objekte. Diese Streuung vermindert das Kursschwankungsrisiko im Vergleich zu einer einzelnen Aktie erheblich. Denn der Anleger ist über die gekauften Fondsanteile eines deutschen Aktienfonds nicht nur an einer oder zwei deutschen Aktiengesellschaften beteiligt, sondern an den meisten der im Deutschen Aktienindex DAX vertretenen Unternehmen. Die Wertentwicklung eines Fonds wird wie bei jedem einzelnen Wertpapier börsentäglich neu festgestellt, und der Anleger kann jederzeit weitere Anteile hinzukaufen oder auch verkaufen. Die Fondsgesellschaft, die den jeweiligen Investmentfonds aufgelegt hat, ist im Gegensatz zu sonstigen Wertpapieren jederzeit zur Rücknahme der Fondsanteile verpflichtet. Im Ausnahmefall kann sie aber bei offenen Immobilienfonds bis zu zwei Jahren ausgesetzt werden, wie ab und zu geschehen. Auch können Fonds an der Börse gehandelt werden.

Anzahl und Bandbreite der in Deutschland für Privatanleger zugelassenen Investmentfonds haben seit den 1990er Jahren erheblich zugenommen. Diese Publikumsfonds werden unterschieden von Spezialfonds, in die nur institutionelle Anleger wie Banken oder Versicherer investieren. Waren Anfang der 1990er Jahre nur etwas über 1.000 Fonds zugelassen, sind es heute mehr als 7.000. Neben klassischen Fondskategorien wie Aktien-, Renten-, Immobilien- oder Mischfonds gibt es viele neue Fondstypen (AS-, Garantie-, Index-, Dach-Fonds u. a.).

Klassische Investmentfonds
Bei *Aktienfonds* kauft der Fondsmanager Aktien einer Vielzahl von börsennotierten Unternehmen, wobei unterschiedliche Anlagekon-

zepte existieren, die vorab von der Fondsgesellschaft festgelegt werden. Am häufigsten anzutreffen sind Investitionsschwerpunkte nach Ländern, Weltregionen oder aber Branchen, die sich in ihrer Risikoeinstufung zum Teil deutlich unterscheiden. Wenn etwa von einem *europäischen* Aktienfonds die Rede ist, bedeutet das nach heutigem Stand vor allem der Raum der Europäischen Union mit den Kernstaaten Deutschland, Frankreich, Großbritannien sowie Benelux, Italien, Spanien usw. Die Schweiz (mit Banken und Uhrenindustrie) und Norwegen (mit Erdöl), die nicht Mitglied der EU sind, können dazu kommen. Manchmal wird präzisiert, dass ausschließlich die EU-Staaten oder sogar nur der Euro-Raum gemeint sind. Im letzteren Fall würden Großbritannien, Dänemark und Schweden wieder herausfallen.

Osteuropa, besonders Russland, zählt dagegen z. B. zu den so genannten »*Emerging Markets*«, d. h. es sind die aufstrebenden Märkte mit großem Nachholbedürfnis an Konsumgütern und neuen Technologien, in denen sich langsam auch die Massenkaufkraft der Bevölkerung entwickelt. Weitere »Emerging Markets« sind Lateinamerika, China, Indien sowie Südostasien. Als Schwellenländer werden Staaten bezeichnet, die noch vor 20 Jahren den Status eines Entwicklungslandes hatten, aber durch Technologieimport und weltweiten Industrieexport in ihrer Wirtschaftsstruktur (Industrie und Dienstleistungen) mit den entwickelten Weltregionen wie Europa, Nordamerika und Japan praktisch gleichgezogen haben. Bekannte Beispiele dafür sind die ostasiatischen »Tigerstaaten«, wie Hongkong, Taiwan und Südkorea.

Andere Regionen in der Welt, etwa die arabischen Staaten oder Afrika, gelten zwar als politisch instabil, sind aber angesichts des Rohstoffexports (Erdöl, Edelsteine, Nahrungsgrundstoffe u. a.) interessant. Es kann z. B. in Unternehmen, die Goldminen betreiben, investiert werden. Das ist schon ein Beispiel für *Branchen- oder Themenfonds*, die auf Unternehmen aus der Pharmazeutischen Industrie, Biotechnologie/Gesundheitssektor, Versorger und Energiegewinnung, Finanzwesen, Informationstechnologien oder auch auf Öko-Technologien setzen. Bei Branchenfonds gelten oft keine regionalen Einschränkungen.

Ein weiteres grundlegendes Unterscheidungskriterium für Aktienfonds ist, ob in *Großunternehmen* (so genannte »Blue Chips«, die meistens auch in den nationalen Aktienindizes wie DAX, DowJones oder dem britischen FTSE vertreten sind) oder in *klein- oder mittel-*

ständische Unternehmen (»Nebenwerte« oder »Small- oder Midcaps«) investiert wird. Letztere werden in Deutschland im M-DAX sowie im S-DAX zusammengefasst. Schließlich sei auf die *internationalen* Aktienfonds hingewiesen, die gewissermaßen die Königsklasse der Aktienfonds darstellen. Diese Fonds investieren weltweit unbeschränkt in diejenigen Unternehmen, die das Fondsmanagement entsprechend seiner eigenen Anlagekriterien für erfolgversprechend hält.

Der Anleger hat schon allein in der Kategorie der Aktienfonds eine sehr große Auswahl, und es bedarf vieler Informationen, um sich für den richtigen Typ zu entscheiden. Weil zusätzlich zwischen Anlagestilen durch das Fondsmanagement wie »Value«, »Growth«, »Stockpicking« oder Blend (Mischung aus »Value und Growth«) unterschieden wird, werden Aktienfonds wegen der tatsächlich möglichen Kursschwankungen zu Unrecht häufig von vielen Anlegern gemieden. Börsennotierte Unternehmen stellen den Kern der Wirtschaftskraft jedes Landes dar. Hier findet die eigentliche Wertschöpfung durch Umsetzung technologischer Innovationen und Übernahme von unternehmerischem Risiko statt, woraus sich die besten Renditechancen ergeben können. Für jeden langfristig orientierten Sparer sind Aktienfonds deshalb ein unverzichtbares Anlageinstrument.

Nach anderen Gesetzmäßigkeiten funktionieren *Rentenfonds*. Im Zentrum stehen hier beispielsweise staatliche Anleihen, die für einen festen Zinssatz und einen vorgegebenen Zeitraum (von mehreren Monaten bis zu 30 Jahren) ausgegeben werden. Die Anlage ist aber nicht auf diese Anleihen beschränkt. Rentenfonds können sowohl in andere Anleihen – wie Unternehmensanleihen – als auch in andere Anlageinstrumente – wie Floater (Gleitzinsanleihen) – investieren. Entscheidend für den Kauf von Anleihen ist die Bonität, d. h. die Einschätzung der Kreditwürdigkeit der ausgebenden Stelle. Während dieses in den entwickelten Staaten kein Problem ist – die USA sind zwar das am höchsten verschuldete Land der Welt, sie haben aber auch die bestentwickelte Volkswirtschaft –, sollte bei einigen Staaten, etwa in Lateinamerika oder Afrika, schon genauer hingeschaut werden. Einer kritischen Prüfung sollten erst recht Emerging Markets Rentenfonds unterzogen werden, die nur in Anleihen von Schwellenländern (wie Indien, Südafrika …) investieren.

Eine Besonderheit stellt bei Rentenfonds das Verhältnis von Zinsniveau und Kursentwicklung dar. Für das einzelne festverzinsliche

Wertpapier ist das Zinsniveau beispielsweise bei Anleihen mit einem festen Zinssatz festgeschrieben. Der Anleger bekommt am Ende der Laufzeit solcher Papiere die angelegte Summe mit vorher festgesetztem Zinssatz zurück. Die Zinsen werden jährlich entweder auf- oder abgezinst gutgeschrieben. Will der Geldanleger das Papier schon vorher verkaufen, hängt der Kurswert davon ab, ob das allgemeine Zinsniveau zwischenzeitlich gestiegen oder gefallen ist. Ist das Zinsniveau gestiegen, erhält er einen niedrigeren Kurs, ist das allgemeine Zinsniveau dagegen gefallen, erhöht sich der Kurswert des Wertpapiers. Die höchsten Kursgewinne können bei fallenden Zinsen gemacht werden, So war es im wiedervereinigten Deutschland der 1990er Jahre, als das Zinsniveau wegen der Wiedervereinigung auf mehr als neun Prozent gestiegen war und in den Jahren danach langsam auf unter vier Prozent fiel. Ist das Zinsniveau dagegen sehr niedrig (unter drei Prozent) und fängt langsam wieder an zu steigen, sinken die Kurse der festverzinslichen Wertpapiere und damit auch der Rentenfonds, was in den Jahren ab 2000 zu beobachten war und ist. Kursverluste können allerdings teilweise dadurch abgemildert werden, dass der Fondsmanager in neue Papiere investiert, die höhere Zinsen zahlen. Das kann zu höheren Ausschüttungen in den Fonds führen, muss aber nicht.

Rentenfonds gibt es in verschiedenen Varianten. Die sichereren und schwankungsärmeren Fonds sind »Rentenfonds Euro«, bei denen der Fondsmanager nur Anleihen kauft, die in Euro notieren. Währungsverluste sind dadurch ausgeschlossen. Aber auch sie sind nicht vor Verlusten vollkommen gefeit. Wesentlich risikoreicher sind dagegen High-Yield-Rentenfonds, die ihre Geldanlage auf Hochzinsanleihen konzentrieren. Das Risiko, dass der Herausgeber solcher Anleihen während der Laufzeit Konkurs anmelden muss, ist hoch. Dadurch kann es passieren, dass dieser weder Zinsen noch am Ende der Laufzeit das eingezahlte Kapital auszahlen kann. Die Renditechance hingegen ist höher als bei »Rentenfonds Euro«. Ebenso riskant und chancenreich sind Emerging-Markets-Rentenfonds, die überwiegend in Staatspapiere von Schwellenländern investieren. Je nach Ausrichtung und Anlagekategorie des Rentenfonds variieren somit das Risiko und die Renditechance. Als grundsätzlich sicher sind Rentenfonds daher nicht zu bezeichnen. Einzelne Fonds können schon mal 20 Prozent in einem Jahr an Wert verlieren. Steigen die Zinsen kontinuierlich, kommen viele Manager nicht gut damit zu recht, so dass die Fonds jedes Jahr Verluste »einfahren«. Starke Zinsschwankungen können besonders bei außergewöhnlichen Entwicklungen, wie Konjunktureinbrüchen oder Inflationsschüben, vorkommen. Auch die Bonität der ausgebenden Staaten ist maßgeblich für Sicherheit und Rendite. Eine gute Bonität bedeutet für den Anleger weniger Zinsen, aber mehr Sicherheit. Die Bonität der Staaten ist allerdings sehr unterschiedlich. Deutschland hat beispielsweise eine gute Bonität. Das gilt auch für viele europäische Länder, in die »Rentenfonds Euro« investieren. Zusätzlich besteht kein Währungsrisiko. Bei *internationalen* Rentenfonds, die weltweit unter anderem Staatsanleihen aufkaufen, bedeuten erhöhte Renditechancen umgekehrt erhöhte Ausfallrisiken (stärkere Zins- und Währungsschwankungen, unterschiedliche Bonitätseinstufungen). Kommen Unternehmensanleihen hinzu, so bringen diese üblicherweise ebenfalls einen kräftigen Renditeschub mit. Der Zinsaufschlag für diese Anleihen fällt sehr unterschiedlich aus. In guten wirtschaftlichen Zeiten ist er kaum spürbar, in Krisenzeiten hingegen sehr hoch, weil eine erhöhte Konkursgefahr droht. Schon grundsätzlich beinhalten Unternehmensanleihen ein erhöhtes Ausfallrisiko, denn die Rückzahlung hängt ausschließlich von der jeweiligen Gewinnsituation des Unternehmens ab. Für eine realistische Gewinnerwartung sollte der Anleger sich am Leitzins der Zentralbanken orientieren (wie in Europa die EZB-Europäische Zentralbank in Frankfurt/Main und in den USA die Federal Reserve).

Noch mehr Sicherheit, allerdings zu niedrigen Zinssätzen, bieten *Geldmarktfonds*. Diese investieren vorrangig in Tages- und Festgelder, d. h. in Zinsangebote von anderen Banken mit täglicher bis zu mehrmonatiger Kündigungsfrist. Es können auch festverzinsliche Wertpapiere mit einer maximalen Restlaufzeit von zwölf Monaten sein. Wird kein Ausgabeaufschlag erhoben, können Geldmarktfonds in manchen Fällen als Ersatz für ein Tagesgeldkonto genutzt werden. Die jüngsten Erfahrungen mit der US-Immobilienkreditkrise seit Sommer 2007 haben allerdings gezeigt, dass auch hier Vorsicht geboten ist. Weil die Leitzinsen historische Tiefstände von nur noch zwei bis drei Prozent in Europa erreichten, hatten manche Geldmarktfonds zur Aufbesserung ihrer Zinserträge teilweise in andere Anleihen investiert. Diese stellten sich im Nachhinein als mit einem hohen Ausfallrisiko behaftet heraus, so dass der Kurs einiger Geldmarktfonds unter Druck geriet. Auch hier muss der Anleger demnach im Detail prüfen, ob und in welchem Umfang Investitionen in andere Anlagekategorien jenseits von Tages- und Termingeldern möglich sind.

Eine weitere, für Privatanleger sehr wichtige Fondskategorie sind *offene Immobilienfonds*. Hier sucht das Fondsmanagement im festgelegten regionalen Rahmen (Europa, Nordamerika, Ostasien u. a.) hauptsächlich nach gewerblichen Immobilienobjekten (Grundstücke und Gebäude), die je nach Lage, Nutzung und Mietverhältnissen stabile Mieteinnahmen und substanzielle Wertsteigerungen erhoffen lassen. Nur bei offenen Immobilienfonds kann sowohl das Fondsmanagement je nach Marktlage zwischen Objekten wechseln, als auch der Anleger grundsätzlich jederzeit Fondsanteile kaufen oder auch wieder verkaufen kann. Offene Immobilienfonds zeichnen sich durch eine ähnlich stabile Renditeentwicklung wie Rentenfonds aus, da sie sich von Aktienmärkten unabhängig entwickeln.

Geschlossene Immobilienfonds werden dagegen meistens zur Finanzierung von nur einem, eventuell mehreren, vorab ausgewählten Objekten aufgelegt, und das investierte Geld der Anleger liegt üblicherweise für einen langen Zeitraum (zehn, 20 oder mehr Jahre) fest. Dasselbe gilt für andere Arten von geschlossenen Fonds wie für Schiffs- oder Flugzeugbeteiligungen. Hier muss sich ein Anleger vorher genau über die ausgesuchten Objekte informieren, d. h. über ihre Nachhaltigkeit als reine Kapitalanlage. Einige Anbieter sehen auch die Möglichkeit von Sparplänen vor, ansonsten sind meist nur größere Einmalbeträge möglich. Für die Altersvorsorge sind deshalb geschlossene Fonds *nicht* geeignet.

Auch *Mischfonds* sind für das Altersvorsorgesparen von besonderer Bedeutung. Sie vereinigen in sich verschiedene Anlagekategorien (Aktien, Anleihen, Termingelder usw.) und werden je nach der Gewichtung des Aktienanteils in drei Gruppen eingeteilt: offensiv (besonders hoher Aktienanteil, mindestens 50 Prozent – meist mehr), ausgewogen (um die 50 Prozent Aktienanteil) und defensiv (Aktienanteil etwa zwischen 20 und 30). Das Fondsmanagement kann im Rahmen seiner Anlagestrategie je nach Einschätzung von aktuellen Kurspotentialen und Zinsen entscheiden, welche der Anlagekategorien stärker gewichtet oder im Gegenteil abgebaut werden muss. Mischfonds können auf sich verändernde Rahmenbedingungen schnell reagieren und sind deshalb ein stabilisierender Faktor in jedem Depot. Ihre Bedeutung wird zukünftig eher noch zunehmen, da allgemein mit einer erhöhten Schwankungsanfälligkeit der Weltbörsen (»Volatilität«) gerechnet wird. Mischfonds sind deshalb vor allem für Anleger mit einer mittleren Risikobereitschaft wichtig, die trotz aller Sicherheit nicht auf die Renditechancen von Aktien verzichten wollen.

Neue Fondskategorien

Seit den 1990er Jahren hat sich nicht nur die Anzahl der in Deutschland zugelassenen Fonds vervielfacht, sondern es wurden auch neue Fondskategorien entwickelt. Auf deren Tauglichkeit für die Altersvorsorge wird hier kurz eingegangen. Den Anfang machten die so genannten *AS-Fonds* (»Altersvorsorge-Sondervermögen«), die sogar speziell für die private Altersvorsorge seit 1998 aufgelegt wurden. Es handelt sich um Mischfonds, bei denen sich die Aufteilung zwischen den Anlagekategorien Aktien, festverzinslichen Wertpapieren und Immobilien in festgelegten Grenzen bewegt (Aktien: höchstens 75 Prozent, zusammen mit Immobilienfonds mindestens 51 Prozent, kurzfristige Zinsanlagen (Bankguthaben, Geldmarktinstrumente und Einlagenzertifikate von Banken mit einer maximalen Restlaufzeit von 397 Tagen): Null bis 49 Prozent, Immobilienfonds: Null bis 30 Prozent). Hat die Wertpapieraufsicht der BaFin die Genehmigung für einen solchen Fonds erteilt, vergibt der Branchenverband der Investmentgesellschaften (BVI) das Siegel »AS-Fonds«.

Die Begrenzungen in der Kapitalanlage der AS-Fonds schränken den Fondsmanager ein. So kann er zum Beispiel in Krisenzeiten die Aktien- und Immobilienquote nicht unter 51 Prozent absenken. Andere Fonds hingegen haben diese Möglichkeit und nutzen sie auch. Das trägt zur Vermeidung oder Begrenzung der Verluste für den Anleger bei. Die eingeschränkte Anlagemöglichkeit des Fondsmanagers ist deshalb eher nachteilig zu bewerten. Das ist auch ein maßgeblicher Grund, weshalb sich die AS-Fonds nicht durchgesetzt haben. Die Eignung für die Altersvorsorge besteht daher lediglich bedingt. Jeweils für bestimmte Altersgruppen wurden genau begrenzte Aufteilungen des Fondsvermögens auf die Anlagekategorien geschaffen. Gedachte Zielgruppe der offensiven AS-Fonds mit einem hohen Aktienanteil sind Sparer unter 40 Jahren, der ausgewogene AS-Fonds-Anleger im Alter zwischen 40 und 50 Jahren und der defensive AS-Fonds-Sparer ab Alter 50. Beachtet werden sollte bei einer solcher Kategorisierung, dass ein 50-jähriger Anleger noch eine Lebenserwartung bis etwa zum 80. Lebensjahr hat. Auch für ihn könnte es im Einzelfall interessant sein, eine höhere Aktienquote zu fahren.

Sparpläne sind schon ab sehr geringen Summen möglich (oftmals schon ab 25 Euro pro Monat). Die Ausgabeaufschläge können oftmals reduziert werden. Wie jeder Fondssparplan zeichnen sie sich durch Flexibilität aus, d. h. Erhöhungen oder Unterbrechungen der Einzahlungen. Auch Einmalbeträge oder zwischenzeitliche Entnahmen sind möglich. Allerdings kommen AS-Sparer nicht sofort an ihr Geld. Denn eine Kündigung ist nur quartalsweise möglich. Bei Arbeitslosigkeit oder Erwerbsunfähigkeit ist diese »Wartefrist« auf vier Wochen zum Ende eines Kalendermonats verkürzt. Durch die gesetzlich vorgeschriebene »Thesaurierung« aller Erträge kann sich der »Zinseszins-Effekt« voll auswirken. Denn es gibt keine zwischenzeitlichen Ausschüttungen an die Anleger, sondern die Erträge werden vom Fondsmanagement selbst wieder angelegt. Laut BVI hat der Gesetzgeber jedem Anleger in AS-Sparplänen die Möglichkeit eingeräumt, nach Ablauf von drei Vierteln der Laufzeit des AS-Sparplans (Mindestlaufzeit: 18 Jahre bzw. bis mindestens zum 60. Lebensjahr) das in einem AS-Fonds angesammelte Kapital kostenlos, z. B. in einen Rentenfonds, umzuschichten. Eine steuerliche Förderung wurde den AS-Fonds versagt.

Die AS-Fonds können als Vorläufer von *Lebenszyklus- oder Zielsparfonds* (»Target Funds«) angesehen werden, die erst seit wenigen Jahren angeboten werden. Auch hier werden dem Fondsmanagement Quoten für Aktien und Zinspapiere vorgegeben, die allerdings im Laufe der Zeit verändert werden. Im Gegensatz zu AS-Fonds haben Zielsparfonds ein festgelegtes Laufzeitende (z. B. nach 20, 25 oder 30 Jahren). Je näher sie an dieses Datum herankommen, desto stärker wird die Aktienquote reduziert und der Anteil an festverzinslichen Wertpapieren erhöht. Dadurch sollen nicht nur die erhofften Aktienkursgewinne realisiert, sondern die Wertentwicklung des Fonds insgesamt stabilisiert werden. Ab dem vorgesehenen Datum fangen die Auszahlungen an die Anleger an, und es versteht sich von selbst, dass die Auszahlungen der Anteile als Zusatzrente für die Anleger möglichst stabil in ihrer Wertentwicklung sein sollen. Die Bezeichnung Lebenszyklusfonds erscheint vor dem Hintergrund dieser Anlagestrategie sowohl während der Einzahlphase als auch während der Auszahlphase als zutreffend.

Ebenfalls erst seit wenigen Jahren am Markt erhältlich sind *Garantiefonds*. Hier beruht die Wertsicherung auf völlig anderen Methoden als die bisher besprochenen. Im Mittelpunkt steht eine »Geld zurück«-Garantie (»Money back«), wobei im Zweifel im Kleingedruckten nachzulesen ist, wie diese Garantie tatsächlich funktioniert und wie verbindlich sie ist. Nur in den wenigsten Fällen wird nämlich rechtlich verbindlich garantiert, dass das einmal eingezahlte Kapital zu 100 Prozent auch wieder ausgezahlt wird. Dieses wäre – wenn überhaupt – nur bei Laufzeitfonds möglich, d. h. wenn der Fonds von vornherein nur für einen bestimmten Zeitraum aufgelegt wird.

Garantiefonds sind eine Reaktion der Fondsgesellschaften auf die stark schwankenden Börsenkurse der vergangenen Jahre, die viele Privatanleger vor einem Engagement vor allem in Aktienfonds zurückschrecken lassen. Die *Wertsicherung* geschieht hier im Gegensatz zu traditionellen Mischfonds weniger durch Umschichtungen in festverzinsliche Wertpapiere, sondern teils auf diese Weise: Die Garantie wird über den Kauf eines Zero-Bonds sichergestellt. Das verbleibende Geld wird dann in ein Derivat investiert, um verstärkt an den Aktienrenditen teilzuhaben. Hinter Derivaten verbergen sich unterschiedliche »abgeleitete« Wertpapiere, die anders als etwa eine Aktie, kein greifbares Vermögensrecht verbriefen. Ihre Bewertung wird vom Preis sowie Preisschwankungen eines zugrunde liegenden Basisinstrumentes (Aktie, Anleihe, Devisen, Index) abgeleitet. Zu den Derivaten gehören spezielle Finanzmarktinstrumente, wie beispielsweise Futures und Optionen. Zum Teil wird auch ein Aktien-/Anleihen-Management als Wertsicherung vorgenommen, um die Garantie zu sichern. Auf diese Weise soll das »Kunststück« möglich werden, einerseits von steigenden Börsenkursen voll zu profitieren und dennoch bei fallenden Kursen die Verluste möglichst gering zu erhalten. Die Praxis zeigt allerdings, dass Garantiefonds bei steigenden Kursen reinen Aktienfonds meist unterlegen sind, und Anleger dennoch nicht vor Kursverlusten sicher sind. Hinzukommt, dass die Derivate zur Wertsicherung sehr viel Geld kosten – die emittierenden Banken wollen schließlich ebenfalls daran verdienen –, und dieses Geld steht dem Fondsmanagement nicht für Direktinvestitionen in die die eigentliche Rendite bringenden Wertpapiere zur Verfügung. Reine Aktienfonds sind hier sehr viel flexibler, abgesehen davon, dass auch sie zunehmend Wertsicherungsinstrumente einsetzen.

Neuere Garantiefonds mit so genannter *Höchststandsgarantie* sind bereits im Kapitel über Fondspolicen besprochen worden. Diese Höchststandsgarantie wird immer für einen bestimmten vorher festgelegten Zeitraum gegeben, bis ein neuer Zyklus anfängt. Auch hier gelten dieselben Gegenargumente. Garantiefonds sollten nur Anleger nutzen, die sicherheitsorientiert sind und ihr Geld lediglich für einen kurz- bis mittelfristigen Zeitraum (z. B. fünf bis sechs Jahre) investieren wollen. Für die Altersvorsorge ist von Garantiefonds abzuraten, weil Altersvorsorgesparen per se langfristig ist. Ein Anleger kann von fallenden Kursen oder Kursen, die über einen längeren Zeitraum niedrig bewertet bleiben, sogar besonders profitieren, denn er kauft die Fondsanteile zu besonders günstigen Kursen ein. Steigen zu einem späteren Zeitpunkt die Börsenkurse erneut, werden gerade diese Fondsanteile eine besonders hohe Rendite erbringen. Garantiefonds eignen sich in der Altersvorsorge lediglich für die Anleger, die nur noch wenige Jahre bis zum Rentenbeginn haben und ihr bisher Erspartes absichern wollen. Das ist mit klassischen Renten-, Mischoder offenen Immobilienfonds aber genauso gut möglich. Auch diese können allerdings an Wert verlieren.

Die Idee von Total-Return-Fonds hört sich gut an: Fondsmanager nutzen alle Formen der Geldanlage, wie z. B. Aktien, Anleihen, Immobilien, aber auch spekulatives Wagniskapital, um für den Anleger eine positive Rendite zu erzielen. Gleichzeitig wollen sie das Risiko begrenzen. Total-Return-Fonds können sich von der Grundidee frei zwischen den Anlageklassen bewegen. Der Gedanke, der dahinter steht: Für jeden Anleger ist es enttäuschend, wenn sein Fonds zwar besser als der Vergleichsindex abschneidet, er aber dennoch unterm Strich Verluste macht. Der Anleger kann also keinen absoluten Gewinn verbuchen. Genau solche Ziele verfolgen aber Total- und Absolute-Return-Fonds. Letzt Genannte haben sich das absolute Ziel einer positiven Verzinsung gesetzt. In der Praxis sind die Unterschiede zwischen den beiden Fondstypen allerdings kaum erkennbar. Das genaue Konzept eines Total-Return-Fonds und dessen Anlageziel ist je nach Fonds und Investmentgesellschaft höchst unterschiedlich. Ob der Fonds beispielsweise einen positiven Jahresertrag lediglich zum Ziel hat oder ihn verspricht, muss der Anleger in den Fondsunterlagen nachlesen. Seit ihrer Markteinführung jedenfalls konnten weder Absolute- noch Total-Return-Fonds überzeugen.

Für den langfristig orientierten Sparer empfehlenswert sind *Indexfonds*. Bei diesen Fonds bildet das Management möglichst genau einen bestimmten Aktienindex nach (meistens eines einzelnen Landes oder einer Weltregion, z. B. DAX, britischer FTSE, französischer CAC, europäischer EuroStoxx oder MSCI-World). Für Privatanleger bestehen die beiden wichtigsten Vorteile darin, dass zumindest immer die Wertentwicklung des jeweiligen Index nachvollzogen wird, was bekanntlich längst nicht alle »aktiv« gemanagten Aktienfonds schaffen. Außerdem kostet das »passive« Fondsmanagement weniger, was durch ermäßigte Gebühren an die Anleger weitergegeben wird. Allerdings sollte der Anleger darauf achten, ob in die Wertentwicklung des Indexfonds die Dividendenausschüttungen der im Index enthaltenen Unternehmen einfließen. Das ist nicht immer der Fall ist. Unterschieden wird zwischen einem reinen Kursindex (ohne Dividenden) und einem Wertindex (mit Dividenden). Für Altersvorsorgesparer sind Indexfonds wegen der günstigen Kosten als Teilinvestment sicher empfehlenswert, besonders wenn sie als ETF (Exchange Traded Funds = börsengehandelte Fonds) angeboten werden. Wegen des passiven Fondsmanagements ist eine »Outperformance«, d. h. überdurchschnittliche Rendite gegenüber dem Index als Referenzwert, allerdings nicht möglich.

Statt Indexfonds gibt es auch *Indexzertifikate*. Diese sind meistens nur auf den ersten Blick günstiger, in Wirklichkeit aber deutlich teurer als ETF und intransparent. Zertifikate haben rechtlich eine völlig andere Grundlage. Ein Fonds ist ein »Sondervermögen«, das vom Eigenkapital der Fondsgesellschaft vollständig getrennt ist und bei einer gesonderten Depotbank verwahrt wird. Ein Zertifikat ist dagegen eine Schuldverschreibung, die von einer Bank ausgegeben wird. Als eine besondere Form von Anleihe ist ein Zertifikat nicht vom Eigenkapital der Bank getrennt und damit im Extremfall auch *nicht* insolvenzgeschützt. Auch wenn es auf den ersten Blick als unwahrscheinlich klingt, bei dem Kauf eines Zertifikates muss immer auch auf die Bonität der emittierenden Bank geachtet werden. Seit Beginn der US-Immobilienkreditkrise im Sommer 2007 ist dieser Gesichtspunkt vielen Anlegern wohl erst wirklich zu Bewusstsein gekommen, wie der Konkurs der Lehman Brothers gezeigt hat.

Indexzertifikate haben gegenüber anderen Arten von *Zertifikaten* (Bonus, Garantie, Discount u. a.) vermeintlich den Vorteil einer klareren Kosten- und Gewinnbeteiligungsstruktur. Die meisten ihrer Kosten liegen allerdings im Verborgenen. Hinzukommt, dass auf Grund der erhöhten Schwankungsanfälligkeit der Börsen viele Zertifikate ihre Gewinnbeteiligungsmechanismen sehr viel leichter verlieren können. Werden wegen der Kurswertschwankungen bestimmte Schwellenwerte nach unten durchbrochen, werden Gewinnbeteiligungen teilweise außer Kraft gesetzt. Ein Zertifikat bildet z. B. nur noch die Kurswertentwicklung des Basiswertes ab und verliert damit für den Rest seiner Laufzeit seinen besonderen Anreiz. Zusammengenommen kann für die Altersvorsorge von Zertifikaten mit Ausnahme von vielleicht Indexzertifikaten nur abgeraten werden. Selbst diesen sind aber börsengehandelte Fonds (ETF) vorzuziehen. Rechtlich haben Zertifikate eine gänzlich andere Grundlage (Schuldverschreibungen ohne Insolvenzschutz!), die Gebühren sind häufig nicht transparent, die Gewinnbeteiligung folgt oft mathematisch komplizierten Modellen, die zusätzlich durch plötzliche heftige Kurswertschwankungen gänzlich außer Kraft gesetzt werden können. Auch für die Zukunft können starke Kurswertschwankungen keinesfalls ausgeschlossen werden.

Während anfangs Fonds und Zertifikate in einem klaren Konkurrenzverhältnis zueinander standen, haben sich mittlerweile Lösungen herauskristallisiert, die beide Anlageinstrumente miteinander verbinden wollen. Das geschieht in beiden Richtungen. Denn es gibt sowohl Zertifikatefonds als auch Fondszertifikate. *Zertifikatefonds* sind Fonds, die darauf spezialisiert sind, ausschließlich in verschiedene Zertifikate zu investieren. Hier muss ein Anleger sowohl prüfen, in welche Arten von Zertifikaten vorrangig investiert wird, als auch was die zugrunde gelegten Basiswerte sind (Indizes, europäische oder weltweite Aktien o. a.). Bei einem *Fondszertifikat* ist umgekehrt ein Fonds der Basiswert für ein Zertifikat. Ein Anleger muss auch hier sowohl die Art der Gewinnbeteiligung des Zertifikates als auch die Anlagestrategie des Fonds prüfen. Beides erscheint nicht für die Altersvorsorge geeignet, sondern sollte als reines Experimentierfeld in der Geldanlage angesehen werden. Im Kapitel zu Fondspolicen wurde dargestellt, dass Zertifikate, darunter sogar Fondszertifikate, als Baustein der Kapitalanlage in Fondspolicen verwendet werden. In diesen Angeboten werden demnach Fonds, Zertifikate und Rentenversicherungen zu einem »Finanzprodukt« verschmolzen. Offensichtlich ist hierbei, dass auf Grund der komplexen Konstruktion mit ihren vielen »Stellschrauben« die Wertentwicklung realistischerweise nicht mehr nachvollziehbar ist. Für die Alterversorge muss deshalb von diesen *Kombiprodukten* noch eindeutiger abgeraten werden.

Auch *Hedgefonds* gehören zu den Fondsinnovationen, die seit den 1990er Jahren viel Beachtung erfahren. Wahrscheinlich handelt es sich um die derzeit spekulativste Variante von Fonds überhaupt, und in Deutschland können Privatanleger erst seit wenigen Jahren sich hieran – mittelbar – beteiligen. Eines der wichtigsten Instrumentarien, mit denen Hedgefonds agieren, sind so genannte *Leerverkäufe*, die in einer Informationsbroschüre des Branchenverbandes BVI wie folgt erklärt werden: »Klassische Investmentfonds konzentrieren sich in der Regel auf die Kaufposition (Long-Position): Der Anlagegegenstand wird erworben und findet Eingang in den Fonds. Demgegenüber nutzen die Hedgefonds in starkem Maße die Strategie des Leerverkaufs (Short Selling). Dabei werden Wertpapiere, Waren oder Devisen veräußert, die der Hedgefonds-Manager zum Verkaufszeitpunkt nicht in seinem Fondsvermögen hält, sondern gegen eine Gebühr zunächst leiht und anschließend am Markt veräußert. Zum späteren Erfüllungszeitpunkt der Leihe erwirbt der Fonds den Anlagegegenstand zurück und hofft darauf, dass der Preis zwischenzeitlich gesunken ist. Die Differenz zwischen Verkaufs- und Kaufkurs (abzüglich Entleihgebühr) macht den Gewinn eines solchen Geschäfts aus.« Wegen dieses evident hochspekulativen Charakters standen Hedgefonds lange Zeit nur institutionellen Investoren offen, seit 2004 sind in Deutschland für Privatanleger aber *Dach-Hedgefonds* zugelassen. Der Privatanleger kann also nicht direkt in einen Hedgefonds investieren, sondern nur in einen für diese Fondskategorie geschaffenen Dachfonds, der seinerseits in eine Vielzahl dieser Fonds investiert. Dieses erscheint zur Risikominimierung für den Privatanleger als sinnvoll. Dennoch bleibt auch die Anlage in einen Dach-Hedgefonds eine äußerst spekulative Angelegenheit, die nur derjenige Anleger vornehmen sollte, der über ein sehr breit aufgestelltes Gesamtportfolio verfügt und die entsprechende Risikobereitschaft mitbringt. Für Normalverdiener, bei denen es um das sichere Ansparen einer Zusatzrente geht, ist diese Fondskategorie sicherlich nichts.

Eine ähnliche Einschätzung muss auch für die neuen *Superfonds* gelten. Diese sind nichts anderes als erweiterte Mischfonds – meistens in Luxemburg zugelassen, die schlicht in jede, überhaupt nur vorhandene Anlagekategorie investieren dürfen. Neben den klassischen Wertpapieren (Aktien, Anleihen, Genussscheinen, Termingelder usw.) können sie außerdem in Immobilien, Rohstoffe, geschlossene Beteiligungen, Hedgefonds sowie nicht-börsennotierte Unternehmen (»private equity«) anlegen. Wegen dieser besonders großen Anlagefreiheit müssen an die Qualität des Fondsmanagements selbstredend sehr hohe Anforderungen gestellt werden.

Und schließlich die Dachfonds: Diese Fondskategorie existiert bereits seit geraumer Zeit, hat hierzulande aber erst durch die Diskussionen um die ab 2009 geltende Abgeltungssteuer einen neuen Auftrieb bekommen. Dachfonds sind Fonds, die ihrerseits ausschließlich in andere Investmentfonds investieren (»funds of funds«). Es hängt von der jeweiligen Anlagestrategie ab, in wie viele Einzelfonds sowie in welche Fondskategorien das Management investieren darf. Dachfonds konnten bisher kaum überzeugen, denn auch wenn sie eine gute Fondsauswahl getroffen hatten, so gingen die Renditevorteile durch die hohe Gebührenbelastung oftmals wieder verloren. Der Anleger muss Ausgabeaufschläge und laufende Verwaltungskosten nicht nur für den Dachfonds selbst, sondern auch für die Einzelfonds, in die der Dachfonds investiert, mit tragen.

Diese doppelte Gebührenbelastung scheint erst jetzt durch die möglichen Steuervorteile wegen der zukünftigen *Abgeltungssteuer* an Bedeutung zu verlieren. Die neue Steuer löst die bisherige Kapitalertragssteuer ab und vereinheitlicht den Steuersatz auf Zinserträge und Dividendenausschüttungen auf 25 Prozent zuzüglich Solidaritätszuschlag und Kirchensteuer. Wegen des Wegfalls der bisherigen Spekulationsfrist gilt dieser Steuersatz auch für die Kurswertsteigerungen aller Wertpapiere eines Privatanlegers (für alle Wertpapiere – so auch Fondsanteile –, die ab 2009 gekauft werden; früher gekaufte Papiere oder Anteile genießen Bestandsschutz). Dieses stellt gerade für langfristig orientierte Fondssparer Nachteile dar. Thesaurierende Dachfonds können hierfür – unter bestimmten Voraussetzungen – eine teilweise Lösung sein.

Der Dachfonds selbst ist aus Sicht des Finanzamtes ein institutioneller Anleger, für den die Abgeltungssteuer nicht gilt. Damit kann ein Dachfondsmanager auch nach 2009 jederzeit und unbeschränkt – je nach Börsenlage – zwischen Einzelfonds umschichten, ohne dass die zwischenzeitlichen Kurswertsteigerungen der Einzelfonds besteuert werden. Sollten zu diesem steuerlichen Vorteil auch noch Ermäßigungen bei Ausgabeaufschlägen und Verwaltungsgebühren hinzukommen (die Einzelfonds von Dachfonds als »Großeinkäufer« verlangen), dann könnten Dachfonds für Privatanleger zu einer interessanten Alternative aufsteigen. Der Privatanleger könnte über den Umweg des Dachfonds an vielen guten Einzelfonds teilhaben, die zusätzlich je nach Börsenlage ohne zwischenzeitliche Steuerbelastungen umgeschichtet werden können.

Aber aufgepasst: Die Qualität der im Dachfonds zusammengefassten Einzelfonds muss exzellent sein. Denn der Privatanleger hat keinen Einfluss hierauf, und die Gesamtrechnung Steuerersparnis gegen Gebührenbelastung muss stimmig sein. Nicht vergessen werden darf, dass auf die Wertsteigerungen des Dachfonds selbst, in den ein Privatanleger ab 2009 investiert, bei späterem Verkauf die Abgeltungssteuer entrichtet werden muss. Die Steuerersparnis bezieht sich also nur auf Umschichtungen innerhalb des Dachfonds, so lange der Dachfonds gehalten wird. Ähnliche Umschichtungen je nach Börsenlage nehmen – wie schon dargestellt – auch klassische Mischfonds vor, wobei nicht zwischen einzelnen Fonds, sondern zwischen unterschiedlichen Wertpapierkategorien umgeschichtet wird.

Als Schlussfolgerung bleibt, dass die neuen Fondskategorien bis auf wenige Ausnahmen (wie Indexfonds und Hedgefonds) nur als unterschiedliche Weiterentwicklungen von gemischten Fonds erscheinen. Für die Altersvorsorge können von diesen geeignet sein: Lebenszyklus- oder Zielsparfonds, Indexfonds sowie – mit Einschränkungen – Dachfonds und manchmal AS-Fonds. Der Vorteil dieser Fondstypen ist, dass sie auf unterschiedliche Börsenkonstellationen mehr oder weniger flexibel reagieren können, um allzu große Wertschwankungen zu vermeiden. Das letztlich entscheidende Kriterium für alle Fonds ist die nachhaltige Qualität des Fondsmanagements, verkörpert durch den verantwortlichen Fondsmanager und die hinter ihm stehende Fondsgesellschaft. Die muss die Kontinuität der Anlagestrategie und eine hochwertige Analystenarbeit garantieren.

Gebühren, Renditen und Ratings von Fonds

Bisher wurden Investmentfonds nach ihren Anlagestrategien (Wertpapierklassen und Objekte, Anlageregionen und Umschichtungsmöglichkeiten) betrachtet. Diese sind von grundlegender Bedeutung für die Auswahl eines Fonds entsprechend der eigenen Risikoeinschätzung und für die notwendige Streuung der eingesetzten Gelder. Bevor darauf näher eingegangen wird, werden weitere Unterscheidungsmerkmale genannt, die unabhängig von einzelnen Fondskategorien gelten.

Eine fundamentale Unterscheidung: Ist ein Fonds *ausschüttend oder »thesaurierend«*? AS-Fonds sind immer thesaurierend. Das bedeutet, dass die Anleger, so lange sie in einem dieser Fonds investiert sind, keine zwischenzeitlichen Ausschüttungen (Dividenden aus Aktien oder Zinserträge aus Rentenpapieren) bekommen. Das bedeutet aber nicht, dass ihnen die Ausschüttungen vorenthalten werden. Vielmehr ist es das Fondsmanagement selbst, das die Ausschüttungen wieder reinvestiert. Für die Altersvorsorge sind thesaurierende Fonds zu empfehlen, weil durch die unmittelbare Wiederanlage der Ausschüttungen das Sparvolumen des Fonds laufend erhöht wird. Der Zinseszinseffekt für einzelnen Sparer erhöht sich dadurch ebenfalls, denn ansonsten müsste er die Ausschüttung sofort versteuern.

Wichtig ist zudem die Unterscheidung, ob das *Fondsmanagement* »aktiv« oder »passiv« erfolgt. Beispiele für passives Fondsmanagement sind Indexfonds (bei denen ein bestimmter Börsenindex nachgebildet wird) oder Lebenszyklusfonds (bei denen die Aktienquote unabhängig von der aktuellen Börsensituation immer reduziert wird, je näher das Laufzeitende rückt). Passives Ablaufmanagement hat den Vorteil einer bestimmten Verlässlichkeit bezüglich des eingegangenen Risikos, denn der Anleger weiß, je älter er wird, desto höher wird der Anteil an risikoärmeren Anlageklassen wie festverzinslichen Wertpapieren oder Immobilien. Im Sinne der Sicherheit der Altersvorsorge ist ein solches Verfahren grundsätzlich zu begrüßen, besonders, wenn kurz vor Rentenbeginn eine Phase starker Kursrückgänge wie etwa von 2001 bis Anfang 2003 einsetzen sollte.

Sollten umgekehrt die Jahre kurz vor Rentenbeginn in eine Phase allgemeiner starker Kursgewinne fallen (wie von 1996 bis Anfang 2000 oder von Frühjahr 2003 bis Sommer 2007), bei denen zusätzlich die Zinsen auf breiter Front sinken, könnten durch ein zu vorsichtiges oder zu automatisiertes Fondsmanagement mitten in einer Boomphase im Extremfall sogar Wertverluste eintreten. Hier sollte vorher gefragt werden, wie flexibel das Fondsmanagement auf besondere Börsenentwicklungen reagiert.

Beachtet werden sollte auch das *Volumen* eines Fonds, denn es bestehen zwei gänzlich unterschiedliche Gefahren. Fondsvolumen bezeichnet die Gesamthöhe des Kapitals, über die das Management eines Fonds verfügt. Ist das Volumen zu klein, besteht die Gefahr, dass der Fonds bei ungünstiger Wertentwicklung eventuell geschlossen oder mit einem anderen Fonds verschmolzen wird. Zudem belasten die fixen Kosten die Rendite überproportional. Ist das Volumen zu groß, besteht die Gefahr, dass der Fonds aufgrund seiner Größe zu unflexibel in seiner Anlagestrategie wird, und selbst Aktienfonds in ihrer Wertentwicklung deutlich nachlassen. Absolut »richtige« Größenordnungen gibt es nicht, aber die Untergrenze für das Volumen eines Fonds sollte bei ca. 50 Millionen Euro liegen und die obere Grenze bei maximal 5 Milliarden Euro. In den meisten Fällen liegt das ideale Volumen zwischen 100 Millionen bis ca. 3 Milliarden Euro. Selbstverständlich hängt immer alles vom Einzelfall ab. Aber das Fondsvolumen bleibt eine wichtige Richtgröße für die Kaufentscheidung.

Auch bei Fonds sind die *Gebühren* ein schwieriges Kapitel. Traditionell wird zwischen dem Ausgabeaufschlag, der beim Kauf von Fondsanteilen einmalig fällig wird, und laufenden Verwaltungsgebühren unterschieden. Allerdings werden letztere mittlerweile in immer mehr Untergruppen aufgeteilt, die nicht mehr vollständig ausgewiesen werden. Der Ausgabeaufschlag (AA) ist ein bestimmter Prozentsatz der Summe, mit der Fondsanteile gekauft werden, der als einmalige Gebühr abgezogen wird. Bei Aktienfonds liegt der AA normalerweise bei vier bis fünf Prozent, bei Rentenfonds bei zwei bis drei Prozent, bei offenen Immobilien- und Mischfonds zwischen drei und fünf Prozent. Anleger bzw. vor allem Altersvorsorgesparer sollten darauf achten, dass sie nur zu reduzierten Ausgabeaufschlägen Fondsanteile kaufen, wie sie etwa über Direktbanken oder so genannte »Fondsboutiquen« angeboten werden.

Eine Besonderheit stellen Fonds ohne Ausgabeaufschlag dar. In den 1990er Jahren wurden sie häufig als »no-load-funds« bezeichnet. Bei diesen Fonds wurden stattdessen die laufenden Managementkosten erhöht, so dass allgemein geraten wurde, einen solchen Fonds höchstens drei Jahre zu halten, damit der anfängliche Kostenvorteil sich nicht ins Gegenteil verkehrt. Für die Altersvorsorge als langfristigen Sparvorgang taugt dieses Gebührenmodell nicht. Anders sieht es mit heutigen börsengehandelten Fonds (»ETF: Exchange Traded Funds«) aus, die ein Anleger direkt an der Börse kaufen kann. Statt des Ausgabeaufschlags fallen Transaktionskosten für den Börsenhändler (oder die beauftragte Bank) an, und der Kurswert ergibt sich aus dem jeweils aktuellen Verhältnis von Angebot und Nachfrage (»spread«: Differenz zwischen Kauf- und Verkaufspreis).

Während der Ausgabeaufschlag beim Fondskauf (als Vertriebskosten) ausgewiesen wird, besteht bei den laufenden Fondsverwaltungsgebühren zunehmend Intransparenz. Damit sollen sämtliche laufende Kosten für das eigentliche Fondsmanagement bis hin zu Druckkosten für Rechenschaftsberichte und Verkaufsprospekte abgedeckt sein, dem ist aber nicht so. Weitere zusätzliche Gebühren sind etwa Depotgebühren, die eine Fondsgesellschaft an die Depotbank des als Sondervermögen geführten Fonds zahlt, sowie insbesondere die Erfolgsbeteiligungen des Fondsmanagers (»performance fee«). Ob diese Gebühren offen ausgewiesen werden und ob sie in den laufenden Verwaltungsgebühren mit enthalten sind, bleibt einzig die Entscheidung der Fondsgesellschaft. Zwar gibt es mittlerweile als Branchenstandard die so genannte *Gesamtkostenquote* (»TER: Total Expense Ratio«), aber auch hier werden Ausgabeaufschläge und Erfolgshonorare nicht mit eingeschlossen. Der Anleger muss den Ausweis aller anfallenden Gebühren für jeden Fonds einzeln überprüfen, wenn er Gewissheit haben will. Die Fondsbranche setzt hier in unrühmlicher Weise die aus der Versicherungswirtschaft bekannte Intransparenz gegenüber den Verbrauchern fort. Als Richtschnur sollte dennoch gelten, dass die laufenden Managementgebühren bei Rentenfonds maximal ein Prozent und bei Aktienfonds maximal 1,5 Prozent betragen sollten.

Das Problem der teilweise versteckten Gebühren schlägt sich auch auf die *Performancemessung* (Wertentwicklung bzw. Renditeangabe) eines Fonds nieder. Es macht einen erheblichen Unterschied, ob etwa Ausgabeaufschläge, Depotgebühren oder Erfolgshonorare in der Performancemessung berücksichtigt werden oder nicht. In Deutschland ist die vom Branchenverband entwickelte *BVI-Methode* vorherrschend, nach der zwar Steuern und laufende Managementkosten, nicht aber Ausgabeaufschlag und Depotgebühren berücksichtigt werden. Jeder Anleger muss sich also der Unvollständigkeit sämtlicher veröffentlichter Renditeangaben für Fonds bewusst sein. So wichtig Renditeangaben bei der Auswahl eines Fonds sind, so stellen auch sie nur einen Eckstein im Rahmen des gesamten Entscheidungsprozesses dar.

Trotz dieser Einschränkungen müssen Anleger oder langfristig orientierte Sparer auch selbst darauf achten, dass sie an die verschiedenen Kategorien von Investmentfonds *realistische* Renditeerwartungen haben. Jede Werbung, die über Jahre hinweg zweistellige Renditen verspricht, ist unrealistisch, wenn nicht sogar unseriös.

Fondsgesellschaften neigen normalerweise nicht zu solchen Übertreibungen. Aber bei Finanzvertrieben kann es durchaus vorkommen, vor allem wenn ebenfalls vollkommen andere Anlageangebote wie etwa Zertifikate oder geschlossene Beteiligungen vorgeschlagen werden. Diese Offerten haben ohnehin nichts mit Altersvorsorge zu tun und sollten dafür grundsätzlich ausgeschlossen werden.

Bei guten Aktienfonds ist eine langfristige Rendite von mindestens sieben bis acht Prozent pro Jahr, bei Rentenfonds von vier bis fünf Prozent pro Jahr (abhängig vom allgemeinen Zinsniveau), bei Mischfonds von vier bis sechs Prozent im Jahr (je nach Ausrichtung) und bei offenen Immobilienfonds von vier Prozent pro Jahr realistisch. Es handelt sich hierbei um langjährige Durchschnittswerte, die nicht ausschließen, dass einzelne Fonds in bestimmten Teilmärkten phasenweise exorbitant höhere Renditen erwirtschaften können. So hat etwa ein von einer deutschen Vermögensverwaltung aufgelegter weltweiter Aktienfonds in der Börsenhausse von 2003 bis 2007 eine fast

200-prozentige Rendite geschafft. Der Wert eines Anfang 2003 gekauften Fondsanteils hat sich bis Mitte 2007 also fast verzwanzigfacht. Ähnliche Wertsteigerungen konnten zur gleichen Zeit in »Emerging Markets« wie China, Indien oder Russland erzielt werden. Auch wenn es sich hier um Ausnahmen handelt, zeigen diese dennoch, was zeitweise an Gewinnmargen möglich ist. Klar sei auch hier gesagt: hervorragende Vergangenheitswerte ergeben *keine* garantierten Prognosen für die Zukunft. Unerwähnt darf auch nicht bleiben, dass das Ganze ebenso in die andere Richtung laufen kann. 2008 haben die meisten Aktienfonds die Hälfte ihres Wertes eingebüßt.

Schließlich können *Fondsratings* eine weitere Orientierung für den Privatanleger bei der Auswahl eines Fonds geben. Fondsratings sind Bewertungen, die von so genannten Ratingagenturen für einzelne Fonds, teilweise sogar für die gesamte Fondsgesellschaft, anhand bestimmter Kriterien und Systematiken vergeben werden. Jeder Privatanleger, der die Fondsauswahl selbst in die Hand nehmen möchte, sollte Ratings nur als einen Anhaltspunkt in seine Anlageentscheidung einfließen lassen. In der Fachwelt ist die Meinung zum Nutzen von Ratings geteilt. Ratingagenturen sollen ein wichtiger Grund für die »Subprime-Krise« gewesen sein, weil ihre Bewertungen falsch waren. Ratings ändern sich meistens erst dann wenn es zu spät ist. Ihrer bedeutsamen Warnfunktion für den Anleger kommen sie dadurch nicht nach. Fonds verlieren also ihre gute Bewertung erst, wenn die Kurse bereits eingebrochen sind.

Ratingagenturen kommen ursprünglich aus dem angelsächsischen Raum (Morningstar, Standard & Poor's, Fitch, Lipper, u. a.). In Deutschland haben sich mittlerweile Feri Rating & Research (für Fonds) oder Assekurata (für Versicherer) etablieren können. Unterschieden werden muss zwischen Unternehmensratings und reinen Produktratings.

Eine einzelne Rentenversicherungspolice kann auf Dauer nicht gut sein, wenn nicht die Finanzstärke des gesamten Lebensversicherers gesichert ist. Andere Bewertungsunternehmen (wie Citywire oder in Deutschland der Vermögensverwalter Sauren) konzentrieren sich auf die Person des Fondsmanagers und dessen Leistungsfähigkeit (über einen langen Zeitraum und bei Wechsel von Fonds oder Fondsgesellschaft).

Weitere wichtige *Kriterien* für Fondsratings: Wie lange besteht der Fonds schon am Markt? Manchmal muss ein Fonds schon mindestens drei Jahre bestehen, um überhaupt in ein Rating kommen zu können.

Ist die einmal bekanntgegebene Investmentstrategie stabil? Wie häufig fand bisher ein Wechsel des verantwortlichen Fondsmanagers statt? Oft wird durch Interviews direkt vor Ort mit dem Fondsmanager ein unmittelbar persönlicher Eindruck gesucht. Dabei wird nach Qualifikation und Berufserfahrung gefragt und nach dem möglichen neuen Anlagestil im Vergleich zum Vorgänger. Wichtig sind die Einbettung des Fondsmanagers in die Analyseabteilung der Fondsgesellschaft sowie die Frage, ob und wie viele andere Aktivitäten er neben dem eigentlichen Fondsmanagement er zu bewerkstelligen hat. Wer andere leitende Aufgaben oder gar permanent Marketingauftritte zu erfüllen hat, kann sich nicht so intensiv wie eigentlich nötig um den Fonds selbst kümmern.

Neben diesen qualitativen Kriterien gibt es die quantitativen Kriterien der Performancemessungen (Vergleiche mit dem entsprechenden Marktindex, Sonderberechnungen für Phasen von Börsenbaisse oder Börsenhausse, Höhe und Transparenz von Kosten usw.). Beim Erfolgshonorar kann ein Kriterium sein, ob es grundsätzlich immer bei einer positiven Performance gezahlt wird, oder ob gewisse Einschränkungen bestehen. Eine Einschränkung könnte sein, dass nach einer Baissephase erst dann wieder ein Erfolgshonorar zusätzlich gezahlt wird, wenn der vorangegangene Verlust mindestens ausgeglichen ist. Das würde positiv bewertet werden.

Ist ein Rating abgeschlossen, werden die verschiedenen Teilergebnisse meistens in einer einzigen Bewertung oder »Note« zusammengefasst. Jede Ratingagentur hat ihr eigenes »Notensystem«: bei Morningstar sind es Sterne (von eins bis fünf Sterne, fünf Sterne als Bestnote), bei Standard & Poor's gibt es Buchstabenkombinationen (von A bis D, wobei ein »Triple A«, also AAA, die Bestnote darstellt). Bei Feri ist es einfacher, denn A ist die Bestnote, E das schlechteste Ergebnis. Lipper benutzt Zahlen von eins bis fünf, wobei fünf die Bestnote ist, und Sauren vergibt Goldmedaillen, wobei drei Goldmedaillen das bestmögliche Ergebnis ist. Diese Noten werden meistens in Relation zu den anderen bewerteten Fonds vergeben, denn z. B. fünf Sterne erhalten von Morningstar die zehn besten Prozent der Fonds in einer bestimmten Fondskategorie. Um ein vergebenes Rating richtig einschätzen zu können, müssen Anleger sich die Mühe machen, das jeweilige Notensystem zu verstehen. Ein für die Altersvorsorge ausgesuchter Fonds sollte immer über ein Rating mit den beiden bestmöglichen Noten einer Ratingagentur verfügen.

Klar ist, Ratings sind ein »Teil des Geschäfts«. Eine Fondsgesellschaft wird nur dann eine Ratingagentur beauftragen, wenn sie sich sicher ist, eine gute bis exzellente Gesamtnote für einen Fonds zu erhalten. Veröffentlichte Ratings können eine enorme verkaufsfördernde Wirkung haben. Aber Ratingagenturen können sich auch irren, wie in der gegenwärtigen Finanzkrise seit Sommer 2007 zu beobachten ist. Trotz dieser Einschränkungen wäre es aber ein Fehler, vorhandene Ratings nicht zu beachten. Neben Performanceangaben, Gebühren, Volumen, Anlageschwerpunkt und Anlagestil stellen sie eine Hilfe für die Auswahl eines Fonds dar. Zusammenfassende Informationen über die verschiedenen Notensysteme von Ratingagenturen werden z. B. in der Zeitschrift »Das Investment«, die Pflichtblatt der deutschen Regionalbörsen und mehrerer Berufsverbände in der Finanzwirtschaft ist, gegeben.

Anlegerverhalten und Börsenschwankungen

Im Gegensatz zur Vermögensbildung hat es der Altersvorsorgesparer bei der Entscheidungsfindung etwas einfacher. Einer der größten Fehler, den Anleger machen können, wird unter dem Stichwort »prozyklisches Verhalten« zusammengefasst. Das bedeutet, dass Anleger sehr häufig Börsentrends hinterherlaufen und Wertpapiere zu spät kaufen oder verkaufen.

Analysen des Anlegerverhaltens seit Mitte der 1990er Jahre haben gezeigt, dass Anleger bei steigenden Kursen (»Börsenhausse« oder »Bullenmarkt«) zu spät kaufen und deshalb von möglichen Kurssteigerungen, besonders bei Aktienfonds, kaum noch profitieren. Genauso falsch wäre es, bei fallenden Kursen (»Börsenbaisse« oder »Bärenmarkt«) zu lange an abstürzenden Wertpapieren festzuhalten. Beim Verkauf entstehen dann zu hohe Verluste. Stattdessen sollten von vornherein Schwellenwerte gesetzt werden (»Stopp-Loss-Limits«), an denen ohne Wenn und Aber verkauft wird. So lassen sich Verluste begrenzen.

Keinen Gefallen tun sich Anleger, wenn sie nach Verlusten Risikoängste zulassen und dann womöglich in falsche Anlageklassen investieren. Untersuchungen haben gezeigt, dass deutsche Anleger in den Jahren 1998 bis 2000 stark in Aktienfonds investierten (also als die Kurse Höchststände erreichten), diese massiv aber erst 2002 bis 2003 verkauften (als die Kurse bereits stark gefallen waren) und in den nachfolgenden Jahren aus Risikoscheu vor allem in Rentenfonds investierten. Dabei gab es von Mitte 2003 bis Mitte 2007 einen langsamen, aber stetigen weltweiten Aktienkursanstieg, während das Zinsniveau stagnierte, teilweise sogar fiel (nur in den USA stieg es zwischenzeitlich). Wer dieser Verhaltenslogik folgte, erzielte bis 2003 nur Verluste und verpasste anschließend die Chance auf stattliche Kursgewinne.

Da hat es der Altersvorsorgesparer einfacher: Es ist gleichgültig, wann er mit dem Sparen anfängt. Wichtig ist, dass er es überhaupt tut. Das gilt für das regelmäßige Sparen mit kleineren Beträgen, also in Monatsraten. Bei größeren Einmalbeträgen, auch wenn diese sehr lange angelegt werden sollen, ist dagegen der Zeitpunkt des Investierens (das »Momentum« oder »Timing«) durchaus ein wichtiges Entscheidungskriterium. Bei Unsicherheiten (wie z. B. durch die Bankenkrise seit Mitte 2007) sollte der vorhandene Betrag in mehreren Schritten gestückelt angelegt werden.

Der entscheidende Vorteil der Beitragsstückelung entsteht durch den so genannten *Durchschnittskosteneffekt* (»cost average effect«). Wer regelmäßig monatlich z. B. 250 Euro in einen Aktienfonds investiert, erhält in Phasen hoher Börsenkurse weniger Anteile des Fonds, in Phasen niedriger Börsenkurse dementsprechend mehr Anteile für denselben Betrag. Weil langfristig von einer Kurswertsteigerung ausgegangen werden kann, wird am Ende der Laufzeit die Summe aller gekauften Fondsanteile mit dem dann aktuellen Kurswert multipliziert, woraus sich der Gesamtwert des persönlichen Fondsguthabens ergibt. Das bedeutet, dass ein Anleger sogar am besten fährt, wenn es zwischenzeitlich zu deutlichen Kursrückgängen kommt (wie z. B. seit Sommer 2007), die langfristig wieder ausgeglichen werden. Es erfordert etwas Mut, Phasen fallender Kurse auszuhalten, denn zunächst findet ja »Kapitalvernichtung« statt. Der Altersvorsorgesparer ist wegen seines langfristigen Zeithorizontes aber nicht gezwungen, diese Verluste zu realisieren, sondern im Gegenteil, er kann laufend kostengünstig Fondsanteile hinzukaufen. Gerade diese Fondsanteile werden bei wieder steigenden Kursen den besonderen Renditeschub erbringen.

Während der Altersvorsorgesparer den Fehler des »prozyklischen« Investierens durch regelmäßige und langfristig angelegte Beträge weitgehend vermeiden kann, bleibt es ihm allerdings nicht erspart, seine eigene *Risikobereitschaft* möglichst genau einzuschätzen. Diese ist neben der exzellenten Qualität des auszusuchenden Fonds das wichtigste Entscheidungskriterium. Die Risikobereitschaft wird meistens in vier Stufen gemessen: *sicherheitsorientiert* (der Anleger möchte keinerlei Wertminderungen zulassen und wünscht einen moderaten, aber konstanten Wertzuwachs), *konservativ* (leichte Wertminderungen werden bestenfalls kurzfristig zugelassen, der Wertzuwachs muss langfristig gesichert sein), *wachstumsorientiert* (Wertschwankungen werden auch mittelfristig ermöglicht, diesen sollen langfristig erhöhte Renditechancen gegenüber stehen) und *spekulativ* (jederzeit mögliche starke Wertschwankungen werden als Kehrseite hoher Renditechancen akzeptiert).

Diesen vier Risikostufen entsprechen nach allgemeiner Einschätzung folgende klassische *Fondskategorien*: Geldmarktfonds (sicherheitsorientiert), Renten- und offene Immobilienfonds (konservativ), Mischfonds sowie europäische und internationale Aktienfonds (wachstumsorientiert) sowie Aktienfonds aus »Emerging markets« (spekulativ). Der Zeithorizont wird für die Fondsanlage im Allgemeinen dreigeteilt, wobei eine Anlage bis fünf Jahre als kurzfristig, von fünf bis zehn Jahren als mittelfristig und über zehn Jahre als langfristig gilt.

Obwohl für die Altersvorsorge kurz- und mittelfristige Zeiträume kaum eine Rolle spielen und spekulative Anlagen bestenfalls eine Beimischung in größeren Vermögen sein sollten, gibt die genannte Tabelle (Kombination von drei Risikostufen und drei Zeithorizonten; vgl. vorheriges Teilkapitel, S. 89) eine erste Orientierung für die Fondsauswahl.

Wenn Sie sich nach eigener Risikoeinschätzung über die Fondskategorien im Klaren sind, können Sie anhand der im vorherigen Abschnitt genannten Kriterien zur Auswahl eines einzelnen Fonds kommen. Es müsste deutlich geworden sein, dass der Auswahlprozess ein komplexes Verfahren ist, bei dem viele Faktoren zu berücksichtigen sind. Je genauer Sie sich daran halten, desto geringer ist die Gefahr einer Fehlentscheidung.

Die laufende Kontrolle Ihres Investments sollte mindestens einmal im Jahr erfolgen. Wenn Sie sich bei Auswahl oder laufender Kontrolle unsicher sind, sollten Sie professionellen Rat hinzuziehen. Den können Sie gegen *Honorar* bei professionellen Vermögensverwaltern erhalten. Ab einer Gesamtsumme von 100.000 Euro sollten Sie überlegen, den gesamten Ablauf von Einrichtung, Auswahl und Kontrolle Ihres Depots von einem Vermögensverwalter erledigen zu lassen. Wollen Sie Ihr Depot lieber selbstständig führen, sollten Sie auf möglichst niedrige Gebühren achten. Diese werden Ihnen für das Depotkonto selbst sowie für die Ausgabeaufschläge der Fonds bei Direktbanken oder bei besonderen Fondsvermittlern (Fondsdiscounters, Fondsshops o. ä.) gewährt. Die Stiftung Warentest veröffentlicht hierzu immer wieder aktualisierte Angebotsvergleiche.

Abschließend sei auf die verschiedenen Gestaltungsmöglichkeiten der *Auszahlungsphase* hingewiesen. Die beiden wichtigsten Faktoren, die betrachtet werden müssen, sind die angestrebte Dauer der Auszahlungen und der Kapitalverzehr. Auch wenn bei einem wertgesicherten Depot (Umschichtung z. B. überwiegend in Renten-, Misch- oder offene Immobilienfonds für die Auszahlungsphase) mit einer durchschnittlichen Rendite von fünf Prozent jährlich gerechnet werden kann, ist nur bei sehr hohen Vermögen davon auszugehen, dass *kein* Kapitalverzehr durch die Entnahme stattfindet. Sie müssen sich also selbst darüber im Klaren werden, wie lange Sie ungefähr von Ihrem Ersparten profitieren wollen. Dieses können zehn, 15 oder 20 Jahre sein. Dementsprechend ergibt sich der Divisor für Ihr vorhandenes Fondsvermögen. Dieses mag finanzmathematisch als zu einfach erscheinen. Aber Sie können die Wertsteigerungen mit dem unvermeidlichen Kaufkraftverlust gegenrechnen und verfügen damit zumindest über die Größenordnung der möglichen Auszahlungen.

Im Detail können die Auszahlungen sehr unterschiedlich gestaltet werden: Bei einer fixen Summe hängt die Anzahl der verkauften Fondsanteile von der allgemeinen Kursentwicklung ab, so dass der Kapitalverzehr bei steigenden Kursen sich verlangsamt, bei fallenden Kursen sich dagegen beschleunigt. Bei einer fixen Anzahl von zu verkaufenden Fondsanteilen hängt umgekehrt die Höhe der Auszahlung von der Kursentwicklung ab (bei steigenden Kursen ist sie höher, bei fallenden dementsprechend geringer). Es ist auch möglich, regelmäßig einen fixen Prozentsatz des noch vorhandenen Kapitals zu entnehmen. Zwar verringern sich dadurch die Auszahlungen in absoluten Zahlen laufend geringfügig, aber zugleich wird der Kapitalverzehr hinausgezögert.

Es gibt noch kompliziertere Modelle, die denen der Rentenversicherer ähneln (durch Rückgriff auf Sterbetafeln). Damit wird der endgültige Kapitalverzehr verlangsamt, aber eine lebenslange Auszahlungsgarantie besteht dennoch nicht. Welches Modell Sie auch wählen, lassen Sie sich durch die im Fondssparen vorhandene Freiheit niemals dazu verführen, mehr als geplant zu entnehmen. Damit drohte die Gefahr eines vorzeitigen Kapitalverzehrs!

Perspektiven des Fondssparens

Das reine Fondssparen gehört bis dato nicht zu den staatlich geförderten Altersvorsorgemaßnahmen. Anders ist dies allerdings bei Riester- und Rürup-Fondssparplänen. Es gibt weder Zulagen noch eine steuerliche Entlastung, was der Preis für die völlige Freiheit bei der Handhabung sowohl der Einzahlungen wie auch der Auszahlungen ist. Das wird besonders deutlich durch die neue *Abgeltungssteuer*, die ab 2009 zu einer echten Zusatzbelastung für alle Wertpapierbesitzer, darunter die Fondssparer, wird.

Zwar wird die neue Steuer für die vielen Anleger bezüglich der jährlichen Zins- und Dividendenausschüttungen eine Entlastung bringen (statt des bisherigen persönlichen Steuersatzes wird der allgemeine Steuersatz von 25 Prozent zuzüglich Solidaritätszuschlag und Kirchensteuer gelten). Aber durch den Wegfall der Spekulationsfrist werden für alle Investments, die ab 2009 getätigt werden, auch die Kurswertsteigerungen der Wertpapiere unabhängig von ihrer Haltedauer steuerlich mit 25 Prozent bei Veräußerung erfasst.

Dieses stellt eine Benachteiligung gegenüber Fondspolicen und Riester-Fondssparpläne dar, weil weder deren Erträge noch Kursgewinne in der Ansparphase zu versteuern sind. Wie bereits dargestellt, sollte niemand nur aus steuerlichen Erwägungen z. B. eine Fondspolice abschließen, denn die Gebührenbelastungen dieser Angebote sind sehr hoch. Sollte die vorgesehene Vertragslaufzeit nicht durchgehalten werden können, droht sogar ein Verlustgeschäft. Demgegenüber können die steuerlichen Nachteile des reinen Fondssparens vernachlässigt werden. Zu einem Riester-Fondssparplan kann dagegen meistens geraten werden (als Grundabsicherung), und das reine Fondssparen kann diesen ergänzen.

Durch die neue Abgeltungssteuer ist es im Übrigen zu einem Schlagabtausch zwischen dem Verband der Investmentgesellschaften (BVI) und dem Verband der Versicherer (GDV) gekommen. Der BVI wehrt sich gegen die steuerliche Schlechterstellung des Fondssparens gegenüber Fondspolicen und hat eigene Gegenvorschläge entwickelt. Ein Vorschlag besteht darin, thesaurierende Fondssparpläne, die mindestens zwölf Jahre laufen und nicht vor dem 60. Lebensjahr ausgezahlt werden, steuerlich mit klassischen Lebensversicherungen gleichzustellen (nur die Hälfte der Auszahlung soll mit dem persönlichen Steuersatz belastet werden).

Schon seit längerem gibt es den BVI-Vorschlag eines »Altersvorsorge-Kontos«. Jeder Steuerpflichtige könnte ein solches »Altersvorsorge-Konto« einrichten, das folgende Bedingungen zu erfüllen hätte: Zusage der eingezahlten Beiträge für die Auszahlungen, die frühestens ab dem 60. Lebensjahr oder mit Eintritt in den Ruhestand beginnen dürfen. Entsprechend dem Prinzip der nachgelagerten Besteuerung wären die Einzahlungen steuerfrei und im Rentenalter würde nur der im Vergleich zur Erwerbstätigkeit deutlich verringerte persönliche Steuersatz angewendet werden. Es müsste ein jährlicher Mindestbeitrag festgelegt werden. Eine Dynamisierung der Beiträge sollte möglich sein. Wegen seiner steuerlichen Förderung stünde dieses Konto sowohl Arbeitnehmern als auch Selbstständigen offen. Ein weiterer wichtiger Vorteil bestünde darin, dass die Art des Vorsorgevertrages (Fonds- oder Banksparplan, Rentenversicherung, betrieblich oder privat o. a.) frei wählbar wäre. Natürlich rechnet die Fondsbranche mit einer hohen Erfolgschance für ihre eigenen Anlageprodukte, falls der Vorschlag umgesetzt werden würde.

Aus Verbrauchersicht spricht viel für ein solches Modell, auch das einfache Verfahren. Es bleibt spannend zu beobachten, ob die Politik diese Vorschläge in der einen oder anderen Form aufnimmt. Aber auch jetzt bleiben Investmentfonds eine zentrale Säule des Altersvorsorgesparens, wenn die hier aufgezeigten Wege zur Entscheidungsfindung eingehalten werden.

TEIL 3: Private Kapitallebens- und Rentenversicherungen

Kapitallebensversicherungen
Altersvorsorge wird bis heute fälschlicherweise häufig mit einer Kapitallebensversicherung gleichgesetzt. Zum Glück hat sie abnehmende Bedeutung. Sie ist eine unflexible Altersvorsorgeform. Geeignet ist die Kapitallebensversicherung für Altersvorsorgesparer eigentlich nicht.

Eine Kapitallebensversicherung stellt eine intransparente Kombination von Risikoschutz und Sparen dar. Einerseits werden die Hinterbliebenen abgesichert, wenn der Versicherte stirbt. Die Angehörigen erhalten dann die vereinbarte Summe ausbezahlt. Andererseits wird der Sparanteil der Prämie nach Abzug der Kosten für die Altersvorsorge angespart. Bei Ablauf des Vertrages erhält der Versicherte die garantierte Ablaufsumme. Zusätzlich werden die erwirtschafteten Überschüsse einschließlich neuerdings der gesetzlich vorgeschriebenen Beteiligung an den stillen Reserven ausgezahlt. Diese Beteiligung ist die Folge des vom Bund der Versicherten erwirkten Urteils des Bundesverfassungsgerichts vom Juli 2005. Allen neuen Verträgen und auch den laufenden Altverträgen müssen ab dem 1. Januar 2008 zum Ablauf des Vertrages die Hälfte der stillen Reserven gutgeschrieben werden.

Was auf den ersten Blick sinnvoll erscheinen mag, hat bei näherer Betrachtung viele »Haken und Ösen«. Zwar ist die Kapitallebensversicherung eine sichere Anlageform. Der Sparer trägt fast kein Verlustrisiko, wenn er den Vertrag bis zum Ablauf durchhält. Mit der Einführung des staatlichen Sicherungsfonds im Jahr 2005 sind die garantierten Leistungen einer Kapitallebensversicherung und ebenso einer privaten Rentenversicherung vor Zahlungsunfähigkeit des Lebensversicherers sehr weitgehend geschützt. Der Sparer müsste im Insolvenzfall höchstens die mögliche Eigenbeteiligung von maximal 5 Prozent der garantierten Leistung selber tragen. Tatsächlich werden mindestens die Hälfte der Verträge vor dem regulären Ablauf vom Versicherten gekündigt. Er bekommt dann lediglich den Rückkaufswert. Dieser ist besonders in den ersten Jahren niedrig und verlustreich. Mit dem garantierten Rechnungszins ist eine, wenn auch geringe, Mindestverzinsung gesichert. Zudem müssen Lebensversicherungen die Kundengelder breit streuen und überwiegend in sicheren Anlageformen wie festverzinsliche Wertpapiere und Immobilien anlegen. Maximal 35 Prozent dürfen sie generell in risikoreichere Investments wie Aktien stecken. Wie viel Ertrag das einem Sparer zukünftig einbringt, hängt vor allem von den Überschüssen ab, welche der Lebensversicherer darüber hinaus erwirtschaftet.

Gravierende Nachteile
Die Absicherung für den Todesfall ist meist zu niedrig. Denn die Kombination mit dem Sparvorgang führt zu hohen Prämien. Für eine Versicherungssumme, die unter dem Risikoaspekt notwendig wäre, sind die Prämien kaum bezahlbar. Als Folge wird oft eine zu geringe Versicherungssumme gewählt.

Die garantierte Rendite fällt äußerst gering aus und ist kaum nachvollziehbar. Denn die Prämie teilt sich in drei Bestandteile auf. Diese sind: Der Risikoanteil zur Deckung des Todesfallrisikos, der Kostenanteil für Verwaltung und Provisionen sowie der Sparanteil. Von den Prämien der ersten Jahre zieht das Versicherungsunternehmen zunächst die Provision für den Vermittler ab. Zusätzlich fallen laufende Verwaltungskosten sowie die Kosten für den Risikoschutz an. Ab dem 1. Juli 2008 müssen Lebensversicherer, die in die Prämie einkalkulierten Kosten, auch Abschlusskosten, in Euro vor Vertragsabschluss ausweisen. Nur der Sparanteil nach Abzug der Kosten wird mit dem Garantiezins von derzeit 2,25 Prozent verzinst. Bezogen auf die gezahlte Gesamtprämie ist die tatsächlich garantierte Verzinsung deutlich niedriger. Sie liegt je nach Vertrag zwischen etwa 0,5 und höchstens 1,5 Prozent.

Die zusätzliche Überschussbeteiligung, mit der vollmundig geworben wird, ist eine unverbindliche Prognose. Sie ist keineswegs sicher. Überschüsse hängen von der Entwicklung des Kapitalmarktes und vom Geschick des Versicherungsunternehmens bei der Kapitalanlage ab. Hinzukommen im geringen Maße die Kosten- und Risikogewinne sowie die Entwicklung der Sterblichkeit. Niedrige Zinsen und die Schwankungen der Aktienkurse haben in den letzten Jahren zu erheblichen Kürzungen bei den Gewinnbeteiligungen geführt. So hat es bereits manch böses Erwachen gegeben, wenn sich Versicherte auf die Vorhersagen verlassen haben. Die zur Tilgung eines Immobiliendarlehens oder zur Altersvorsorge geplante Ablaufsumme fiel oft wesentlich niedriger als prognostiziert aus. Denken Sie daran: Was der Lebensversicherer über den Garantiezins hinaus in Aussicht stellt, ist nur eine unverbindliche Hochrechnung. Meist kann die Prognose nicht gehalten werden. Aktuell liegt z. B. die durchschnittliche Prognose der Anbieter für Neuverträge bei unter vier Prozent Rendite für eine Laufzeit von 30 Jahren. Die Renditeprognose fällt also eher schwach aus. Als Überschussbeteiligungssystem ist die verzinsliche Ansammlung gegenüber dem Bonussystem für den Erlebensfall bei Ablauf vorteilhafter. Grund: Sie führt zu einer etwas höheren Ablaufleistung. Bei sehr langer Vertragsdauer ab 35 Jahren oder bei höherem Eintrittsalter können sich sogar Renditeunterschiede von bis zu rund 0,5 Prozent ergeben. Das sind einige 1.000 Euro. Viele Versicherer haben nur eine der Varianten im Angebot.

Auch der Risikoschutz für den Todesfall führt zu einer geringeren Ablaufleistung. Je älter der Kunde bei Vertragsabschluss ist, desto teurer ist der Risikoschutz.

Die Lebensversicherer müssen 90 Prozent der Überschüsse an die Kunden weitergeben. Die Bilanzierungsregeln lassen aber Spielraum für die Berechnung des Überschusses. So kann der Gewinn durch Bilanzierungsgestaltung gesenkt werden. Formal wird dann immer noch 90 Prozent an die Versicherten ausgeschüttet, aber der absolute Betrag und damit die Beteiligungssumme der Versicherten ist niedriger.

Die Vereinbarung einer Dynamik, also die automatische Erhöhung der Prämie und der Versicherungssumme, schmälert die Rendite der Kapitallebensversicherung weiter. Deshalb sollte sie vermieden werden. Denn das Versicherungsunternehmen kann einen Teil der Beitragssteigerung für Provision und Abschlusskosten einbehalten.

Die Flexibilität beim Sparen mittels einer Kapitallebensversicherung ist gering. Wer nicht bis zum Vertragsende durchhält, weil er vorzeitig Geld benötigt oder die Prämien nicht mehr bezahlen kann, muss mit Verlusten rechnen. Hier liegt ein Hauptrisiko der Kapitallebensversicherung. Vor allem bei langen Laufzeiten von über zwei oder drei Jahrzehnten kann es viele Gründe von Familiengründung bis Arbeitslosigkeit geben, warum ein Vertrag nicht fortgesetzt werden kann.

Kündigung: Besonders bei einer Kündigung in den ersten Jahren geht viel Geld verloren. Meist dauert es viele Jahre, bis im Fall einer Kündigung zumindest die eingezahlten Prämien zur Auszahlung gelangen. Daran ändert auch die Regelung eines Mindestrückkaufswertes im neuen Versicherungsvertragsgesetz ab 2008 für Neuverträge nur wenig. Ebenso trifft dies auf die vom BdV im Oktober 2005 erwirkten Urteile des Bundesgerichtshofs (BGH) zum Mindestrückkaufswert zu. Die BGH-Urteile finden Anwendung auf Verträge, die nach Juli 1994 bis etwa Mitte 2001 abgeschlossen wurden.

Beitragsfreistellung: Bis für den Sparer die Möglichkeit besteht, eine Beitragsfreistellung zu beantragen, muss er so viele Beiträge eingezahlt haben, dass die dafür vertraglich festgelegte Summe erreicht wird. Kann er nicht solange weiterzahlen, bleibt ihm oft nur die Kündigung. Es kann Jahre dauern, um auf diese Mindestsumme zu kommen.

Abschlusskosten: Lebens- und Rentenversicherungsverträge wurden bis Ende 2007 normalerweise gezillmert. Das bedeutet, der Vertrag wird am Anfang voll mit Abschlusskosten belastet. Zu diesen gehört auch die Provision an den Vermittler. Das hat zur Folge, dass vor allem in den ersten Jahren kaum Geld in den Vertrag fließt. Auch durch das neue Versicherungsvertragsgesetz, das seit 1. Januar 2008 in Kraft ist, hat sich hieran nur bei einigen Anbietern etwas geändert. Der Versicherer muss auch jetzt nicht die Abschlusskosten von vornherein auf die ersten fünf Jahre verteilen. Nur wenn ein Versicherter den Vertrag vorzeitig beendet, muss der Versicherer ihn so stellen als hätte er von Anfang an, die Abschlusskosten auf die ersten fünf Jahre verteilt. Es gibt aber einige Anbieter, welche die Abschlusskosten zumindest auf die ersten fünf Jahre verteilen.

Vorteil halbiert: Die steuerfreie Auszahlung von Erträgen aus Kapitalversicherungen gehört der Vergangenheit an. Bei Kapitallebensversicherungen, die ab Januar 2005 abgeschlossen wurden, werden die in der Ablaufsumme enthaltenen Erträge zur Hälfte mit dem persönlichen Steuersatz besteuert. Voraussetzungen dafür sind: Der Vertrag läuft mindestens zwölf Jahre und die Auszahlung erfolgt erst nach Vollendung des 60. Lebensjahres. Das gilt ebenso für private Rentenversicherungen ab 2005, wenn von dem häufig vereinbarten Kapitalwahlrecht Gebrauch gemacht wird. Kapitallebens- und private Rentenversicherungen mit Kapitalwahlrecht, die noch bis Ende 2004 abgeschlossen wurden, haben dagegen noch den Vorteil der steuerfreien Auszahlung der Erträge. Voraussetzungen: Die Vertragsdauer beträgt mindestens zwölf Jahre und es werden fünf Jahre lang Prämien gezahlt. Der Todesfallschutz muss mindestens 60 Prozent der Beitragssumme betragen.

Rat: Lassen Sie die Finger weg von Kapitallebensversicherungen. Trennen Sie den Versicherungsschutz für Ihre Angehörigen im Fall Ihres Todes und die Geldanlage für Ihre eigene Altersvorsorge. Schließen Sie für den Todesfall eine Risikolebensversicherung ab. Ein vergleichbarer Versicherungsschutz für den Todesfall kostet bei günstigen Anbietern nur etwa fünf Prozent der Prämie zur Kapitallebensversicherung. Die verbleibenden 95 Prozent sollten Sie besser, flexibler und rentabler selbst anlegen. Als alternative private Geldanlagen können sich z. B. Bundeswertpapiere, Banksparpläne und/oder Fonds anbieten (vgl. dieses Kapitel oben unter Teil 1 und 2, ab Seite 64).

Bestehende Kapitallebensversicherung verändern: Überprüfen Sie Ihre Police, wenn Sie bereits eine Kapitallebensversicherung abgeschlossen haben. Wenn sich herausstellt, dass Sie die falsche Entscheidung getroffen haben, könnten Sie die Kapitallebensversicherung kündigen, beitragsfrei stellen oder die Laufzeit verkürzen. Das gilt auch bei Zahlungsschwierigkeiten. Bei einer solchen Entscheidung kann neutraler und unabhängiger Expertenrat hilfreich sein. Diesen erhalten Sie unter anderem beim Bund der Versicherten. Renditegesichtspunkte können in die Entscheidung über eine mögliche Vertragsänderung einfließen. Eine Beitragsfreistellung kann oft eine geeignete Lösung sein. Sie ist meist nicht möglich, wenn der Vertrag erst kurze Zeit läuft. Eine Kündigung dagegen kann erwogen werden, wenn Sie dringend Geld benötigen, ehe Sie einen Kredit aufnehmen müssen oder in den ersten Jahren des Vertrages. Wenn der Todesfallschutz aber benötigt wird und alternativ keine Risikolebensversicherung abgeschlossen werden kann, sollte eine Kündigung vermieden werden. Haben Sie sich entschieden zu kündigen, sollten Sie zuerst versuchen, Ihren Vertrag zu verkaufen. Dadurch haben Sie die Chance, eine höhere Auszahlung als den Rückkaufswert zu erhalten. Jedoch werden nicht alle Verträge von jedem Anbieter gekauft. Der Kauf wird an Voraussetzungen geknüpft. Zur Einholung von Angeboten sollten Sie sich an Gesellschaften wenden, die Mitglied im Bundesverband Vermögensanlagen im Zweitmarkt Lebensversicherungen (www.bvzl.de) sind.

Zusatzabsicherungen

Auf Zusätze zur Kapitallebensversicherung und auch zur privaten Rentenversicherung sollten Sie verzichten. Die Kombinationen sind zumeist nicht sinnvoll. Beim Unfallzusatz (UZ) wird bei Unfalltod eine höhere Leistung ausgezahlt. Warum die Familienangehörigen beim Tod durch Unfall eine höhere Absicherung benötigen als beim Tod durch Krankheit, bleibt das Geheimnis der Versicherungsgesellschaften. Als Vorsorge für die Angehörigen ist eine reine Risikolebensversicherung mit ausreichend hoher Summe die beste Lösung. Falls schon ein Unfallzusatz besteht, können Sie ihn herauskündigen.

Als Zusatz wird außerdem die Absicherung für den Fall der Berufsunfähigkeit (BUZ) angeboten. Probleme treten z. B. auf, wenn Sie die Prämien nicht mehr bezahlen können oder wollen. Bei den Gesellschaften gilt das Prinzip »ganz oder gar nicht«. Sie können die Zusatzversicherung nicht fortführen, wenn Sie den Sparvorgang kündigen wollen. Wer dann schon älter und/oder nicht mehr ganz gesund ist, für den kann der Neuabschluss einer Berufsunfähigkeitsversicherung schwierig werden oder sogar scheitern. Auf jeden Fall bezahlen Sie mehr als in jungen Jahren. Auch hier gilt: Schließen Sie Berufsunfähigkeitsschutz getrennt von der Kapitallebensversicherung ab. Bei der Berufsunfähigkeitsversicherung kann eine Kombination mit einer Risikolebensversicherung Sinn machen. Wer sich trotz der vielen Nachteile für eine Kapitallebensversicherung entscheidet, für den ist als alleiniger Zusatz nur die Beitragsbefreiung bei Berufsunfähigkeit ohne Rente sinnvoll. Die Prämie nur dafür ist günstig. Tritt Berufsunfähigkeit während der Vertragsdauer ein, so übernimmt der Anbieter das weitere Besparen des Vertrages, solange Berufsunfähigkeit besteht. Die Altersvorsorge wird also weiter bis zum vereinbarten Ablauf aufgebaut, ohne dass der Sparer selber Prämien entrichtet. Dadurch wird die angestrebte Kapitalsumme dennoch erreicht.

Private Rentenversicherung

Private Rentenversicherungen werden seit einigen Jahren verstärkt verkauft. Sie sind besonders für junge und jüngere Leute nicht empfehlenswert. Allenfalls für Ältere um die 60 Jahre kann sich eine Rentenversicherung per Einmalzahlung möglicherweise lohnen. Bei dieser beginnt die Rentenzahlung (Leibrente) sofort. Eine Gesundheitsprüfung findet hier nicht statt.

Eine private Rentenversicherung setzt das »Prinzip Kapitallebensversicherung« in neuem Gewand fort. Sie funktioniert nach den gleichen Prinzipien. Die private Rentenversicherung ist eigentlich ein reiner Sparvertrag in der Ansparphase, keine Versicherung. Im Normalfall wird ab dem vereinbarten Rentenbeginn eine lebenslange monatliche Rente gezahlt. Diese wird mit dem günstigen Ertragsanteil besteuert, der z. B. bei Rentenbeginn mit 65 Jahren 18 Prozent beträgt. Beginnt die Rente früher, ist er höher, startet sie später, liegt er noch darunter. Beim Ertragsanteil handelt es sich um eine Art fiktiven Zins. Seine Höhe hängt von der voraussichtlichen Dauer des Rentenbezugs ab. Je länger Sie die Rente beziehen, desto höher fällt der zu versteuernde Ertragsanteil aus.

Wer üblicherweise ein Kapitalwahlrecht vereinbart hat, kann bei Ablauf des Vertrages auch die einmalige Auszahlung der Ablaufleistung verlangen. Garantiert ist wie bei der Kapitallebensversicherung jeweils nur ein Teil der Auszahlung. Der Garantiezins auf den Sparanteil liegt auch hier seit 2007 bei 2,25 Prozent. Eine Beteiligung an den erwirtschafteten Überschüssen erfolgt ebenso wie neuerdings die Beteiligung an den stillen Reserven seit 1. Januar 2008.

Bei der Privatrente gibt es zwei Formen. In Form der Sofortrente wird einmalig ein größerer Betrag in die Rentenversicherung eingezahlt. Damit können Ältere sofort einen Anspruch auf eine lebenslange monatliche Rentenzahlung erwerben. Das kann sich lohnen bei guter Gesundheit und der Aussicht auf ein langes Leben. Bei der aufgeschobenen Rente dagegen wird über viele Jahre eingezahlt. Die Zahlung wird aufgeschoben – meist erfolgt sie ab dem Eintritt ins Rentenalter.

Bei Tod vor Eintritt des Rentenalters erhalten die Erben meist nur die eingezahlten Beiträge zurück. Nach Rentenbeginn haben die Erben grundsätzlich keine Ansprüche. Es kann jedoch vereinbart werden, dass die Rente noch mehrere Jahre an die Erben weiter gezahlt wird. Man spricht hier von der sogenannten Rentengarantiezeit. Auch bieten einige Lebensversicherer die Möglichkeit der Vereinbarung, dass das bei Rentenbeginn vorhandene Guthaben abzüglich der bis zum Tod ausgezahlten Renten an die Hinterbliebenen gezahlt wird. Ebenso kann vereinbart werden, dass die Rente an den hinterbliebenen Partner (Partnerversorgung) weitergezahlt wird. Diese Zusatzleistungen schmälern allerdings die Rentenhöhe. Die Rentengarantiezeit mindert sie jedoch nur im geringen Maße und kann daher sinnvoll sein. Gravierender Nachteil der Partnerversorgung: Die eigene Rente fällt erheblich geringer aus als bei Verträgen ohne Partnerversorgung. Die Kosten hierfür sind also sehr hoch. Möchten Sie Ihre Angehörigen für den Fall Ihres Todes absichern, ist eine Risikolebensversicherung in ausreichender Höhe die richtige Lösung.

Die private Rentenversicherung weist die gleichen gravierenden Nachteile auf, wie die Kapitallebensversicherung, bis auf die zum

Todesfallschutz (vgl. Kapitel »Kapitallebensversicherung« ab Seite 119). Sie ist auch sehr unflexibel. Wer sich einmal langfristig gebunden hat, kommt aus unattraktiven Verträgen erst nach längerer Laufzeit ohne Verluste wieder heraus. Kündigung: Während des Rentenbezugs kann die private Rentenversicherung nicht mehr gekündigt werden.

Überschüsse – Ansparphase: Als Überschussbeteiligungssystem ist das Bonussystem gegenüber der verzinslichen Ansammlung für den Erlebensfall bei Rentenbeginn vorteilhafter. Grund: Es führt zu einer etwas höheren Rente oder Ablaufleistung.

Überschüsse – Auszahlungsphase: Auch in der Rentenbezugsphase verwenden die Lebensversicherer unterschiedliche Methoden der Überschussbeteiligung. Nicht jeder Lebensversicherer bietet jedoch alle Rentenbezugsformen an. Die volldynamische Rente startet niedriger als teildynamische Auszahlungsvarianten. Ihre jährliche Steigerung fällt aber höher aus. Ihr größter Vorteil ist: Nur hier ist der Versicherte zumindest vor Rentenkürzungen geschützt. Eine einmal erreichte Rentenhöhe darf der Lebensversicherer nicht unterschreiten. Der jährliche Erhöhungssatz bei guten Anbietern bewegt sich zwischen etwa zwei bis drei Prozent. Dieser Prozentsatz wird jährlich neu berechnet. Er richtet sich nach dem Kapitalanlageerfolg der Versicherer. Bei sinkender Überschussbeteiligung kann er niedriger ausfallen oder sogar entfallen. Bei der teildynamischen Alternative ist dagegen die Anfangsrente höher. Dafür fallen die späteren Rentenerhöhungen niedriger aus. Die flexible Rente, auch konstant bleibende Rente genannt, bietet anfangs die höchste monatliche Rente der drei Auszahlungsvarianten. Diese wird während des Rentenbezugs nicht dynamisiert. Ändert sich die Überschussbeteiligung der Lebensversicherer, kann auch sie nach unten korrigiert werden. Gerade in der Vergangenheit haben viele Versicherte diese negative Erfahrung machen müssen, bisweilen mehrere Jahre hintereinander. Sogar Kürzungen der Überschüsse bis auf die Höhe der garantierten Rente kamen vor.

Bei der volldynamischen Rente muss der Rentner aber sehr alt werden, bis er die gleiche Summe ausgezahlt bekommen hat, wie aus den flexiblen (konstanten) Renten. Bis ein Jahr vor dem 80. Lebensjahr bieten die flexible und auch die teildynamische Rente eine höhere Rente als die volldynamische Rente. Bis zu diesem Zeitpunkt sind die Verluste aber noch nicht aufgefangen. Dafür bedarf es weiterer zehn Jahre. Das ergab eine Auswertung des Map-Reports aus dem Jahr

2007. Die durchschnittliche Lebenserwartung liegt nach Angaben des Statistischen Bundesamtes für neugeborene Frauen bei rund 82 Jahren und bei Männern bei knapp 77 Jahren. Männer im Alter von 60 Jahren haben im Durchschnitt noch eine Lebenserwartung von rund 21 Jahren, Frauen von 25 Jahren.

Niedrige Renditen mit vorprogrammierten Kürzungen: Seit die Versorgungslücken bei der Rente immer größer werden, erfolgt ein verstärktes »Anpreisen« privater Rentenversicherungen. Dabei wird gern mit einer höheren Rendite als bei Kapitallebensversicherungen geworben, weil der Todesfallschutz entfällt. So richtig diese Überlegung in der Theorie ist, so falsch hat sie sich in der Praxis herausgestellt. Bezüglich der Rendite gelten prinzipiell dieselben Aussagen wie zur Kapitallebensversicherung. Mehr noch: Im Vergleich zu dieser fallen die Überschüsse sogar oft noch niedriger aus. Der Grund ist die steigende Lebenserwartung. Diese führt dazu, dass die Lebensversicherer die Rentenzahlungen länger als erwartet erbringen müssen. Die ursprünglichen Überschussversprechen, die auf den Sterbetafeln mit einer kürzeren Lebenserwartung beruhen, müssen nach unten korrigiert werden. Die Garantierente bleibt zwar erhalten, aber die Überschussrenten werden oft gekürzt oder auf einem einmal erreichten Niveau konserviert. Solche Veränderungen wirken sich umso negativer aus, je jünger der Sparer bei Vertragsabschluss ist.

Unter Renditegesichtspunkten lohnt sich eine Rentenversicherung nur, wenn Sie sehr alt werden. Wer die Rente ab dem 65. Lebensjahr etwa 25 Jahre und länger bezieht, der gleitet in die Gewinnzone.

Zusatzabsicherungen

Die Unfallzusatzversicherung bei Tod und die Berufsunfähigkeitszusatzversicherung sollten, wie bei der Kapitallebensversicherung, nicht eingeschlossen werden. Nur die Vereinbarung einer Beitragsbefreiung bei Berufsunfähigkeit erscheint sinnvoll, falls Sie sich dennoch für eine aufgeschobene private Rentenversicherung entscheiden (vgl. Zusatzabsicherung zur Kapitallebensversicherung ab Seite 123).

Möglichkeiten der Vertragsgestaltung

Kapitalwahlrecht: Eine übliche Option bei der aufgeschobenen privaten Rentenversicherung ist die Vereinbarung des Kapitalwahlrechtes. Mit dieser erhält sich der Sparer die Möglichkeit der Kapitalauszahlung anstelle einer Rentenzahlung. Zu beachten ist allerdings: Vorab sollte mit dem Anbieter geklärt werden, bis wann das Kapitalwahlrecht ausgeübt werden muss. Die Entscheidung dafür ist oftmals drei Monate, manchmal aber auch schon drei Jahre vor Rentenbeginn zu treffen. Die Erträge der Kapitalabfindung sind zur Hälfte mit dem persönlichen Steuersatz zu versteuern. Das gilt allerdings nur, wenn der Vertrag mindestens zwölf Jahre läuft und frühestens mit 60 endet. Erfolgte der Vertragsabschluss noch vor 2005, ist die Kapitalauszahlung einschließlich der Erträge bei einer Laufzeit von mindestens zwölf Jahren gänzlich steuerfrei, wenn mindestens fünf Jahre Beiträge gezahlt wurden.

Abruf- und Aufschuboption: Die Vereinbarung einer Abruf- und auch einer Aufschuboption kann sinnvoll sein. Die Abrufoption ermöglicht die Vorverlegung des Rentenbeginns meist um bis zu fünf Jahren. Ab 60 Jahren kann frühestens der Abruf erfolgen. Die Rente fällt dann niedriger aus. Bei der Aufschuboption ist eine Verschiebung in die Zukunft um bis zu fünf Jahre möglich. Die Rente fällt gegenüber dem ursprünglich vereinbarten Rentenbeginn höher aus.

Für wen könnte sich dennoch eine private Rentenversicherung lohnen? Eine Privatrente lohnt sich allenfalls für Ältere als Sofortrente gegen Einmalzahlung, die unmittelbar vor der Rente stehen und sich berechtigte Hoffnung auf ein langes Leben machen können. Die hieraus fließende lebenslange Rente ist »nur« mit dem niedrigen Ertragsanteil zu versteuern. Das kann steuerlich besonders für Besserverdiener interessant sein.

Wer eine private Rentenversicherung als Sofortrente abschließen möchte, sollte auf eine hohe garantierte Rente und einen ertragsstarken Lebensversicherer achten. Bei der Auswahl geeigneter Anbieter hilft beispielsweise neutral und unabhängig der Bund der Versicherten. Auch Fachzeitschriften, wie z. B. Finanztest, Ökotest, Capital oder Wirtschaftswoche sind nützliche Informationsquellen, die regelmäßig Vergleiche vornehmen.

TEIL 4: Fondspolicen

Fondspolicen haben seit den 1990er Jahren im Kontext des weltweiten Börsenaufschwungs zunehmend an Bedeutung gewonnen. Ihr Marktanteil am Neugeschäft der deutschen Lebensversicherer liegt mittlerweile bei zirka 35 Prozent (2007) der abgeschlossenen Verträge. Wie bei den Kapitallebensversicherungen – als Folge der zunehmenden Diskussion um die private Altersvorsorge – findet gleichzeitig auch bei den Fondspolicen eine Verschiebung der Absatzzahlen von fondsgebundenen Lebensversicherungen – hin zu (fondsgebundenen) Rentenversicherungen statt. Zusätzlich wird die neue Abgeltungssteuer ab 2009 von den Versicherern als weiteres Verkaufsargument für Fondspolicen gegenüber reinen Fondssparplänen gebraucht.

Fondspolicen versus klassische Lebens- und Rentenversicherungen
Der entscheidende Unterschied zwischen Fondspolicen und klassischen Lebens- und Rentenversicherungen liegt in der Anlage des Sparanteils der Prämie des Versicherungsnehmers. Nach Abzug der Kosten für Vertrieb, Verwaltung und Kapitalanlage (bei Lebensversicherungen zusätzlich für den Todesfallschutz) bleibt der Sparanteil der Prämie übrig. Der dürfte bei Lebensversicherungen zirka 60 bis 80 Prozent der Gesamtprämie, bei Rentenversicherungen zirka 70 bis 90 Prozent der Gesamtprämie über die gesamte Vertragslaufzeit betragen. Genaue Zahlen hängen von der Kostenkalkulation des Versicherers ab, die streng gehütetes Betriebsgeheimnis bleiben. Ein Teil der Kosten muss seit 1. Juli 2008 im Produktinformationsblatt ausgewiesen werden. Nicht erkennbar sind allerdings Risikoaufwendungen und Kosten auf die Kapitalanlage. Im Übrigen werden die Kostenüberschüsse und sonstige Rückvergütungen (»Kickbacks«) häufig nicht genannt. Dieser Sparanteil darf bei klassischen Lebens- und Rentenversicherungen grundsätzlich zu maximal 35 Prozent in Aktien angelegt werden. Diese Aktienquote wird aber von keinem Lebensversicherer in Deutschland voll ausgeschöpft. Überwiegend erfolgt die Kapitalanlage in festverzinsliche Wertpapieren.

Der Sparanteil der Prämie bei einer Fondspolice wird in einen Fonds investiert, den heutzutage der Versicherungsnehmer normalerweise selbst aussuchen kann. Dessen Wertentwicklung lässt sich deshalb meistens genau nachvollziehen. Das Fondsguthaben ist ein Sondervermögen, das von der Kapitalanlage des Versicherers getrennt ist. Wenn dem Versicherungsnehmer allerdings nur der börsentäglich neu ermittelte Wert seines Fondsguthabens mitgeteilt wird (ohne Ausweis der tatsächlich investierten Summe), kann er daraus nicht auf die Höhe der von der Prämie abgezogenen Kosten schließen. Eine Fondspolice bleibt in diesem Punkt intransparent.

Die steuerlichen Regelungen für fondsgebundene Lebens- und Rentenversicherungen entsprechen denen für die klassischen Kapitallebens- und Rentenversicherungen. Auszahlungen aus Verträgen, die vor 2005 abgeschlossen wurden, sind vollkommen steuerfrei, wenn der Vertrag am vereinbarten Vertragsende, bei Kündigung oder Verkauf diese Bedingungen erfüllt:

- fünf Jahre Prämienzahlungsdauer,
- mindestens zwölf Jahre Laufzeit und
- ein vertraglich vereinbarter Todesfallschutz von mindestens 60 Prozent der Prämiensumme.

Wird einer dieser Voraussetzungen nicht entsprochen, muss der Versicherte Steuern auf den Ertrag zahlen. Die Auszahlungssumme oder bei Kündigung der Rückkaufswert wird um die eingezahlten Prämien gekürzt. Danach steht der Ertrag fest, für den das Finanzamt ab 2009 Abgeltungssteuer in Höhe von 25 Prozent zuzüglich des Solidaritätszuschlags und ggf. Kirchensteuer kassiert. Die überweist der Lebensversicherer direkt an den Fiskus. Beim Verkauf einer Police trifft ihn nur eine Meldepflicht, alles Weitere bleibt dem Versicherungsnehmer überlassen.

Altersvorsorgende, die eine Kapital- oder fondsgebundene Lebensversicherung seit dem 1. Januar 2005 besitzen, müssen die Auszahlung immer zum Teil versteuern. Bei einmaligen Auszahlungen, auch aus (fondsgebundenen) Rentenversicherungen, ist die Hälfte der Erträge mit dem persönlichen Steuersatz zu versteuern, wenn der Vertrag mindestens zwölf Jahre und bis zum 60. Lebensjahr läuft. Wird einer dieser Punkte nicht erfüllt, oder verkauft der Versicherte seine Police, wird seit dem 1. Januar 2009 Abgeltungssteuer fällig.

Bei einer Rentenauszahlung ist weiterhin nur der niedrige Ertragsanteil der Rente steuerpflichtig. Dessen Höhe hängt vom Alter bei Rentenbeginn ab. Geändert hat sich hieran ab 2005 nur, dass die Höhe des Ertragsanteils abgesenkt worden ist.

Das Alterseinkünftegesetz hat auch die Benachteiligung der Fondspolicen gegenüber klassischen Lebens- und Rentenversicherungen beim Sonderausgabenabzug in der Einkommensteuererklärung beendet. Seit 2005 werden Beiträge bei Neuverträgen grundsätzlich nicht mehr berücksichtigt – ob fondsgebunden oder nicht. Eine Ausnahme gilt nur noch für die staatlich geförderten Riester- und Rürup-Renten, weil nur sie ausschließlich der Altersvorsorge und nicht auch der Vermögensbildung dienen.

Dem so genannten »5+7-Modell« wurde durch das Alterseinkünftegesetz ebenfalls ein Ende bereitet. Hier wurde ein Depot eröffnet, in das der Versicherungsnehmer per Einmalzahlung eine hohe Summe anlegen konnte. Aus diesem Depot wurde anschließend fünf Jahre lang in eine fondsgebundene Lebensversicherung eingezahlt. Dann wurde das verbleibende Fondsguthaben sieben Jahre lang »liegen gelassen«, um die alte Zwölf-Jahresfrist zur steuerfreien Auszahlung zu nutzen. Die Hoffnung beruhte bei diesem Modell darauf, dass der gewählte Fonds sich so gut entwickeln würde, dass die Steuerfreiheit der Auszahlung am Ende alle ansonsten angefallenen Steuerbelastungen (sowie die abgezogenen Kosten) mehr als ausgleichen würde. Es handelte sich also um ein klassisches Steuersparmodell, das durch die seit 2005 unvermeidliche Versteuerung der Hälfte der Erträge an Attraktivität verloren hat. Außerdem ist die Bedingung entfallen, fünf Jahre Beiträge einzahlen zu müssen.

Fondspolicen haben trotz des zwischenzeitlichen Einbruchs der Börsen weltweit in den Jahren 2001 bis 2003 insgesamt kontinuierlich Marktanteile gewonnen. Das mag auf den ersten Blick erstaunen. Eine Ursache könnte die seit Jahren konstante niedrige Garantieverzinsung sein, die von der Versicherungsaufsicht von vier Prozent in den 1990er Jahren schrittweise auf mittlerweile nur noch 2,25 Prozent gesenkt wurde. Klassische Lebens- und Rentenversicherungen bieten demnach zwar Sicherheit, aber keine gesteigerte Gewinnerwartung. Die Garantieverzinsung ist natürlich nicht die einzige Form der Gewinnbeteiligung der Lebensversicherten. Sie müssen auch an den Überschüssen und anteilig an den stillen Reserven beteiligt werden. Fondspolicen bieten genau das umgekehrte Profil klassischer Lebensversicherungen, was sich in Zeiten steigender Börsenkurse auszahlt, aber in Krisenzeiten zu Verlusten führt.

Die vergangenen Jahre haben allerdings deutlich gezeigt, dass die Börsen keine »Einbahnstraßen nach oben« sind. Im Gegenteil: Es kann sogar zu sehr heftigen Kursausschlägen kommen. Bei »normalen« Fondspolicen ging und geht dieses Risiko voll zu Lasten des Versicherungsnehmers, was umso ärgerlicher ist, wenn der Fonds selbst womöglich schlecht gemanagt wurde. Darauf haben Versicherer und Fondsbranche mittlerweile gemeinsam reagiert, in dem neue Angebote für Fondspolicen mit bestimmten Garantien entwickelt wurden.

Britische Lebensversicherer
Vorreiter für Garantieversprechen bei hohem Aktienengagement waren britische Lebensversicherer. Allerdings nehmen hier die Garantieversprechen eine ganz andere Art an als bei deutschen Lebensversicherern. Zum einen gibt es keinen garantierten Rechnungszins, wie bei deutschen Kapitallebens- und Rentenversicherungen. Zum anderen werden die während der Vertragslaufzeit gegebenen Zinsgutschriften (»UWP – Unitised With Profit«) meistens nur dann garantiert ausgezahlt, wenn der Vertrag nicht vorzeitig aufgelöst und gekündigt wird.

Während in Deutschland die Lebensversicherer strenge Kapitalanlagevorschriften beachten müssen, gibt es in Großbritannien solche Vorschriften nicht. Die britischen Versicherer haben in ihrer Anlagestrategie allerdings nicht völlig freie Hand, auch wenn ihre Kapitalanlage oftmals einen sehr hohen Aktienanteil aufweist. Eine vorgeschriebene maximale Aktienquote ist nicht vorgesehen. Sie ergibt sich aber mittelbar aus anderen Vorgaben. In bestimmten Situationen müssen die Versicherer ihre Aktienquote anpassen. Deshalb hat auch kein in Deutschland »arbeitender« britischer Lebensversicherer eine Aktienquote von 100 Prozent. Diese liegt meistens zwischen 40 und 60 Prozent. Die Finanzaufsicht FSA (Financial Services Authority) kontrolliert dabei die dauerhaft zu sichernde Erfüllbarkeit der Verträge.

Für den Versicherungsnehmer hat das hohe Aktienengagement der britischen Lebensversicherer mehrere unmittelbare Auswirkungen. Steigen an den Weltbörsen die Kurse, so übertreffen die Renditen der britischen Lebensversicherer die ihrer deutschen Kollegen, womit in der Vergangenheit häufig Werbung gemacht wurde. Allerdings schreiben auch die Briten nicht alle Anlagegewinne sofort gut, denn aus Vorsicht greift das so genannte »Glättungsverfahren« (»Smoothing«) bei vielen Anbietern. Das ist eine Besonderheit der jeweiligen Vertragsgestaltung, aber nicht aufsichtsrechtlich vorgeschrieben. Das bedeutet, dass in Jahren mit hohen Kapitalmarktgewinnen Rückstellungen gebildet werden, um in Phasen schwacher Börsenkurse dennoch Gutschriften vornehmen zu können.

Außerdem können die Versicherer die Rückstellungen für erhöhte Schlussbonuszahlungen verwenden. Nicht nur derjenige Versicherungsnehmer, der seinen Vertrag bis zum regulären Ende durchhält, erhält diesen Bonus, sofern er vorhanden ist, sondern normalerweise auch die Personen, die ihn vorzeitig beenden. Ein Anspruch darauf besteht aber nicht.

Vorzeitige Vertragsauflösungen werden vielfach mit vergleichbar hohen Stornoabzügen, wie bei deutschen Anbietern, abgegolten. Einige wenige Versicherer verzichten auf diese. Auch andere Abweichungen vom »Kleingedruckten« können mit dem Verlust der Garantien geahndet werden. Bei wenigen Anbietern hängt die Garantie am Ende von bestimmten Bedingungen ab.

Glättungsverfahren und erhöhte, aber nicht garantierte Schlussboni sind Kennzeichen britischer Lebensversicherer und resultieren aus ihrer langen Erfahrung mit einer hohen Aktienquote in der Kapitalanlage. Tendenziell kamen die Briten deshalb auch besser durch die Krisenjahre der Weltbörsen 2001 bis 2003 als die deutschen. Der tiefe Sturz des Traditionsversicherers Equitable Life, bei dem selbst die garantierten Renten zwischenzeitlich in Gefahr gerieten, zeigt allerdings, dass auch hier jeder Einzelfall sehr genau geprüft werden muss.

In diesem Kontext muss auch darauf hingewiesen werden, dass deutsche Kunden von britischen Lebensversicherern auf einen Insolvenzschutz bisher weitgehend verzichten mussten. Der britische Sicherungsfonds (»Financial Services Compensation Scheme«) greift nur für Versicherungsnehmer mit Vertragsabschluss in Großbritannien, und dem deutschen Sicherungsfonds (»Protektor« erst seit 2002) sind bisher nur deutsche Tochtergesellschaften (z. B. Delta Lloyd), aber noch kein britischer Lebensversicherer selbst beigetreten. Seit Kurzem gewähren aber mindestens drei Gesellschaften (Standard Life, Legal&General sowie Clerical Medical) auch deutschen Kunden Insolvenzschutz nach britischem Recht, oft auch für Altverträge.

Neue Fondspolicen mit Garantien
Das harte Auf und Ab der Weltbörsen in den vergangenen zehn Jahren hat alle Lebensversicherer in Europa veranlasst, über neue Modelle der Gewinnbeteiligung der Versicherungsnehmer nachzudenken. Dabei haben sie verstärkt auf Lösungen zugegriffen, die von Fondsgesellschaften und Banken entwickelt wurden. Denn die standen vor dem gleichen Problem für ihre Kunden, die Privatanleger. Teilweise können diese Modelle schon nicht mehr als Fondspolicen bezeichnet

werden, denn die Anlage des Sparanteils geschieht auch mit anderen Kapitalmarktinstrumenten als Fonds. Im Folgenden werden einige dieser neuen Modelle vorgestellt, die allerdings nur einen exemplarischen Charakter haben können. Denn es werden fortlaufend neue Modelle am Markt angeboten.

Ein französischer Versicherer bietet seit kurzem eine aktienbasierte Rentenversicherung mit einer garantierten Rente. Die Garantieverzinsung beträgt mindestens drei Prozent. Der Versicherungsnehmer kann in der Kapitalanlage für den Sparanteil zwischen zwei Varianten wählen: Entweder sucht er sich einzelne Fonds aus einer vorgegebenen Anzahl (»Fondsportfolio«) aus. Oder er überlässt die Kapitalanlage dem Versicherer. In diesem Fall überweist der Versicherer den Sparanteil an eine eigens gegründete Kapitalanlagegesellschaft weiter, der die Muttergesellschaft zusätzlich vorab Eigenkapital zur Verfügung stellte und die an den Finanzmärkten freie Hand hat.

Wegen der Zinsgarantien muss die Kapitalanlagegesellschaft neben den direkten Investitionen in Aktien und andere Wertpapiere viele Derivate zur Wertsicherung mitfinanzieren. Dadurch sind die Kosten der Kapitalanlage insgesamt erheblich. Wie viel effektive Rendite letztlich dabei herausspringt, ob es mehr als die garantierten drei Prozent sind, hängt von der Entwicklung der Kapitalmärkte und dem Geschick der Kapitalanlagegesellschaft ab. Die mindestens garantierten drei Prozent werden dabei nicht fortlaufend gutgeschrieben, sondern gelten nur auf die Gesamtsumme der bis zum vorgesehenen Vertragsende eingezahlten Sparanteile. Dies gilt auch bei Wahl der Fondsalternative.

Bei vorzeitiger Vertragsauflösung sowie einmaliger Kapitalabfindung statt Rentenzahlung entfällt diese Garantie. Weil nominal die garantierten mindestens drei Prozent aber höher sind als der von der deutschen Versicherungsaufsicht festgesetzte Garantiezins von 2,25 Prozent, konnte diese neue Rentenversicherung zumindest in Deutschland bisher sehr erfolgreich abgesetzt werden.

Einen ganz anderen Weg geht ein britischer Lebensversicherer mit einer so genannten »Finanzmarkt«-Rentenpolice: Die Anlage der Sparanteile geschieht durch vier Fonds (wähl- und kombinierbar: ein europäischer, ein weltweiter Aktienindexfonds, ein Euro Anleihenfonds sowie ein Euro Geldmarktfonds), wobei die Aktienfonds nicht aktiv gemanagt werden, sondern lediglich Börsenindizes nachbilden. Dadurch können die Kapitalanlagekosten deutlich gesenkt werden, denn die Gesellschaft erhebt nur ein Prozent Gesamtgebühren pro

Jahr auf das Fondsguthaben. Kosten für den Versicherungsvertrieb kommen nur hinzu, wenn der Vertrag über einen Makler und nicht im Direktgeschäft mit der Gesellschaft abgeschlossen wird. Beim Maklertarif ermäßigen sich aber die Kapitalanlagekosten. Auch gibt es noch einen Honorarberatertarif, der günstiger ist. Je nach Risikobereitschaft des Anlegers kann frei gewählt werden, wie viel in Aktien- oder Rentenfonds investiert wird.

Kundenfreundlich ist außerdem, dass zwischen monatlichen oder jährlichen Mindestbeiträgen gewählt werden kann, was die Flexibilität in der Einzahlungsphase deutlich erhöht. Bis zum Beginn der Rentenzahlungen handelt es sich eigentlich um einen reinen Fondssparplan, denn die versicherungstypische Verrentung kommt erst dann ins Spiel. Klar ist, dass es im Gegensatz zum vorherigen Beispiel keinerlei Garantieverzinsung gibt – alles hängt von der Entwicklung der Fonds ab – und auch keinen vorab garantierten Rentenfaktor. Letzterer bedeutet, dass pro 10.000 Euro Fondsguthaben garantiert eine bestimmte Rentenhöhe gezahlt wird. Der Rentenfaktor wird in diesem Beispiel erst bei Beginn der Rentenzahlungen festgesetzt. Der Versicherte muss also dem Anlagegeschick sowie der versicherungsmathematischen Akkuratesse der Gesellschaft vertrauen.

Die deutsche Tochtergesellschaft eines anderen britischen Lebensversicherers bietet Kunden gleich drei verschiedene Kapitalanlagemodelle an: die Auswahl zwischen knapp 20 Fonds verschiedener Anbieter, zwischen denen der Kunde sich ein eigenes individuelles Portfolio je nach seiner Risikobereitschaft zusammenstellen und auch laufend verändern kann, die Vermögensverwaltung des Versicherers selbst (Auswahl zwischen drei Fondsportfolios mit unterschiedlicher Risikostufe) sowie einen Garantiefonds mit Höchststandsgarantie. Hierbei handelt es sich üblicherweise um gemischte Aktien- und Rentenfonds, die garantieren, dass, wenn innerhalb eines bestimmten Zeitraumes die Fondsanteile einen Höchstwert erreicht haben, dieser zukünftig nicht mehr unterschritten werden kann. Allen drei Anlagemodellen dieser Gesellschaft ist gemein, dass der Rentenfaktor von Beginn an garantiert wird.

Auch von unseren südlichen Nachbarn kommen neue Angebote: Ein Schweizer Lebensversicherer baut die Garantie in seine Fondspolice so ein, dass der Sparanteil des Kunden gesplittet wird. Ein Teil der Kundengelder wird in traditioneller Weise vom Versicherer selbst in festverzinslichen Wertpapieren angelegt. Der andere Teil wird in

Fonds investiert, wobei der Kunde selbst wählen kann, wie risikoreich diese sein sollen.

Außerdem kann der Kunde bestimmen, wie hoch das Garantieniveau seiner Beiträge sein soll (70 Prozent oder 100 Prozent). Wenn er beispielsweise 70 Prozent wählt, werden demnach 70 Prozent seiner geleisteten Beiträge für die spätere Verrentung garantiert zur Verfügung stehen. Eine Einschränkung gibt es allerdings beim Rentenfaktor, der nicht vollständig vorab garantiert wird, denn für den Teil der Fondsanlage kann er auf 85 Prozent des im Vertrag genannten Wertes gesenkt werden. Das kann dennoch sein, weil die vielen Anbieter zwar einen Rentenfaktor garantieren, diesen aber in den Bedingungen wieder aushebeln (Treuhänderklausel). Die Garantie ist dann eigentliche keine.

Aus Österreich gibt es folgende variantenreiche Innovation: Der Versicherungsnehmer kann zwischen sechs verschiedenen Anlagekonzepten wählen, wobei sich vier davon durch den niedrigen bis sehr hohen Anteil an internationalen Aktien unterscheiden. In einem weiteren »Sonderportefeuille« kann sogar eine vollkommen individualisierte Anlagestrategie vereinbart werden. Als letzte Variante gibt es ein »Garantieportefeuille«, dem teilweise ein Garantiefonds unterlegt ist. Für den Teil des Vertragsguthabens im Garantiefonds wird nach zehn Jahren die erste Wertgarantie ausgesprochen, die weiteren Garantiezeitpunkte können anschließend individuell festgesetzt werden.

Mit einer gewissen Verzögerung haben mittlerweile auch die deutschen Lebensversicherer auf diese neue Konkurrenz reagiert und entwickeln zahlreiche Alternativen zu den traditionellen Fondspolicen.

Für Kunden, die weder ihr Risikoprofil exakt einschätzen können noch in der Bewertung der einzelnen Fonds Erfahrung haben, ist es sinnvoller, auf oft angebotene Fondsportfolios einzugehen. In diesem Falle stellen die Versicherer selbst eine Anzahl von Fonds in einem Portfolio zusammen, das sich jeweils in der Risikobewertung (wie »sicher«, »ausgewogen« und »chancenorientiert«) unterscheidet. Je geringer die Risikoneigung ausgeprägt ist, desto mehr dürften Geldmarkt-, Renten- oder offene Immobilienfonds gegenüber Aktienfonds oder anderen Anlageklassen gewichtet sein.

Bei manchen dieser Portfolios kommt hinzu, dass sie nach dem Lebenszyklusmodell konstruiert sind, d. h. mit zunehmendem Alter des Kunden automatisch in schwankungsärmere Fonds umgeschichtet werden. Hier handelt es sich um ein so genanntes »passives Anlagemanagement«, dessen Vor- und Nachteile im Kapitel zu Investmentfonds besprochen werden. Oft erheben die Lebensversicherer dafür zusätzliche Gebühren.

Eine echte Innovation stellen Fondspolicen dar, deren Garantieaussage in der Wertentwicklung auf so genannten Garantiefonds beruht. Diese neue Fondskategorie wurde von der Branche in den vergangenen Jahren als Reaktion auf die herben Kursverluste in Folge der Börsenkrise 2001 bis 2003 entwickelt. Im Mittelpunkt steht eine Höchststandsgarantie, die häufig so funktioniert: für jeden Monat ist ein bestimmter Stichtag festgelegt, und der höchste jemals an einem dieser Stichtage erreichte Kurswert gilt als verbindliche Wertentwicklung des Fonds für eine längere Periode (ein Jahr oder auch mehrere Jahre). Der erreichte Höchststand wird bis zum definierten Ende garantiert. Danach fängt ein neuer Zyklus an.

Was auf den ersten Blick als kundenfreundliche Wertsicherung erscheint, ist in Wahrheit nicht nur kostenträchtig. Auch im »Kleingedruckten« muss genau hingeschaut werden. Die Kapitalanlage an sich ist kostenträchtig, denn die garantierten Höchstkurse müssen mit viel Kapital in anderen Anlageinstrumenten (Derivaten) gesichert werden, es kann also nicht so viel Kapital für die direkte Investition in Aktien, Anleihen o.a. Wertpapiere aufgewendet werden. Dies ist ein gravierender Nachteil für die Kapitalanlage.

Im »Kleingedruckten« stehen darüber hinaus oft einschränkende Bedingungen für die Gültigkeit der Höchststandsgarantie. Manchmal wird diese nur zu 80 Prozent garantiert (z. B. 80 Prozent des Anteilwertes zu Beginn der jeweiligen Garantieperiode), oft überhaupt nur dann, wenn der Vertrag bis zum vorgesehenen Ende durchgehalten wird. Garantiefonds können zwar jederzeit verkauft werden, aber dann nur zum börsentäglich neu festgesetzten Kurswert ohne jede Garantie. Ein Hamburger Versicherer bietet immerhin den Verkauf zum garantierten Höchstwert alle fünf Jahre an, dann muss aber genau zum entsprechenden Stichtag gekündigt werden. Dabei darf niemals vergessen werden, dass im Rahmen einer Fondspolice nicht die gesamte Prämie, sondern auch in einen Garantiefonds immer nur der reduzierte Sparanteil einfließt.

Sparer sollten sich die Frage stellen, ob sie sich mit überzogenem Denken bei den Garantien für die Geldanlage nicht selbst ein Bein stellen und besser fahren würden, wenn sie ihr Geld auf verschiedene Fondskategorien entsprechend ihrer Risikobereitschaft verteilten.

Unbestreitbar ist aber, dass Garantiefonds weiter an Bedeutung gewinnen und einige Versicherer sogar auf dieselben am Markt vorhandenen Garantiefonds zurückgreifen.

Besonders experimentierfreudige Kunden können auf so genannte »Indexpolicen« zurückgreifen. Da fließt der Sparanteil nicht in einen oder mehrere Fonds, auch nicht in einen Indexfonds, sondern in ein Indexzertifikat und damit in eine vollständig andere Investmentklasse. Rechtlich gesehen ist ein Zertifikat eine Schuldverschreibung, die von einer Bank ausgegeben wird und der ein ausgewählter Basiswert (z. B. ein Börsenindex oder eine einzelne Aktie) zugrunde liegt. Die Wertentwicklung des Zertifikats folgt dem Basiswert. Daneben existieren verschiedene mathematische Verfahren, nach denen der Kurswert des Zertifikats börsentäglich exakt bestimmt wird.

Als Basiswert der Indexpolicen wurde bisher meistens der europäische Aktienindex Euro Stoxx 50 gewählt. In ihm sind die 50 größten europäischen Aktiengesellschaften zusammengefasst. In einem Angebot werden sogar drei Indizes zugrunde gelegt und unterschiedlich gewichtet. Auf Grund der besonderen Konstruktion der Zertifikate sind meistens nur Einmalbeträge innerhalb bestimmter Zeichnungsfristen möglich. Denn ab diesem Startpunkt werden auch Garantien auf die Wertentwicklung gegeben (z. B. 130 Prozent Wertsteigerung nach zwölf Jahren).

In einem Angebot wird eine negative Wertentwicklung des Indexes innerhalb eines Jahres nicht berücksichtigt, sondern die Wertentwicklung in diesem Fall gleich null gesetzt, dafür profitieren die Sparer umgekehrt von positiven Börsenjahren nur anteilig. Dividendenausschüttungen fließen oft nicht in die Kurswertentwicklung des Indexzertifikates ein. Das hat eine wesentliche Reduzierung der Rendite von mehreren Prozent zur Folge. Bei einem anderen Angebot wird ein Zusatzbonus gewährt, wenn die Kursentwicklung des Basiswertes eine bestimmte Schwelle nach oben durchbricht.

Hier sind der Phantasie keine Grenzen gesetzt: Der Kunde muss selbst entscheiden, für wie wahrscheinlich er die dem Zertifikat unterlegten Entwicklungspotentiale hält. Das dürfte in den meisten Fällen allerdings sehr schwierig werden. Besonders beachtet werden muss die Gebührenbelastung, denn neben den üblichen Kosten für den »Versicherungsmantel« ist die Anlage im Zertifikat keinesfalls so günstig wie oft dargestellt wird. In einem Leserbrief der Zeitschrift »Finanztest« (Heft Juni 2006) wird das bestätigt: Es wird von einem

Ausgabeaufschlag beim Zertifikate-Kauf berichtet, der als Gebühr nicht im Verkaufsprospekt ausgewiesen war.

Bei der Einschätzung sollte sich jeder Kunde strikt an die ohne Wenn und Aber garantierte Mindestleistung halten. Alles andere wäre Spekulation. Eine Indexpolice eignet sich deshalb nur als Zusatzoption für diejenigen, deren Altersvorsorge bereits fundamental gesichert ist.

Abgeltungssteuer und Versicherungsmantel
Bisher wurde vorrangig die neue Kapitalanlage mit Fondspolicen gegenüber klassischen Lebens- und Rentenversicherungen dargestellt, weil sie in der Werbung der Versicherer eine immer wichtigere Rolle spielt. Es sollte deutlich geworden sein, dass Versicherer und Investmentgesellschaften auf jeder Stufe des Sparvorganges über erhebliche »Stellschrauben« verfügen, um mit Gebühren oder anderen mathematischen Verfahren die Gewinnbeteiligung der Kunden zu steuern.

Das kann auch nach Vertragsabschluss noch geschehen, wenn z. B. der Rentenfaktor, mit dem das angesparte Fondsguthaben in eine lebenslange Rente umgerechnet wird, nicht von Beginn an garantiert ist. Bevor auf weitere versicherungsrechtliche Details im »Kleingedruckten« eingegangen wird, soll ein weiteres, neues Verkaufsargument der Versicherer für Fondspolicen beschrieben werden, bei dem es wie bei den neuen Garantieversprechen ausschließlich um Renditeerwägungen geht: die Abgeltungssteuer.

Die Abgeltungssteuer ist zum 1. Januar 2009 für alle Privatanleger in Kraft getreten. Sie hat einen einheitlichen Steuersatz von 25 Prozent und löst die bisherige Kapitalertrags- oder Zinsabschlagssteuer ab. Dieser neue Steuersatz gilt ab diesem Stichtag nicht nur für alle Dividendenausschüttungen und Zinserträge, sondern auch für die Kurssteigerungen aller Wertpapiere eines Privatanlegers bei Verkauf, weil die Spekulationsfrist wegfällt. Auf die zu versteuernden Wertpapiergewinne müssen Solidaritätszuschlag und eventuell Kirchensteuer zusätzlich abgeführt werden, so dass mit einer Gesamtbelastung von bis zu 28 Prozent zu rechnen ist.

Zugleich wird der Sparerfreibetrag von 750 Euro/Jahr auf 801 Euro/Jahr angehoben, denn die bisherige Werbungskostenpauschale von 51 Euro/Jahr entfällt vollständig. Allerdings gilt ein Bestandsschutz für alle Wertpapiere (Ausnahme: Zertifikate), die bis zum 31. Dezember 2008 gekauft worden sind und auch bei einem Verkauf nach dem 1. Januar 2009 nicht der Abgeltungssteuer unterliegen werden.

Zusammenfassend bedeutet das, dass es nur durch den Wegfall der Spekulationsfrist zu einer steuerlichen Mehrbelastung auf die Kursgewinne der Wertpapiere kommt, während umgekehrt ausgeschüttete Dividenden und Zinserträge oftmals sogar steuerlich weniger belastet werden, wenn der bisherige persönliche Steuersatz über 25 Prozent gelegen hat. Liegt der persönliche Steuersatz unter 25 Prozent, kann über den Einkommensteuerjahresausgleich die zu viel gezahlte Abgeltungssteuer zurückgeholt werden.

Für Fondssparer bedeutet die neue Abgeltungssteuer eine Belastung, denn neben der Versteuerung der jährlichen Ausschüttungen (wie bisher, falls nicht thesauriert wird) müssen ab 2009 auch Kursgewinne von Fonds versteuert werden – egal wie lange der Fonds gehalten wurde. Dies gilt allerdings nur für die Fondsanteile, die nach dem 1. Januar 2009 gekauft wurden (auch innerhalb von langlaufenden Fondssparplänen).

Die Argumentation der Versicherer für Fondspolicen mit Blick auf diese neue Steuer erscheint zunächst als stichhaltig: Fondsanteile, die innerhalb einer Fondspolice gekauft werden, unterliegen weder mit ihren Ausschüttungen noch mit ihren Kurswertsteigerungen der Abgeltungssteuer. Kommt es dagegen zu einer vorzeitigen Vertragsauflösung und Kündigung einer Fondspolice, unterliegt ihr Rückkaufswert ab 2009 der Abgeltungssteuer. Aber nur, sofern nicht folgende Besonderheiten erfüllt sind: Die Laufzeit bei Altverträgen mit Beginn vor 2005 beträgt mindestens zwölf Jahre. Bei Verträgen ab 2005 ist diese ebenfalls maßgeblich und zusätzlich darf die Auszahlung frühestens ab dem 60. Lebensjahr erfolgen. Dann gilt also die Abgeltungssteuer nicht bei Kündigung. Bei regulärem Vertragsende unterliegen Kapital- oder Rentenauszahlungen den sich aus dem Alterseinkünftegesetz ergebenden steuerlichen Belastungen, wie eingangs dargestellt.

Auch wenn es durch die Abgeltungssteuer für Fondspolicen gegenüber traditionellen Fondssparplänen zu einem gewissen Vorteil kommt, so ist dieser rein steuerliche Vorteil bestenfalls die halbe Wahrheit im Rahmen einer Gesamtberechnung der möglichen Rendite: Ein Altersvorsorgesparer sollte sich von rein steuerlichen Erwägungen genausowenig leiten lassen wie etwa ausschließlich von den möglichen Garantieversprechen. Altersvorsorge ist viel zu komplex, als dass nur ein einziger Gesichtspunkt für eine Kaufentscheidung ausreichend wäre.

Die Anbieter haben neue Fondskategorien entwickelt, wie etwa Dachfonds, mit denen die Abgeltungssteuer weitgehend umgangen werden kann. Mehr dazu im Kapitel über Investmentfonds. Das wichtigste Argument gegen die rein steuerliche Betrachtung der Fondspolicen kommt aber aus dem »Versicherungsmantel« und seinen Unwägbarkeiten. Wobei der Begriff des Versicherungsmantels selbst schon eine teilweise Irreführung bedeutet.

Sehr häufig argumentieren die Versicherer, dass eine Fondspolice eigentlich nichts anderes ist, als ein Fondssparplan, der lediglich in einem »Versicherungsmantel« angeboten wird. Durch ihn kämen Vorteile steuerlicher Art, der lebenslangen Rente oder des Einschlusses von Hinterbliebenenabsicherung oder von Berufsunfähigkeit hinzu. Auch wenn das nicht falsch ist, so werden die typischen Nachteile solcher Kombinationsprodukte kaum genannt.

Die Nachteile dieser Angebote liegen in ihrer intransparenten Kostenstruktur. Der Sparanteil der Prämie besteht aus dem, was nach Abzug der Kosten für Vertrieb, Vertragsverwaltung und laufender Kapitalanlage übrig bleibt. Bei Fondspolicen werden die Kosten für die Kapitalanlage von der Fondsgesellschaft abgezogen, wie bei Fonds selbst. Die Kosten für Vertrieb und Vertragsverwaltung werden vom Versicherer erhoben, wobei die Kosten für den Vertrieb (Abschlusskosten) besonders zu Buche schlagen.

Auch bei Fondspolicen ist die so genannte Zillmerung erlaubt, d. h. die Provision des Vermittlers wird mit den Prämien der ersten Jahre verrechnet, so dass am Anfang der Sparanteil nur gering ist. Die genaue Höhe der Vermittlerprovision fällt unter das Betriebsgeheimnis, durchschnittlich wird aber von etwa vier Prozent der während der gesamten Vertragslaufzeit anfallenden Prämie ausgegangen. Teilweise werden sogar sechs Prozent und mehr gezahlt. Nach dem neuen Versicherungsvertragsgesetz müssen die gesamten einmaligen Abschlusskosten auf die ersten fünf Vertragsjahre gleichmäßig verteilt werden, was zwar nicht eine Reduzierung, aber doch eine Streckung bedeutet.

Die drastische Reduzierung des Sparanteils gerade in der Anfangsphase des Vertrages lässt jedoch den vielzitierten Zinseszinseffekt jedes Sparplanes deutlich schrumpfen, durch den die langfristige Verzinsung eines Sparanteiles umso höher ist, je länger er in einem Sparplan angelegt wird.

Die Kosten des Versicherungsmantels sind deshalb keine zu vernachlässigende Größe, sondern sie drücken die Gesamtrendite erheblich. Wenn das schon für Verträge gilt, die bis zum regulären Ende durchgehalten werden, so gilt das noch mehr für Verträge, die vorzeitig aufgelöst und gekündigt werden. In diesem Fall wird nur der so genannte Rückkaufswert ausgezahlt, der in den ersten Jahren wegen der hohen Kostenbelastungen besonders gering ist. Auch werden oft zusätzlich Stornogebühren abgezogen.

Gefahren lauern auch auf vermögende Kunden, denen es um legale Steuerersparnis in größtmöglichem Umfang geht. Hierfür werden oft Policen angeboten, die nicht Fondspolicen heißen, sondern »Wertpapier-Police« oder »Depot-Police«. Die Werbung suggeriert, dass das komplette Wertpapierdepot – egal welche Arten von Wertpapieren darin enthalten sind – nur in einen »Versicherungsmantel« umgeschichtet werden müsse und schon sei nach nur zwölf Jahren Wartezeit der Steuerspareffekt eingetreten. Solche Angebote kommen häufig auch aus dem nahen Ausland.

Widmen Sie sich bei diesen Angeboten besonders dem »Kleingedruckten«. Das deutsche Finanzamt kann sehr schnell einen Strich durch diese Rechnung machen. Entscheidend ist, ob der angepriesene Versicherungsmantel den steuerrechtlichen Bedingungen für die Anerkenntnis als Lebensversicherung überhaupt entspricht. Der Gesetzgeber hat hierzu Ende 2008 neue Regelungen beschlossen.

Das Steuerprivileg ist nunmehr für Lebensversicherungen in zwei Fällen ab 2009 abgeschafft. Durch das Jahressteuergesetz 2009 verlieren Lebensversicherungen mit Vermögensverwaltung und mit geringem Todesfallschutz ihre Steuervorteile. Noch vor kurzer Zeit wurden liechtensteinische Lebensversicherungsmäntel als »die Geheimwaffe gegen die Abgeltungssteuer« angepriesen. Hier brachten vermögende Anleger ihr deutsches Wertpapierdepot in eine speziell dafür entwickelte Lebensversicherung ein, ohne dieses zu veräußern. Dieser Versicherungsmantel um das eigene Depot sollte für den Anleger den Vorteil haben: Die Wertpapiererträge unterliegen wie die Erträge aus einer normalen Kapitallebensversicherung nicht der Abgeltungssteuer.

Auf dieses »Steuersparmodell« wurde das Bundesfinanzministerium aufmerksam und strich das Steuerprivileg kurzerhand. Von dieser Änderung sind auch alle schon bestehenden Versicherungsverträge betroffen, die eine solche Vermögensverwaltung beinhalten. Ab 2009 werden daher die der Lebensversicherung zufließenden Wertpapiererträge und Veräußerungsgewinne wie bei einem normalen Wertpapierdepot bei der Bank mit 25 Prozent Abgeltungsteuer belastet. Im Zweifel sollte ein Anleger direkt mit seinem Finanzamt Kontakt aufnehmen, um sich steuerrechtlich auf die sichere Seite zu stellen.

Fassen wir zusammen: Weder allein steuerliche Gesichtspunkte noch etwaige Garantieversprechen sollten einen Altersvorsorgesparer zum Abschluss einer Fondspolice animieren. Fondspolicen können nur manchmal ein sinnvolles Instrument für die Altersvorsorge sein, aber die individuellen Voraussetzungen müssen stimmen. Hierauf wird im letzten Abschnitt dieses Kapitels detailliert eingegangen.

Intransparente Kostenverrechnung
Bevor wir uns den versicherungstechnischen Fragen wie Todesfallschutz, Beitragsfreistellung oder flexibler Rentenbeginn zuwenden, muss die Frage der Kostenverrechnung durch die Versicherer beantwortet werden. Die klassische Lebensversicherung zeichnet sich mit Blick auf die Kosten durch völlige Intransparenz aus. Zu Buche schlagen mindestens Vertragsverwaltungskosten, Vertriebskosten am Anfang sowie Kosten der Kapitalanlage. Auch die Gewinnbeteiligung oder Gesamtverzinsung bleibt für den Versicherungsnehmer intransparent. Diese besteht aus dem von der Versicherungsaufsicht fixierten garantierten Rechnungszins von derzeit 2,25 Prozent, der jährlich neu festgelegten Überschussbeteiligung sowie der Bonuszahlung bei Vertragsende (»Schlussüberschuss«).

Durch das neue Versicherungsvertragsgesetz kommt seit 2008 die obligatorische Beteiligung an den Stillen Reserven hinzu. Auch wenn dieses vier Positionen der Gewinnbeteiligung sind, so bleiben den Versicherern genügend Stellschrauben, die endgültige Höhe der Gewinnbeteiligung beliebig zu »gestalten«. Der Garantiezins ist zwar festgesetzt, aber dem Verbraucher wird nicht verraten, wie hoch der effektive Sparanteil an der gesamten Prämie ist. Alle anderen Positionen hängen ausschließlich von den Kapitalmarktgewinnen des Lebensversicherers ab. Denn Überschussbeteiligung und Schlussüberschuss sind rechtlich nicht verbindlich und eine Beteiligung an Stillen Reserven ist nur möglich, wenn solche überhaupt existieren. Immerhin werden Versicherte wenigstens nicht an den »Stillen Lasten« beteiligt, was gelegentlich von einigen Branchenvertretern gefordert wurde, denn dieses hätte mögliche Bilanzmanipulationen geradezu herausgefordert, um Auszahlungen an Versicherte zu senken.

Bei Fondspolicen geschieht die Gewinnbeteiligung nach Abzug der Kosten des »Versicherungsmantels« vollkommen anders, denn das Fondsguthaben ist ein von der Kapitalanlage des Versicherers gänzlich getrenntes Sondervermögen.

Durch das neue Versicherungsvertragsgesetz müssen die Versicherer bei vorzeitiger Auflösung des Vertrages die Vertriebskosten auf die ersten fünf Jahre verteilen. Auf diese Weise soll der Sparanteil nicht wie früher in den ersten zwei, drei Jahren fast auf null reduziert werden (Stichwort: Zillmerung). Außerdem müssen die Vertriebskosten mit einer absoluten Summe in Euro sowie die Gewinnbeteiligung durch Modellrechnungen mit unterschiedlichen Zinssätzen ausgewiesen werden.

Diese Regelungen gelten auch für Fondspolicen. So begrüßenswert diese Neuerungen aus Verbrauchersicht sind, so helfen sie dem Verbraucher nur bedingt. Um etwa die Rendite einer Fondspolice mit einem Fondssparplan vergleichen zu können, wäre die obligatorische Einführung einer Gesamtkostenquote sinnvoll, in der die Kosten für den Versicherungsvertrag (Vertrieb und Verwaltung) sowie der Kapitalanlage bezogen auf die Gesamtprämie zusammengefasst werden könnten. In Großbritannien wird das mit der Kennzahl »Reduction in Yield« (RIY) angestrebt. Weil es dort keine Kostenüberschüsse gibt, entsprechen insofern die berechneten Kosten bei britischen Lebensversicherern den tatsächlichen Kosten. Das gilt auch für Verträge, die in Deutschland angeboten werden.

Die deutschen Lebensversicherer tun sich selbst mit einer solch' reduzierten Offenheit schwer, obwohl Transparenz bei zunehmendem Kostenbewusstsein der Verbraucher ein entscheidender Wettbewerbsvorteil sein könnte. Fast desillusioniert schrieb kürzlich die renommierte »Zeitschrift für Versicherungswesen« unter dem Titel »Das Ende der deutschen Lebensversicherung«: »Weil das Produkt aber bis heute nur bei manchen Gesellschaften so [d. h. transparent] geschaffen wurde, die Lebensversicherung anderswo aber über viele Jahrzehnte mehr oder weniger als Cash Cow für das Wachstum von Versicherern und Vertrieben behandelt wurde, steht die traditionelle Lebensversicherung inzwischen vor dem Ende« (Heft 1/2008).

Diese Intransparenz bei der Kostenverrechnung ist offensichtlich ein Problem der gesamten Finanzbranche. Denn auch bei der Fondsbranche ist zu beobachten, dass trotz der Angabe einer Gesamtkostenquote (TER) nicht sämtliche Kosten erfasst werden (vgl. nächstes Kapitel). Bei Fondspolicen hat die Kostenintransparenz zu einem

Urteil des Bundesgerichtshofs geführt (Az.: IV ZR 321/05 vom 26. September 2007), bei dem der beklagte Lebensversicherer dem Versicherten einen Mindestrückkaufswert nach erfolgter Kündigung auszahlen muss. In Anlehnung an das BGH-Urteil vom Oktober 2005 zu Lebensversicherungen soll die Höhe des Mindestrückkaufswertes die Hälfte des ungezillmerten Fondsguthabens betragen.

Weil sich dieses Urteil auf intransparente Vertragsbedingungen in diesem speziellen Fall bezog, muss erst die weitere Rechtsprechung ergeben, ob und inwieweit diese Argumentation auch auf andere Fondspolicenverträge angewendet werden kann. So sehr solche Urteile auch zu begrüßen sind, so sehr handelt es sich bei ihnen stets um Reparaturen im Nachhinein. Wegen des langen Instanzenweges sind sie äußerst zeitaufwendig und außerdem mit ungewissem Ausgang behaftet. Mit einer exakten Bedarfsermittlung am Anfang kann ein Altersvorsorgesparer solche Probleme erkennen und vermeiden.

In diesem Zusammenhang überrascht es nicht, dass der Koblenzer Professor Heinrich Bockholt 2006 im Auftrag des »Handelsblattes« eine Studie veröffentlichte, nach der sich private Rentenversicherungen erst jenseits eines Lebensalters von 90 Jahren für Verbraucher lohnen. Nach dieser Berechnung ist eine Privatrente eigentlich immer ein Minusgeschäft, denn in Deutschland liege die durchschnittliche Lebenserwartung von Frauen derzeit etwa bei 82 Jahren und von Männern bei nur 76 Jahren. Die Versicherer halten dem entgegen, dass die Lebenserwartung der Privatrentenversicherten allein aus finanzmathematischer Vorsicht um etwa zehn Jahre höher als im Bevölkerungsdurchschnitt angesetzt werden müsse.

Dieses Beispiel verdeutlicht erneut, wie viel Spielraum den Versicherern bei der Kalkulation der Rentenversicherungstarife bleibt. Entscheidend ist aber nicht die absolute Höhe der Lebenserwartung, sondern die effektive Rentenbezugsdauer. Das ist die Anzahl der Jahre, die der Verbraucher voraussichtlich Rente beziehen muss, damit ihm wenigstens die Gesamtsumme seiner eingezahlten Prämien als monatliche Rente ausgezahlt wird. Es kann von etwa 25 Jahren ausgegangen werden, wobei von dieser Schätzung im Einzelfall je nach Kostenkalkulation und Verzinsung des Versicherers abgewichen werden kann.

Gleichzeitig muss bei einer privaten Rentenversicherung, egal ob fondsgebunden oder nicht, ausdrücklich darauf hingewiesen werden, dass es hier nicht nur um reine Renditeerwägungen gehen kann. Eine Privatrente deckt das so genannte Langlebigkeitsrisiko ab. Das heißt, der Versicherer verpflichtet sich, mindestens die garantierte Rente so lange zu zahlen, bis der Versicherungsnehmer stirbt. Diese vertragliche Verpflichtung gilt uneingeschränkt und unabhängig davon ob der Versicherungsnehmer 70, 85 oder gar 100 Jahre alt wird.

Der Versicherer übernimmt also aus seiner Sicht das Risiko einer vorab nicht festlegbaren Rentenbezugsdauer, die auch im Falle einer überdurchschnittlichen Bezugsdauer aus dem Gesamttarif finanziert werden muss. Stirbt der Versicherungsnehmer dagegen früh, fließt das Restguthaben grundsätzlich als Gewinn an den Versicherer. Das kann dadurch verhindert werden, dass üblicherweise zugunsten der Erben eine Vereinbarung getroffen wird, wie beispielsweise eine Rentengarantiezeit oder die Auszahlung des Restguthabens (bei Rentenbeginn vorhandenes Guthaben abzüglich der bis zum Tod ausgezahlten Renten).

Nur bei einer Auszahlung aus einem Banksparplan könnte der Altersvorsorgesparer sich genau ausrechnen lassen, wie hoch und wie lange er eine Rente beziehen kann, bis das eingezahlte Kapital vollständig aufgezehrt ist. Lange Laufzeiten mit festem Zins bis zu 20 oder 30 Jahren sind allerdings äußerst rar. Bei einem Fondssparplan hängt die Auszahlungsdauer entscheidend von der Rendite ab, die aber im Voraus nicht bekannt ist. Deshalb weiß der Anleger hier nicht wie lange das Geld reicht. Es sind lediglich Schätzungen bei angenommener künftiger Wertentwicklung möglich. Das finanzielle Risiko, den Zeitpunkt des Kapitalverzehrs zu überleben, übernimmt er damit selbst. Tritt der Todesfall dagegen unerwartet früh ein, kann das Restguthaben eines Bank- oder Fondssparplanes immer vererbt werden. Auch dieser Punkt verdeutlicht, dass es bei Rentenversicherungen mit einer reinen Renditebetrachtung nicht getan ist, sondern der Altersvorsorgesparer sich über seine eigenen Sparziele frühzeitig Klarheit verschaffen sollte.

Genaue Bedarfsermittlung bei Vertragsabschluss
Abschließend sollen die wichtigsten Entscheidungskriterien vorgestellt werden, nach denen Sie sich entscheiden sollten, ob eine Fondspolice als Altersvorsorgeinstrument in Frage kommt und falls ja, worauf bei Vertragsabschluss zu achten ist. Für die Altersvorsorge sind fondsgebundene Rentenversicherungen vorrangig gegenüber fondsgebundenen Lebensversicherungen.

Immerhin steht im Mittelpunkt ein langfristiger Sparprozess für den Vertragsnehmer selbst und nicht der Hinterbliebenenschutz.

Durch Beitragsrückgewähr während der Ansparphase und beispielsweise Rentengarantiezeit nach Rentenbeginn kann allerdings auch in Rentenversicherungen ein reduzierter Todesfallschutz eingeschlossen werden, der sinnvoll ist.

Eine Rentengarantiezeit von zehn Jahren bedeutet z. B., dass der Versicherer die Rente mindestens zehn Jahre auszahlt, selbst wenn der Versicherte vorher stirbt. Verstirbt der Versicherte sechs Jahre nach Beginn der Rentenzahlungen, erhält ein bezugsberechtigter Hinterbliebener diese Rente noch vier Jahre lang. Verstirbt der Versicherte aber erst zwölf oder 15 Jahre nach Rentenbeginn, so würde ein Bezugsberechtigter keine Zahlungen mehr erhalten.

Für die Hinterbliebenenabsicherung kann auch eine separate Risikolebensversicherung abgeschlossen werden. Die Vorteile sind, dass Vertragsdauer und Höhe der Versicherungssumme vollkommen unabhängig vom Altersvorsorgesparen gewählt und bei auftretenden Zahlungsschwierigkeiten dieser Vertrag separat gekündigt werden könnte. Auch ist hier eine erbschaftssteuerfreie Vertragsgestaltung zu Gunsten der Erben möglich.

Bei den besprochenen Fondsrentenpolicen handelt es sich durchweg nicht um Sofortrenten gegen Einmalbetrag, sondern um so genannte aufgeschobene Renten. Bei letzteren wird der Ansparprozess im Gegensatz zur Sofortrente schon im Rahmen des Versicherungsvertrages vorgenommen, weshalb der Renditeentwicklung bis zum Beginn der Rentenauszahlungen die aufgezeigte hohe Bedeutung zukommt. Wer dagegen mit einem separaten Wertpapierdepot seine Altersvorsorgerücklage aufbaut oder z. B. eine Schenkung oder Erbschaft erhält, für den kann eine Sofortrente gegen Einmalbetrag eine sinnvolle Option sein. Geprüft werden muss, ob die Gesamtsumme oder nur ein Teil in die Sofortrente fließt (unter Berücksichtigung ausreichender liquider Rücklagen) und ob der ausgesuchte Rentenversicherer hinsichtlich der Kostenangaben transparent und der Gesamtverzinsung zuverlässig ist.

Bei den vorangehenden Abschnitten standen Renditebetrachtungen im Vordergrund, weil die Versicherer selbst durch ihre Marketingstrategien (mit Fondsrenditen, Garantieerklärungen, Steuervorteilen u. a.) sowie durch oftmals unklare Vertragsgrundlagen (Kostenverrechnungen und Bezugsgrößen für Renditeangaben) eine kritische Analyse geradezu herausfordern. Die Versicherer müssen es sich deshalb größtenteils selbst zuschreiben, wenn dabei ausgeblendet wird, dass Versicherung vorrangig Risikoschutz bedeutet und reine

Renditevergleiche auch bei Fondsrentenpolicen nur ein Teil der Wahrheit sind.

Hier werden deshalb die wesentlichen Versicherungskriterien genannt, die ein Altersvorsorgesparer bei seiner vorab zu erstellenden Bedarfsermittlung berücksichtigen sollte.

Abruf- oder Aufschuboptionen: Wenn die Möglichkeit der Vorverlegung oder Rückverlegung des Beginns der Rentenauszahlungen während der Ansparphase besteht, kann zusätzlich die Phase der Einzahlungen verlängert werden?

Dynamik der Beiträge: Sie ist grundsätzlich abzulehnen, weil es durch gleichzeitig steigende Vertragskosten kaum zu einer erhöhten Auszahlung kommt. Zusätzliche Finanzmittel sollten separat auf einem Tagesgeld- oder Wertpapierkonto angespart werden, um als Reserve eventuell auch kurzfristig zur Verfügung zu stehen.

Garantierter Rentenfaktor: Er ist sehr wichtig, weil sonst alle Rentenberechnungen nur unverbindliche Modellrechnungen sind. Steigt die durchschnittliche Lebenserwartung weiterhin, könnten auch nach Rentenbeginn mittels geänderter Sterbetafeln die Rentenauszahlungen gekürzt werden. Viele Versicherer sehen einen garantierten Rentenfaktor vor, schränken ihn aber wieder in den Bedingungen ein.

Kapitalwahlrecht zu Rentenbeginn: Kapitalabfindung, Verrentung oder Übertragung der Fondsanteile in ein Wertpapierdepot bzw. Teilverrentung und Teilauszahlungen sind als mögliche Optionen je nach individuellem Bedarf wünschenswert.

Todesfallschutz: Hat der Versicherte für den Fall seines vorzeitigen Todes nicht mit dem Unternehmen eine Beitragsrückgewähr in der Ansparphase vereinbart, sind die Beiträge verloren. Der Hinterbliebene bekommt nichts.

Der Versicherte sollte auch für den Fall vorsorgen, dass er bald nach Rentenbeginn stirbt. Er sollte für den (bezugsberechtigten) Hinterbliebenen versorgen, indem er bei Vertragsabschluss eine Rentengarantiezeit oder die Auszahlung des Restguthabens (vorhandenes Kapital abzüglich bereits ausgezahlter Renten) vereinbart

Nur bei Lebensversicherungen: Nachversicherungsgarantie (Erhöhung des Versicherungsschutzes ohne erneute Gesundheitsprüfung). Gesundheitsfragen müssen bei Antragsstellung nur bei Lebens-, nicht aber bei Rentenversicherungen beantwortet werden. Bei Lebensversicherungen geht es aus Sicht des Versicherers um die im Todesfall auszuzahlende Versicherungssumme, bei Rentenversicherungen dagegen – aus Sicht des Sparers – um die Chance des möglichst langen Rentenbezuges.

Während der Ansparphase sind außerdem wichtig:
Angebotene Fonds: Ist die Palette der angebotenen Fonds (»Fondsportfolio«) ausreichend groß und qualitativ herausragend bewertet? Kann das Fondsguthaben gleichzeitig auf ausreichend verschiedene Fonds verteilt werden, um die individuelle Risikobereitschaft des Altersvorsorgesparers hinreichend zu berücksichtigen? Bestehen Mindestbeiträge für die Einzahlung in einen Fonds?

Umschichten der Fondsanteile: Wie oft ist ein gebührenfreies Umschichten zwischen den angebotenen Fonds möglich? Wird auf die Ausgabeaufschläge der Fonds, wie meistens üblich, verzichtet? Unterschieden wird zwischen dem Umschichten der ab diesem Zeitpunkt neu zu kaufenden Fondsanteile (»Switch«) und dem Umschichten auch der schon gekauften Anteile (»Shift«).

Ist eine Prämienstundung – z. B. bei Arbeitslosigkeit – möglich? Ab welcher Versicherungssumme oder Rente (sollte so gering wie möglich sein) kann eine Beitragsfreistellung erfolgen?

In den vorherigen Abschnitten sind viele Modelle der Kapitalanlage sowie Details von anfallenden Kosten und Gebühren bei Fondspolicen vorgestellt worden. Fondspolicen sind wie jede andere Rentenversicherung oder Geldanlage keine Wundertüten, bei denen eine wundersame Geldvermehrung stattfindet, sondern ein genau zu hinterfragender Sparvorgang. Die möglichen Rendite- und Steuerspareffekte können nur dann fruchten, wenn die notwendige langfristige Vertragsbindung nicht vorzeitig aufgelöst wird.

Jede Vertragsänderung oder -kündigung bringt unausweichlich mehr oder weniger hohe Verluste. Eine umfassende Bedarfsermittlung vorab für jeden individuellen Fall ist deshalb unerlässlich. Tendenziell eignen sich Fondsrentenpolicen eher für Sparer mit einem hohen Einkommen, die die Möglichkeiten der staatlich geförderten Altersvorsorge bereits ausgeschöpft haben (wie die Riester-Förderung für Arbeitnehmer), und denen darüber hinaus regelmäßig Sparbeträge für die langfristige Anlage zur Verfügung stehen.

Gleiches gilt für Selbstständige und Freiberufler, die eine Fondsrentenpolice als Ergänzung oder sogar anstelle der staatlichen Rürup-Rente nehmen können. Es besteht eine größere Angebotsauswahl, und die Auszahlungsmodalitäten sind flexibler (z. B. Kapitalwahlrecht, Teilauszahlungen, Beleihbarkeit). Stehen diese zusätzlichen

Finanzmittel zur Verfügung, muss immer vorab geprüft werden, ob vorrangig das »Risiko« der Langlebigkeit mittels dieser Leibrente abgedeckt werden soll, oder ob es nicht besser ist, sich eine liquide Finanzreserve für besondere Ausgaben und als zusätzlichen »Notgroschen« aufzubauen. Diese Verfügbarkeit kann sich als sehr wichtig erweisen, denn umgekehrt bedeutet jede Verrentung zwar weitere Steuervorteile, aber nur um den Preis der langfristigen Vertragsbindung.

Fondsrentenpolicen stellen ein äußerst komplexes »Finanzprodukt« dar, mit dem Fondssparen und Versicherungsschutz kombiniert werden. Geeignet sind sie nur für Altersvorsorgesparer mit vorhandener Grundabsicherung und hohem Einkommen oder Vermögen, die eine langfristige Vertragsbindung mit regelmäßigen Prämienzahlungen durchhalten können, und bei denen deshalb eine gute Rendite auch als wahrscheinlich erscheint.

5. Immobilienerwerb

Wohnen ist eines der wichtigsten Grundbedürfnisse des Menschen. Deshalb träumen viele von der eigenen Immobilie. Sie versprechen sich davon Freiheit und Unabhängigkeit von Mietzahlungen und Vermietern. Auch als Anlageform für die Altersversorgung werden die »eigenen vier Wände« gern gepriesen. Doch auch hier gilt: Es ist keineswegs immer alles Gold, was glänzt.

Natürlich kann das Eigenheim oder die Eigentumswohnung ein sinnvoller Baustein für die Altersvorsorge sein. Aber »kostenloses Wohnen« garantiert es trotzdem nicht: Zwar entfällt die monatliche Miete, aber Instandhaltungs- und Betriebskosten werden dennoch fällig.

Welche Art von Immobilie für Sie passend ist, Haus oder Wohnung, hängt von Ihren finanziellen Möglichkeiten und Wünschen ab. Ihre Vorstellungen bestimmen die Kosten wesentlich mit. Besitzen Sie bereits eine Immobilie, sollten Sie Ihren Kredit so schnell wie möglich abzahlen. Das ist meist lukrativer als eine Geldanlage.

Bauen, Kaufen oder Mieten?
Wer die Wahl hat, hat die Qual. Vor der Investition steht die Überlegung, welches die beste Lösung ist: Bau oder Kauf. Eine allgemeingültige Antwort gibt es nicht.

Einige Denkanstöße, die bei der Entscheidung »Bau oder Kauf« hilfreich sein können:
- Sie ziehen berufsbedingt öfter um? Dann ist möglicherweise eine eigene Immobilie nicht die beste Wahl. Eine Mietwohnung (oder ein gemietetes Haus) können Sie leichter verlassen. Einen Käufer fürs Eigenheim oder die Eigentumswohnung zu finden, wäre umständlicher.
- Wenn Sie sich für etwas Eigenes entscheiden, sollten Sie früh planen, was später kommen kann. Besonders beim Neubau können Sie Zugänge, Bäder und andere Räume bereits altersgerecht gestalten. Auch bei einer gebraucht erworbenen Immobilie lassen sich durch frühzeitige Baumaßnahmen Vorkehrungen treffen.

- Wenn Sie die Finanzierung planen, sollten Sie bedenken, dass es mit den reinen Bau- oder Kaufkosten nicht getan ist. Es entstehen weitere Kosten, etwa für den Grundstückserwerb. Dazu gehören beispielsweise Erschließungskosten, Aufwendungen für die Gestaltung der Außenanlagen, Gebühren für den Notar und die Grunderwerbssteuer.
- Der Vorteil beim Kauf eines Altbaus liegt im Preis. Der Neubau wird häufig teurer. Ob Kauf oder Bau: Den Rat eines Bauexperten sollten Sie stets einholen. Nur so können Sie verhindern, eine »Schrott-Immobilie« zu erwerben oder »Pfusch am Bau« zu erleben. Das Honorar der Experten liegt ganz sicher niedriger, als die Summen, die zur Mangelbeseitigung aufzubringen wären.
- Beim Neubau können Sie nicht nur durch Eigenleistung viel sparen. Schon die kluge Wahl bei der Grundstücksgröße, beim Baumaterial, bei der Bauart und bei der Größe der Wohnfläche birgt Sparpotentiale. Überlegenswert ist zudem, ob Sie für ein Niedrigenergiehaus etwas mehr investieren, um später bei den laufenden Kosten zu sparen. Bei einem Altbaukauf sind die Einsparungschancen deutlich geringer.

Die »eigenen vier Wände« haben den Vorzug, dass Sie sie uneingeschränkt nutzen können. Allerdings ist die gesamte Instandhaltung Ihre Sache. Bei älteren Gebäuden fallen häufiger Instandhaltungsarbeiten an. Fällig sein kann beispielsweise eine Heizung nach 15 bis 25 Jahren (Zeitraum immer ab Herstellung), ein Dach nach 40 bis 60 Jahren, eine Küche nach 15 bis 20 Jahren, Bäder nach 20 bis 25 Jahren oder Fenster nach 20 bis 30 Jahren. Ohne finanzielle Rücklagen werden Sie nicht klarkommen.

Bevor Sie eine Eigentumswohnung erwerben sollten Sie sich genau über deren Umfeld informieren. Lassen Sie sich auch die jüngsten Protokolle der Eigentümerversammlung zeigen. Gespräche mit Nachbarn und dem Verwalter sind ebenfalls sinnvoll.

Nach dem Kauf müssen Sie nicht nur den Kredit an die Bank zurückzahlen. Planen Sie zudem Nebenkosten, wie Strom- und Gas. Eine monatliche Rücklage für die Instandhaltung des Gebäudes (Wohngeld) wird ebenfalls fällig.

Fremd genutzte Immobilie (vermietete Immobilie):
Sie sehen in Ihrer Immobilie ein Vermietungsobjekt? Also eine Kapitalanlage? Sie werden dafür Gründe haben: Steuervorteile und eine

Rentenaufbesserung durch die Mieteinnahmen. Ein Gespräch mit dem Steuerberater sollte gleich am Anfang stehen.

Finanzierung
Wer kann schon eine Immobilie mal eben aus dem Stand bezahlen? Der Weg führt also über Angebote von Banken und Sparkassen.

Für eine Finanzierung erwarten die Geldinstitute, dass Sie Eigenkapital einsetzen. Das kann Geld sein, aber auch Eigenleistungen. Bauherren und Banker nennen das »Muskelhypothek«.

Meistens werden mindestens 20 Prozent Eigenkapital gefordert. Je mehr Sie von dem Kaufpreis und den entstehenden Kosten aus eigenen Mitteln bezahlen, desto geringer wird der Finanzierungsbedarf. Da lässt sich viel Geld (Zinsen) sparen.

Zusätzlich müssen Sie Erwerbsnebenkosten aufbringen. Das sind die Grunderwerbssteuer, die mit 3,5 Prozent zu Buche schlägt, sowie Notar- und Grundbucheintragungskosten, die mit 1,5 bis zwei Prozent zu berücksichtigen sind. Wenn Sie ein Objekt von einem Makler kaufen, müssen Sie für dessen Dienste zwischen zwei und sechs Prozent des Kaufpreises zuzüglich Mehrwertsteuer einkalkulieren.

Die Bank orientiert sich bei der Bemessung der Kreditzinsen neben der Finanzierungssumme auch am Wert des Hauses. Sie errechnet hierzu verschiedene Beleihungsgrenzen. Einen Beleihungswert von 60 Prozent bekommen Sie, wenn Ihr Eigenkapital bei etwa 50 Prozent des Kauf- oder Baupreises liegt. Beträgt Ihr Eigenkapital »lediglich« etwa 30 Prozent, erhalten Sie einen Beleihungswert von 80 Prozent.

Je größer der Anteil des Darlehens an der Immobilie ist, desto größer ist auch das Risiko der Bank. Für dieses Risiko verlangt sie eine zusätzliche Prämie in Höhe von Zinszuschlägen. Liegt die Finanzierungssumme innerhalb von 60 Prozent des Beleihungswertes erhalten Sie günstigere Konditionen, als wenn Sie innerhalb von 80 Prozent liegt. Je nach Bank kann der Zuschlag für das gesamte Darlehen 0,2 bis 0,4 Prozent ausmachen.

Dieses klingt harmlos, aber: Bei einem Darlehen von 100.000 Euro, Zinsen von fünf Prozent und einer Laufzeit von 25 Jahren bedeutet das Mehrkosten in Höhe von mehr als 5.000 Euro. Noch teurer wird es, wenn Sie auch diese Grenze überschreiten. Es kann passieren, dass Sie neben hohen Zinskosten auch noch zusätzliche Sicherheiten bringen müssen. Das kann beispielsweise die Bürgschaft einer anderen Person sein.

Um die Kosten der Finanzierung zu reduzieren, sollten Sie also möglichst viel Eigenkapital einsetzen. Ziel sollte eine Finanzierung von mindestens 80 Prozent des Beleihungswertes, besser noch darunter sein. Eine Faustformel lautet, dass die Kreditbelastung nicht mehr als 40 Prozent Ihres Einkommens betragen sollte.

Riskant sind Finanzierungen mit mehr als 100 oder gar 120 Prozent des Kaufpreises. Bei einer 100 Prozent-Finanzierung wird der gesamte Kaufpreis finanziert (kein Eigenkapital). Wenn Sie auch noch die Erwerbsnebenkosten mitfinanzieren lassen, schlittern Sie schnell in eine 120-Prozent-Finanzierung. Und das käme dabei heraus: Kostet das Haus 200.000 Euro, müssen Sie 240.000 Euro als Kredit aufnehmen. An diesem Betrag bemisst sich die Höhe Ihrer monatlichen Belastung und der Kreditzinsen.

Neben einem allgemeinen »Notgroschen«, etwa für die Reparatur eines Autos, sollten Sie unbedingt eine weitere Rücklage für Ihr Eigenheim bilden. Besonders bei älteren Häusern kann die wichtig werden, etwa, wenn unerwartete Instandhaltungskosten nach Ausfällen anfallen.

Ideal ist eine Finanzierung, wenn sie Ihren finanziellen Rahmen nicht völlig ausschöpft. Führen Sie Gespräche mit mehreren Finanzinstituten und mit einem unabhängigen Experten. Neben der Beratung zu möglichen Finanzierungsvarianten, gilt es, genau auf die Höhe von Zins und Tilgung zu achten. Beide werden in Prozent angegeben und beziehen sich auf das Jahr. Entscheidend bei dem Vergleich ist die Höhe der Restschuld des Darlehens am Ende der Zinsbindungszeit. Auch der Effektivzins verrät vieles über die tatsächlichen Belastungen.

Annuitätendarlehen

Je höher die vereinbarte Tilgung ist, desto schneller verringert sich Ihre Kreditschuld. Umso höher die Kreditzinsen sind, desto mehr müssen Sie für den Kredit zahlen. Haben Sie eine Tilgung von einem Prozent sowie einen Zins von sechs Prozent ausgehandelt, beträgt Ihre jährliche Belastung sieben Prozent auf die Darlehenssumme. Weil die Zinsen nur auf die Restschuld berechnet werden, sich diese aber durch die laufende Tilgung verringert, erhöht sich der Tilgungsanteil an der Rate um die eingesparten Zinsen. Das hat den Effekt, dass sich Ihre Kreditschuld in den ersten Jahren nur in einem sehr geringen Umfang reduziert. Im Laufe der Zeit wird die Abnahme jedoch immer größer. Dieses Finanzierungsmodell wird als Annuitätendarlehen bezeichnet. Das ist die gebräuchlichste Form der Immobilienfinanzierung.

Wenn Sie die Möglichkeit haben, vereinbaren Sie anfangs eine Tilgung von zwei, drei oder mehr Prozent. Sie zahlen dadurch schneller Ihre Schuld ab. Lassen Sie sich aber die Option einräumen, den Tilgungssatz während der Laufzeit des Kredites anzupassen. So können Sie, wenn sich Ihre finanziellen Möglichkeiten ändern, auch die monatliche Belastung reduzieren.

Zusätzlich sollten Sie Sondertilgungen erwägen und sich diese Option vertraglich bestätigen lassen. Für dieses Recht auf zusätzliche Einzahlungen verlangen einige Banken Zinsaufschläge. Andere wiederum lassen Sondertilgungen einmal jährlich in einer Höhe von beispielsweise maximal 10.000 Euro zu. So können Sie, wenn Sie zusätzlich Geld bekommen oder übrig haben, dieses zur Kredittilgung nutzen.

Die reguläre Möglichkeit einer Sondertilgung ist der Auslauf der Zinsvereinbarung. Denn die Konditionen des Darlehensvertrages werden nur für eine bestimmte Jahresanzahl festgelegt. Das Standardangebot der Bank lautet zumeist zehn Jahre. Sie können jedoch auch kürzere oder längere Laufzeiten wählen. In Zeiten niedriger Zinsen sollten Sie eine lange Laufzeit anstreben. In Zeiten hoher Zinsen ist unter Berücksichtigung der Prognose für die künftige Zinsentwicklung sowie in Absprache mit einem Experten, eine kurzfristige Zinsbindung meist sinnvoll. Während dieser Zinsbindungszeit können Änderungen an den Konditionen nur im Einvernehmen mit der Bank vorgenommen werden. Diese verweigert das oftmals oder lässt sich das bezahlen.

Natürlich sollten Sie bei Festlegung der Darlehenskonditionen auch geplante Veränderungen, wie einen Kinderwunsch, berücksichtigen. Kurz vor Ende der Zinsbindungszeit verhandeln Sie also erneut über Zins und Laufzeit mit der Bank. Dann haben Sie auch die Möglichkeit, ohne Zahlung einer Entschädigung das Darlehen ganz oder teilweise zurückzuzahlen.

Neben dem Annuitätendarlehen mit festem Zins könnten Sie sich auch für ein Darlehen mit variabler Verzinsung entscheiden. Hier ist besondere Vorsicht geboten: Einerseits ist dieses Darlehen eine Spekulation auf fallende Kreditzinsen. Andererseits kann diese Spekulation nach hinten losgehen, denn die Zinsen können auch steigen und die monatliche Belastung dadurch noch vergrößern statt sie zu verkleinern.

Außerdem ist nicht immer einwandfrei nachzuvollziehen, wann und wie die Bank den Zins anpassen wird. Gerade deshalb sollten Sie sich in dieser Konstellation schriftlich bestätigen lassen, wie und wann Anpassungen erfolgen. Der einzige Vorteil ist, dass diese Kreditform mit einer Frist von drei Monaten nahezu sofort gekündigt werden kann. Sie eignet sich für denjenigen, der genau weiß, dass er innerhalb kurzer Zeit genug Geld zur Verfügung hat, um den Kredit abzulösen, aber noch nicht exakt weiß, wann das sein wird.

Egal ob Sie sich für die variable Verzinsung oder für die feste Verzinsung entscheiden, überlegen Sie, inwieweit Sie eine höhere Kreditrate bei steigenden Zinsen noch tragen können.

Festzinsdarlehen: Bei einem Festzinsdarlehen vereinbaren Sie mit der Bank einen festen Zinssatz für die Laufzeit. Während dieser Zeit zahlen Sie monatlich die Zinskosten an die Bank. Die Tilgung hingegen fließt in einen separaten »Sparvertrag«. Das können beispielsweise sein: ein Fondssparvertrag oder eine Lebensversicherung. Zu empfehlen ist diese Konstellation nur in seltenen Fällen. Im Vergleich mit einem Annuitätendarlehen ist sie meistens teurer. Zusätzlich birgt sie erhebliche Risiken. Bei einem Fonds kann es je nach Risikomanagement zu erheblichen Verlusten kommen. Bei der Lebensversicherung steht nicht fest, ob über die Garantiesumme hinaus auch die prognostizierten Überschüsse tatsächlich erzielt werden. Es kann in beiden Varianten passieren, dass Ihnen weniger Geld als geplant zur Verfügung steht. In diesem Fall könnten Sie nur eine Kreditverlängerung beantragen oder müssen auf Ihre Rücklagen zugreifen. Beides ist sehr ungünstig. Eine weitere Variante wäre das Ansparen eines Bausparvertrages. Diese Möglichkeit kann manchmal geeignet sein.

Sicherheiten: Hypothek und Grundschuld sind zwei Begriffe, die das Grundbuch betreffen. Das finanzierende Institut lässt vorwiegend die Grundschuld eintragen. Mit ihr wird im Grundbuch vermerkt, dass das Haus oder Grundstück (teilweise) finanziert wurde.

Sollten Sie die Raten für Ihren Kredit nicht mehr bezahlen können, kann die Bank ab einem bestimmten Zeitpunkt unter Zugriff auf die Grundschulden die Zwangsversteigerung Ihres Hauses beantragen. Von dem Verkaufserlös werden zuerst Ihre Schulden beglichen und, sofern vorhanden, das Restguthaben an Sie ausgezahlt. Es kann auch passieren, dass Ihnen die Verfügungsgewalt über Ihr Haus genommen wird, wenn Sie Ihren Verpflichtungen nicht nachkommen. Gerade wenn mehr als 80 Prozent des Beleihungswertes finanziert werden, wird die Bank auf eine zusätzliche Sicherheit bestehen. Bei einer Finanzierung zu 80 Prozent verlangt das Kreditinstitut oftmals »lediglich« eine Gehaltsabtretung. Sie berücksichtigt dabei, dass ein möglicher Verkaufserlös den Kredit nicht vollständig abdeckt. Um das Risiko für die Bank zu verringern, müssen Sie als Kreditnehmer der Bank andere Gelder für den Fall der Fälle abtreten. Das können beispielsweise die Verpfändung einer Lebens- oder Rentenversicherung, eines Aktien- oder Fondsdepots, Grundschuldeintragungen auf andere Grundstücke oder die Bürgschaft einer anderen Person sein. Sollte eine zusätzliche Sicherheit verlangt werden, empfiehlt es sich, die gewünschte Finanzierung selbstkritisch zu überdenken.

Die Finanzierung sollten Sie, vor allem wenn Sie Familie mit Kindern haben, mit einer Risikolebensversicherung absichern. Zudem ist eine Berufsunfähigkeitsversicherung notwendig. Von zusätzlichen Versicherungen, die bei Arbeitslosigkeit oder Arbeitsunfähigkeit einspringen, ist abzuraten. Diese Zusatzversicherungen haben strenge Voraussetzungen und begrenzte Zahlungszeiten. Zudem sind sie zu teuer im Verhältnis zu dem, was sie leisten. Zu den generell wichtigen Versicherungen, auch im Zusammenhang mit Bauvorhaben, lassen Sie sich am besten von neutralen und unabhängigen Experten, wie sie beim BdV tätig sind, beraten.

Förderungsmöglichkeiten

Eigenheimzulage: Bis zum 31. Dezember 2003 wurde noch die Eigenheimzulage (Grundzulage und Kinderzulage) gezahlt. Für einen Altbau gab es noch 1.278 Euro jährlich. Wer Kinder hatte, erhielt zusätzlich 767 Euro pro Kind (Kinderzulage). Zum 1. 1. 2004 wurde dies verändert. Seitdem gibt es sowohl bei Alt- als auch bei Neubau nur noch eine einheitliche Förderung in Höhe von einem Prozent der Anschaffungs- oder Herstellungskosten. Allerdings wurden maximal 1.250 Euro jährlich (gegebenenfalls zuzüglich 800 Euro Zulage je Kind) gewährt. Falls Sie Ihre Förderung vor diesem Termin beantragt hatten, gilt Bestandsschutz. Sie erhalten die Zulage(n) bis zum Ablauf von insgesamt acht Jahren weiter. Sofern Anschaffung und Einzug Ihres Eigenheims nicht im selben Jahr stattfanden, haben Sie als Zulagenberechtigter ein Jahr verschenkt, da der Berechtigungszeitraum für die Zulage bereits mit der Anschaffung begonnen hat. Auf ein neues Objekt, beispielsweise durch einen berufsbedingten Umzug, kann eine laufende Förderung seit dem Wegfall nicht mehr übertragen werden.

Wohn-Riester: Im Sommer 2008 wurde das neue Eigenheimrentengesetz verabschiedet. Das hat die staatliche Riester-Förderung von selbstgenutztem Wohneigentum als Altersvorsorge auf eine neue Grundlage gestellt. Diese Form der Riester-Rente wird auch als Wohn-Riester bezeichnet. Neben den bisherigen Riester-Renten-Sparverträgen, wie Bankenspar- und Fondssparpläne sowie Rentenversicherungsverträge, können neuerdings Bausparkassen geförderte Riester-Anlageprodukte als Bausparverträge und Wohnungsgenossenschaften Riester-Sparverträge für ihre Mitglieder anbieten. Zusätzlich dürfen Banken Immobilienkredite mit staatlicher Riester-Förderung auf den Markt bringen. Auch Riester-Kombikredite aus einem Bausparvertrag und einem gleichzeitig beginnenden tilgungsfreien Darlehen können offeriert werden. Ob und welche Riester-Anlageprodukte im Rahmen Ihrer Immobilienfinanzierung für Sie geeignet sein könnten, sollten Sie mit einem neutralen und unabhängigen Baufinanzierungsexperten klären. Zu den neuen Riester-Sparformen gibt es bisher nur eingeschränkte Marktvergleiche: Die ersten Wohn-Riester-Darlehensangebote hat Finanztest (02/2009) und die zu Riester-Bausparverträgen Ökotest (02/2009) ausgewertet.

Auch können Sie zu Beginn der Rentenauszahlungsphase Ihr angespartes Kapital aus einem »normalen« Riester-Vertrag vollständig zur Tilgung der Restschuld Ihres Immobilienkredites nutzen. Das dürfen auch Riester-Sparer, die ihr Eigentum vor 2008 erworben haben. Allerdings müssen sie in einem solchen Fall die Tilgungsbeträge versteuern.

Nach dem bisherigen »Entnahmemodell« konnte ein Betrag zwischen 10.000 bis 50.000 Euro für die Darlehenstilgung einer Immobilie verwendet werden. Um die Riester-Förderung nicht zu verlieren, musste der entnommene Betrag bis spätestens zum Rentenbeginn wieder eingezahlt worden sein. Diese Beschränkungen fallen nun weg, nur für die Jahre 2008 und 2009 gilt der Mindestbetrag von 10.000 Euro noch. Das gesamte Vertragsguthaben kann zur Darlehenstilgung genutzt werden. Auch die obligatorische Rückzahlung bis Rentenbeginn entfällt.

Es kommt aber zu einer Besteuerung der für die Immobilienfinanzierung verwendeten Eigenbeiträge und Zulagen im Rentenalter, weil die Befreiung von der Einkommenssteuer während der Einzahlphase weiterhin gilt. Dafür wird ein »fiktives Wohnförderkonto« errechnet: die Summe sämtlicher Eigenbeiträge plus Zulagen, verzinst mit zwei Prozent, unterliegt der nachgelagerten Besteuerung im Alter (mit dem persönlichen Steuersatz). Wer die errechnete Steuerlast auf einen Schlag bezahlt, bekommt einen Rabatt von 30 Prozent auf die zu versteuernde Summe, ansonsten wird die Steuerlast bis zur Vollendung des 85. Lebensjahres verteilt. Gefördert werden nur Darlehen, die ein Eigentümer zum Bau oder Kauf einer selbstgenutzten Immobilie aufnimmt. Diese muss nach 2007 angeschafft oder fertiggestellt worden und der Hauptwohnsitz sein. Die Tilgung des Darlehens muss spätestens bis zum 68. Lebensjahr erfolgt sein.

An der neuen Regelung erscheint problematisch, dass im Rentenalter Steuern gezahlt werden müssen. Diese Besteuerung muss aber nicht zwangsläufig ein Nachteil gegenüber anderen Riester-Verträgen sein. Denn das Wohnförderkonto wird »nur« bis zum Rentenbeginn mit zwei Prozent und danach gar nicht mehr verzinst. Andere Sparer müssen die Erträge aus ihren Riester-Verträgen komplett versteuern. Bei Förderbeträgen in gleicher Höhe könnten Immobilieneigentümer demnach weniger Steuern als andere Riester-Sparer zahlen. Das ergaben zumindest sowohl die von Finanztest als auch von Ökotest durchgerechneten Beispielsfälle.

Sonstige: Darüber hinaus gibt es beispielsweise kontingentierte Landesprogramme für Geringverdienende. Bundesweit wird die Förderung von Familien mit dauerhaft zinsvergünstigten Darlehen von der Kreditanstalt für Wiederaufbau (KfW) angeboten. Über die Voraussetzungen und die verschiedenen Programme sowie die gültigen Zinssätze informieren Sie sich direkt bei der KfW (www.kfw.de; Tel.: 01801-335577 (3,9 Cent/Minute aus dem deutschen Festnetz)) oder bei Ihrer finanzierenden Bank. Fragen Sie auf jeden Fall vor dem Kauf nach regionalen kommunalen Förderprogrammen für den Wohnungsbau/-kauf. Die Förderprogramme sind häufig zinsgünstiger als Kredite der Banken und Sparkassen. Es kann sich lohnen diese Programme in die Finanzierung einzubinden.

Kreditverkäufe

Bei Kreditverkäufen handelt es sich um die unschöne Praxis mancher Kreditinstitute, Problemkredite als »Paket« an andere Unternehmen, auch Nicht-Banken, zu verkaufen. Um dessen Wert und Attraktivität zu steigern, sind auch gute Kredite, die regelmäßig getilgt werden, beigemischt. Diese Banken haben dadurch das Vertrauensverhältnis zu ihren Kunden schwer belastet. Viele Institute haben darauf reagiert. Einige haben ihren Kunden mitgeteilt, dass ein Verkauf bei regelmäßiger Zahlung von Zins und Tilgung nicht erfolgt. Andere haben diese Zusage für die Vergabe von neuen Krediten abgegeben, verlangen dafür aber bisweilen einen Zinsaufschlag. Wurde Ihr Kredit verkauft und haben Sie dadurch Schwierigkeiten mit Ihrem Kreditaufkäufer, sollten Sie sich an eine Verbraucherzentrale oder direkt an einen Fachanwalt wenden. Denn die Aufkäufer dieser Kreditpakete, sind nur in wenigen Fällen an einer langfristigen Fortführung des Vertrages interessiert. Es kann schlimmstenfalls zu Zwangsversteigerung Ihrer Immobilie kommen.

Sie könnten sich auch an Ihre Bank wenden und versuchen im Nachhinein ein Abtretungsverbot in die Grundschuldurkunde aufnehmen zu lassen. Nicht mehr benötigte Grundschulden können Sie mit einer von der Bank ausgestellten Löschungsbewilligung beim Amtsgericht löschen lassen.

Schrottimmobilien

Steueroptimierte und vermietete Eigentumswohnungen standen in den 1990er Jahren massenhaft zum Verkauf. Eine Besichtigung der Immobilie erfolgte meist nicht. Der Anleger hat sich auf die ihm vorgelegten Informationen verlassen. Er wurde mit hohen Renditeversprechen geködert. Die finanzierenden Banken forderten teilweise nicht einmal Eigenkapital und banden sogar alle Vertragskosten ein.

In der Realität wurden die Renditeversprechen nicht eingehalten. Die laufenden Mieteinnahmen reichten, wenn sie überhaupt flossen, meist nicht zur Deckung der Kreditkosten. Die Immobilie selbst war zu überteuerten Preisen verkauft worden, ein Wiederverkauf war nicht möglich. Bei persönlicher Besichtigung der Renditeobjekte im Nachhinein erlebte der Anleger oft eine böse Überraschung. Am Ende stand er finanziell vor dem Ruin. Denn er musste die Kreditkosten entgegen der ursprünglichen Planung aus eigener Tasche zahlen.

Die finanzierenden Banken mussten die Anleger nicht auf die Diskrepanz zwischen dem eigentlichen Wert der Immobilie und dem

Finanzierungsvolumen hinweisen. Viele Anleger kamen auch gar nicht in die Verlegenheit, ein Gespräch mit der finanzierenden Bank zu suchen, weil ein Vermittler das für sie übernommen hatte. Die Finanzierungen gingen meist anstandslos, ohne Eigenkapital und mit der Inklusivfinanzierung der zusätzlichen Kosten über den Tisch.

Tipp: Sitzen Sie auf einer Schrottimmobilie oder sind Sie auf ein anderes Finanzierungsmodell hereingefallen, wenden Sie sich zuerst an eine Verbraucherzentrale. Entscheiden Sie danach, ob es sich lohnt einen spezialisierten Rechtsanwalt zu beauftragen. Der Bundesgerichtshof (BGH) hat ein Urteil gesprochen. Deshalb besteht immerhin eine gewisse Hoffnung für Betroffene.

Bausparen
Das Wort Bausparen verrät es: Es gilt, für den Bau zu sparen. Einen (bestehenden) Bausparvertrag in eine Finanzierung einzubinden kann sinnvoll sein. Zum Ansparen von Vermögen ist diese Anlageform dagegen wegen geringer Guthabenverzinsung meistens nicht geeignet.

»Verwalter« eines Bausparvertrages ist eine Bausparkasse. Die Sparer bilden ein Kollektiv, denn sie haben das gleiche Ziel: Sie wollen eine Immobilie bauen oder kaufen und dafür ein zinsgünstiges Darlehen von der Bausparkasse erhalten.

Als erster Schritt ist der Abschluss eines Vertrages notwendig. Für diesen wird eine Abschlussgebühr fällig, die überwiegend zwischen einem und 1,6 Prozent der Bausparsumme liegt. Wenn Sie diese Summe nicht auf einen Schlag in den Vertrag einzahlen können, werden Ihre monatlichen Raten zunächst mit der Gebühr verrechnet. Schließen Sie einen Bausparvertrag nur in der Höhe ab, die Sie auch tatsächlich brauchen! Sobald Sie Ihre Abschlussgebühr beglichen haben, fangen Sie an zu sparen und Kapital aufzubauen. Auf Ihre Einzahlungen erhalten Sie geringe Guthabenzinsen, die in der Höhe mit denen von Sparbüchern vergleichbar sind.

Ehe Sie ein zinsgünstiges Darlehen bekommen, vergehen einige Jahre. Bei durchschnittlicher Besparung (Regelbesparung) ist ein Bausparvertrag in sieben bis zehn Jahren zuteilungsreif. Für die Zuteilung selber müssen mehrere Kriterien erfüllt sein: Als erstes muss die Mindestansparerdauer erreicht sein. Das sind oft zwei Jahre. Sie können jederzeit mehr oder weniger als die Regelbesparung einzahlen. Diese errechnet sich als Promillesatz von der Bausparsumme und kann je nach Tarif unterschiedlich sein. Um so eher oder später erreichen sie dann die Mindestbesparung. Sie beträgt in vielen Tarifen 40 Prozent der Bausparsumme. Diese müssen Sie zunächst aufbringen. Bei einem Bausparvertrag über 10.000 Euro sind das 4.000 Euro. Zu Ihren Gunsten gelten dabei Zinsen, Boni und andere Zulagen als eigene Einzahlungen. Einzahlungen und mögliche Prämien (wie Wohnungsbauprämie oder Arbeitnehmersparzulage) werden mit Hilfe einer Formel zur Berechnung der Bewertungszahl als drittes Kriterium herangezogen.

Haben Sie diese Kriterien erfüllt, kommt es zur Zuteilung. Dabei gilt: je höher die Bewertungszahl ausfällt, desto eher bekommen Sie Ihr Guthaben nebst Zinsen und Zulagen sowie das gewünschte Darlehen ausbezahlt. Im Beispielsfall beträgt das Darlehen 60 Prozent der Bausparsumme, also 6.000 Euro. Insgesamt stehen Ihnen 10.000 Euro zur Verfügung, die Sie wohnwirtschaftlich verwenden müssen. Das kann die Einbindung in eine Immobilienfinanzierung, aber auch der Kauf einer neuen Küche sein. In diesem Moment endet die Sparphase und Sie haben die Darlehensphase erreicht. Hier offenbart sich, ob Sie im Vorwege den richtigen Tarif gewählt haben. Schließlich geht es darum, Ihr Darlehen von 6.000 Euro so kostengünstig wie möglich zurückzuzahlen. Die Bauspartarife sollten Sie deshalb vor Abschluss anhand des Effektivzinses und nicht nur nach dem Nominalzins vergleichen. Nur so erfahren Sie, welche sonstigen Kosten, wie Kontoführungs- und Bearbeitungsgebühren, auf Sie zukommen.

Das Bauspardarlehen müssen Sie mit einem festen Promillesatz von der Bausparsumme zurückzahlen. Liegt dieser bei sechs Promille, so erhält die Bausparkasse jeden Monat 60 Euro von Ihnen. Sie können zu jeder Zeit auch mehr, sowohl regelmäßig als auch einmalig, einzahlen, um den Kredit schneller zu tilgen. Alle Kosten, von Zinsen bis zur Kontoführungsgebühr, werden bei Vertragsabschluss festgelegt. Es ist unerheblich, ob Sie nach fünf oder 15 Jahren den Bausparvertrag nutzen. Allerdings ist bei so langer Laufzeit zu überlegen, das Geld doch anderweitig anzulegen.

Wohnungsbauprämie: Bei einem zu versteuernden Einkommen von 25.600 Euro (Ledige) oder 51.200 Euro (Verheiratete) haben Bausparer Anspruch auf die staatliche Förderung (Wohnungsbauprämie). Die beantragen Sie über ein Formular, das Ihnen die Bausparkasse mit dem alljährlichen Kontoauszug zuschickt. Die Wohnungsbauprämie (WoP) wird nur auf Ihre eigenen Einzahlungen gewährt. Dabei gilt: Die maximal geförderte Eigenleistung beträgt 512 Euro (Single) oder 1.024 Euro (Verheiratete), worauf eine Prämie von 8,8 Prozent gezahlt wird. Überweisen Sie diese Beträge in Ihren Bausparvertrag, erhalten Sie 45,06 Euro bzw. 90,11 Euro staatliche Förderung. Zahlen Sie weniger ein, errechnet sich die Prämie anteilig.

Sofern Sie vermögenswirksame Leistungen (vL) in den Bausparvertrag einzahlen, aber mit Ihrem zu versteuernden Einkommen oberhalb der Grenze von 17.900 Euro (Ledige) oder 35.800 Euro (Verheiratete) für die Förderung mit der Arbeitnehmersparzulage liegen, können diese für die Berechnung der WoP mit herangezogen werden. Sie werden dann wie eigene Einzahlungen behandelt.

Für Neuverträge ab 1. Januar 2009 wird die Wohnungsbauprämie generell nur noch gewährt, wenn Sie Ihr angespartes Kapital wohnungswirtschaftlich verwenden, beispielsweise zum Kauf einer selbstgenutzten Wohnung. Bisher können Bausparer nach Ablauf einer siebenjährigen Sperrfrist frei über ihr Bausparguthaben verfügen. Davor ist das nur möglich, wenn Sie die Beträge aufgrund einer Zuteilung, Beleihung oder Abtretung des Bausparvertrages für den Bau, Kauf oder die Modernisierung von Wohnraum einsetzen.

Ausnahmen sieht der Gesetzgeber weiterhin bei sozialen Härtefällen (Tod, Erwerbsunfähigkeit, Dauerarbeitslosigkeit) und bei jungen Sparern vor: Haben sie bei Abschluss des Bausparvertrags ihr 25. Lebensjahr noch nicht vollendet, dürfen sie auch künftig nach sieben Jahren frei über ihr gesamtes Bausparguthaben verfügen. Diese Möglichkeit kann von jedem Sparer nur einmal in Anspruch genommen werden.

6. Individuelle Bedarfsermittlung

Dreh- und Angelpunkt jeder Altersvorsorgeberatung ist die *individuelle Bedarfsermittlung*. Das bedeutet, dass vor jeder konkreten Maßnahme gewissermaßen »Kassensturz« gemacht und zusätzlich die gesamte berufliche und familiäre Situation erfasst werden sollte, um zu einer umfassenden und soliden Einschätzung der persönlichen Verhältnisse zu kommen. Dieses ist unumgänglich, da jeder Altersvorsorgevertrag nicht nur eine langfristige finanzielle Verpflichtung bedeutet, sondern auch der nachhaltige Erfolg des Kapitalaufbaus für die spätere Zusatzrente (oder etwa für die Immobilienfinanzierung) unbedingt wichtig ist.

Durch den Beginn der staatlich geförderten Altersvorsorge in Deutschland seit 2001 hat sich die *Vorsorgeproblematik* für die Bürger und Verbraucher gleichzeitig verbessert und verschlechtert. Einerseits stehen den Verbrauchern durch die Riester- und die Rürup-Förderung sowie durch die verschiedenen Durchführungswege der betrieblichen Altersvorsorge viele Alternativen zur Verfügung. Andererseits wird die richtige Angebotsauswahl für die jeweilige individuelle Situation immer schwieriger. Hieraus folgt, dass *Verbraucherschutz* zunehmend aktiv gestaltend, d. h. in die Zukunft gerichtet und Orientierungen vermittelnd sein muss. Ein Verbraucherschutz, der erst dann aktiv wird, wenn eine falsch abgeschlossene Lebensversicherung bereits gekündigt wurde und nur noch versuchen kann, durch einen juristischen Verhandlungsmarathon den Rückkaufswert um einige Euro zu erhöhen, passt nicht mehr in die Zeit. Verbraucherschutz darf nicht erst dann anfangen zu handeln, wenn – sozusagen – das Kind bereits in den Brunnen gefallen ist. Vielmehr muss innovativer Verbraucherschutz eine aktive *Orientierungshilfe* geben, damit falsche Verträge möglichst gar nicht erst abgeschlossen werden.

Die private Altersvorsorge ist deshalb ein gutes Beispiel für aktiv gestaltenden Verbraucherschutz. Denn es gibt kaum einen Bereich, in dem eigenverantwortliches Handeln jedes einzelnen Bürgers so notwendig und gleichzeitig so schwierig ist. Der *Bund der Versicherten (BdV)* hat folglich im Laufe des Jahres 2007 mit einer Altersvorsorgeberatung begonnen, die von seinen Mitgliedern kostenlos in Anspruch genommen werden kann. Das zugrundeliegende Konzept der Bedarfsermittlung und die bisherigen Erfahrungen in der Beratung stehen im Mittelpunkt dieses Kapitels.

Die BdV-Altersvorsorgeberatung
Ausgangspunkt der BdV-Altersvorsorgeberatung ist ein vierseitiger *Fragebogen*. Er ähnelt im Aufbau den Fragen, die Banken ihren Kunden bei der Eröffnung eines Wertpapierdepots entsprechend dem Wertpapierhandelsgesetz stellen müssen, geht aber gleichzeitig darüber hinaus. Neben Angaben zu Alter, Familienstand und Beschäftigtenstatus geht es vor allem um bisherige Erfahrungen mit Sparangeboten und Wertpapieren. Auch wird um die Angaben der Höhe bereits vorhandenen Vermögens, geplanten oder vorhandenen Wohneigentums zur Fremd- und Selbstnutzung, laufender Sparverträge (bei Banken, Fondsgesellschaften, Versicherern, Bausparkassen o. a.) gebeten. Außerdem wird die Selbsteinschätzung der eigenen Risikobereitschaft bezüglich der Geldanlage erfragt, und die mögliche Höhe laufender oder einmaliger Beträge für die Altersvorsorge. Schließlich wird nach der Vollständigkeit des Versicherungsschutzes hinsichtlich Todesfall, Berufsunfähigkeit, Unfall und Pflege gefragt. Altersvorsorgeberatung stellt also eine Schnittmenge von Finanzplanung und Versicherungsberatung dar.

Nur wenn diese Angaben so vollständig wie möglich sind, kann die individuelle Bedarfsermittlung zielgenau erfolgen. So erstaunlich es klingen mag: trotz der unterschiedlichen individuellen Konstellationen hinsichtlich Alter, familiärer und beruflicher Situation, laufender Sparverträge oder auch Zahlungsverpflichtungen, Vermögen und möglichen regelmäßigen Sparbeträgen sowie der Risikobereitschaft lassen sich gewisse Grundmuster für den Beratungsbedarf erkennen. Hierbei wird auch das so genannte *Lebenszyklusmodell* berücksichtigt. Dieses geht für jede Altersstufe (vereinfacht: Junior, Medior und Senior) von einer bestimmten familiären und beruflichen Position sowie den damit verbundenen finanziellen Möglichkeiten aus.

Vorrangig geklärt wird immer die Frage, ob die Inanspruchnahme der *staatlichen Förderung* der Altersvorsorge möglich oder bereits vorhanden ist. Der BdV befürwortet das Ausschöpfen der Riester-Förderung. So sollte z. B. ein Riester-Vertrag schon dann abgeschlossen werden, wenn nach Ende der Berufsausbildung ein festes

Arbeitsverhältnis besteht. Vorher sollten jedoch die existenziell wichtigen Versicherungen, wie Berufsunfähigkeits- und Privathaftpflicht bereits bestehen oder neu abgeschlossen werden. Die Entscheidung, ob ein Bank- oder Fondssparplan oder eine Rentenversicherung als Riester-Vertrag gewählt wird, hängt von der individuellen Risikobereitschaft des Sparers, seinem Alter und den Kosten ab. Vor allem für junge und jüngere Sparer sind Riester-Fondssparpläne geeignet. Für sicherheitsorientierte Anleger und Personen ab 50 Jahre ist ein Banksparplan eine gute Lösung. Weitere Erläuterungen finden Sie im Kapitel zur Riester-Förderung.

Klar ist, dass Arbeitnehmerfamilien mit Kindern wegen der hohen Zulagen besonders von der Riester-Förderung profitieren, bei Gutverdienenden stehen dagegen die jährlichen Steuerrückzahlungen im Vordergrund. Die *Fördergrenzen* sollten möglichst voll ausgeschöpft werden. Selbstständige und Freiberufler, die nicht in der gesetzlichen Rentenversicherung pflichtversichert sind oder in ein berufsständisches Versorgungswerk einzahlen, können als Ehepartner die Riester-Förderung durch Abschluss eines eigenen Vertrages, in den nur die Zulagen fließen, nutzen. Ansonsten gibt es für Selbstständige lediglich die Rürup-Rente als staatlich geförderte Altersvorsorge.

Die Rürup-Rente unterliegt wie die Riester-Rente der nachgelagerten Besteuerung. Sie wird bei Auszahlung mit dem persönlichen Steuersatz belastet, bietet aber hohe Steuersparmöglichkeiten während der Einzahlphase. Je nach Anbieter sind nur vereinzelt unregelmäßige Zuzahlungen möglich, sodass die Flexibilität in diesem Punkt erheblich eingeschränkt ist. Für Selbstständige ist eine solche wegen eventuell schwankender Einkommenslage wichtig. Zusätzlich weist die Rürup-Rente noch weitere Nachteile auf. Diese sind z. B.: Sie ist nicht beleihbar, nicht vererbbar, nicht übertragbar, nicht veräußerbar, nicht kapitalisierbar und nicht kündbar. Wer diese Beschränkungen akzeptabel finden sollte, für den kann aus rein steuerlicher Sicht die Rürup-Rente interessant sein. Das trifft dann vor allem z. B. auf Selbstständige, aber auch Arbeitnehmer und Beamte, mit einem hohen Einkommen zu, die sich ein paar Jahre vor dem Ruhestand befinden. Für jüngere Selbstständige und Freiberufler dagegen kann sie sich steuerlich lohnen, wenn langfristig mit einem hohen Einkommen zu rechnen ist. Das setzt voraus, dass diese Personen weder in ein berufsständisches Versorgungswerk oder in die gesetzliche Rentenversicherung einzahlen. Nähere Erläuterungen zur Rürup-Rente entnehmen Sie dem Kapitel hierzu. Die BdV-Beratung weist auf die Einschränkungen deutlich hin und empfiehlt, vor der Entscheidung über einen Rürup-Vertrag die Vor- und Nachteile genau abzuwägen. Neben der Einbeziehung eines Steuerberaters kann auch die Beratung durch einen neutralen und unabhängigen Berater sinnvoll sein.

Besonders *Selbstständige* sollten sich deshalb auch über nichtgeförderte Altersvorsorgelösungen informieren. Ungeförderte Privatrenten stellen dabei seltener eine geeignete Alternative dar, auch wenn gesichert ist, dass die Beiträge langfristig regelmäßig aufgebracht werden können. Das muss genau eingeschätzt werden. Nachteile an den Privatrenten sind z. B.: Eine Beitragsfreistellung ist nur bei Erreichen einer bestimmten Summe möglich, oft erst nach vielen Jahren. Kann nicht so lange gezahlt werden, verbleibt möglicherweise nur die Kündigung. Bei vorzeitigem Abbruch fallen allerdings hohe Stornogebühren an, und nur ein geringer Rückkaufswert wird ausgezahlt. Flexible Zuzahlungen sind normalerweise nicht zulässig. Auch sind Privatrenten meist mit hohen Abschluss- und Verwaltungskosten belastet. Schon diese Nachteile sprechen nicht gerade für eine private klassische Rentenversicherung mit sehr geringer garantierter Verzinsung zwischen 0,5 bis 1,5 Prozent unter Berücksichtigung der Kosten. Ebenso beinhalten die Fondspolicen hohe Kosten, die oftmals noch beträchtlicher sind. Weitere Informationen zu diesen beiden Varianten der Rentenversicherung können Sie den jeweiligen Kapiteln entnehmen. Reine Fondssparpläne sind demgegenüber wesentlich flexibler und können oft die bessere Lösung sein. Einzahlungen können hier jederzeit variabel gehandhabt werden. Erhöhung, Reduzierung oder zeitweiliges Aussetzen der Einzahlungen sowie unregelmäßige Einmalzahlungen sind ebenfalls möglich. Sicherheitsorientierte Sparer können beispielsweise auf Bundeswertpapiere, wie Bundesschatzbriefe oder auch Banksparpläne ausweichen. Genaue Ausführungen zu diesen beiden Möglichkeiten finden Sie im Kapitel Wertpapiere.

Gerade bei Selbstständigen wird das derzeitige *Dilemma* in der privaten Altersvorsorge besonders deutlich: sie haben prinzipiell zwar viele Möglichkeiten, aber keine dieser Möglichkeiten ist wirklich ideal. Steuervorteile sind nur gegen hohe Auflagen oder lange Vertragsbindungen möglich. Wer sich dagegen Flexibilität bei Ein- und Auszahlung bewahren möchte, muss auf jene fast vollständig verzichten. Dasselbe gilt natürlich auch für all diejenigen Arbeitnehmer, die jenseits der Riester-Förderung über weitere Geldmittel verfügen und diese langfristig anlegen möchten. Alle zusätzlich vorhandenen Finanzmittel fordern vom Altersvorsorgesparer eine genaue Abwägung seiner Sparziele: langfristige Vertragsbindung und regelmäßige Beitragszahlungen, die mit Steuervorteilen belohnt werden, oder aber Verzicht auf diese und dafür ein Höchstmaß an Flexibilität und Verfügbarkeit bei Ein- und Auszahlungen.

Hierbei ist der von vielen *Finanzvertrieben* verfolgte Ansatz, zusätzlich zu einer Riester-Rente gleichzeitig noch eine fondsgebundene Rentenpolice abschließen zu lassen, falsch. Es ist zwar richtig, dass die Riester-Rente nur die Absenkung des Niveaus der gesetzlichen Rente ausgleichen soll, und die Bewahrung des Lebensstandards nur durch zusätzliche Sparbemühungen gelingen kann. Viele Arbeitnehmerfamilien können allerdings zum Teil gerade die für die Ausschöpfung der Riester-Rente erforderlichen Beiträge über mehrere Jahrzehnte aufbringen. Zusätzliche Finanzmittel können sie nur schwer leisten. Sind solche doch vorhanden, sollten diese nicht in eine ungeförderte Rentenpolice gesteckt werden. Denn kommt es zu finanziellen Engpässen, ist deren Beitragsfreistellung, wenn nicht sogar Kündigung zwangsläufig und somit auch der finanzielle Verlust vorprogrammiert. Besser ist je nach Risikoneigung z. B. die Investition in einen Fondssparplan oder in Bundeswertpapiere.

Wer über ein mittleres bis höheres Arbeitnehmereinkommen verfügt, für den könnte beispielsweise die Variante einer *Kombination* aus Riester- und betrieblicher Altersvorsorge von Interesse sein. Das gilt besonders, wenn der Arbeitgeber einen Zuschuss in nennenswerter Höhe gewährt und/oder der Arbeitnehmer ein Privatversicherter ist. Die Steuerrückzahlungen des Finanzamtes aufgrund der Zahlung von Beiträgen in einen Riester-Vertrag könnten z. B. in einen Fondssparplan oder in Bundeswertpapiere fließen. Auf diese Weise ist es möglich, einen gewissen Teil der Eigenbeiträge für den Riester-Vertrag gleich zweimal in die Altersvorsorge zu stecken. Ausführliche Informationen zur betrieblichen Altersvorsorge (bAV) finden Sie in dem entsprechenden Kapitel.

Ein weiterer zentraler Punkt bei der Altersvorsorgeberatung stellt die Notwendigkeit einer ausreichend hohen »*Notfallreserve*« dar. Letztere ist selbstverständlich weit gefasst. Sie meint ganz generell eine liquide Reserve für unvorhergesehene Ereignisse oder Anschaffungen, auf die möglichst schnell und ohne Verluste zurückgegriffen werden kann. Der BdV empfiehlt, für einen Erwachsenen mindestens drei Monatsnettoeinkommen auf einem Tagesgeldkonto bereitzuhalten. Für jedes Kind sollte mindestens ein weiteres Monatsnettoeinkommen hinzukommen. Reserven, die für mittelfristig anstehende größere Ausgaben benötigt werden, wie z. B. für ein neues Auto oder eine größere Reise, können auch als Fest- oder Termingeld geparkt werden. Klar sollte sein, dass z. B. bei Personen, die sich noch in der Berufsausbildung befinden, die Bildung einer solchen Rücklage Vorrang hat vor der eigentlichen Altersvorsorge.

Schwieriger ist es dagegen, wenn *Zahlungsverpflichtungen* wegen Wohneigentum zur Selbstnutzung bestehen. Ausdrücklich sei gesagt, dass der BdV zwar nicht zur Immobilienfinanzierung beraten kann. Dennoch gibt er den dringenden Rat, auf eine möglichst hohe Eigenkapitalquote (ein Drittel bis ein Viertel der geplanten Gesamtsumme) zu achten. Wohneigentum als ein möglicher Eckpfeiler der Altersvorsorge sollte spätestens bei Beginn des Ruhestandes schuldenfrei sein, möglichst weitaus früher. Da die Tilgung sämtlicher Zahlungsverpflichtungen Vorrang besitzen muss, sollten möglichst keine langfristigen Altersvorsorgeverträge – allenfalls mit Riester-Förderung – abgeschlossen werden. Ein Immobilienbesitzer muss darüber hinaus auf erheblich erhöhte liquide Finanzreserven auch für die Zeit nach der Schuldentilgung achten (Reparaturen, Renovierungen u. a.). Deren genaue Höhe kann er nur selbst einschätzen.

In diesem Zusammenhang sei auch deutlich gesagt, dass eine *kreditfinanzierte* Geldanlage oder gar Altersvorsorge sehr kritisch gesehen werden muss. Noch bis vor wenigen Jahren waren kreditfinanzierte private Rentenversicherungen recht beliebt. Im Börsenboom vor 2000 wurden sogar Aktienkäufe auf Kredit finanziert. Vor solchen Modellen kann nur eindringlich gewarnt werden. Denn sie beruhen auf so genannten Zinsdifferenzgeschäften. Immer wird davon ausgegangen, dass die Sollzinsen des aufgenommenen Kredites durch Kurswertsteigerungen, Ausschüttungen und/oder Steuervorteile überflügelt werden können. Dies ist nichts weiter als »Spekulation auf Pump« und wird geradezu gefährlich, wenn die reale wirtschaftliche Entwicklung (Börsenkurse und Zinsniveau) ins Rutschen kommt. Es kann zu einer erheblichen Deckungslücke für die Tilgung am Ende der Laufzeit kommen, denn wirklich »sicher« sind an diesem Modell nur der aufgenommene Kredit und seine Sollzinsen.

Die BdV-Altersvorsorgeberatung zielt auf die finanzielle Grundabsicherung im Rentenalter ab. Jeder Förderberechtigte sollte im Rahmen seiner Möglichkeiten die staatlich geförderte Riester-Rente vorrangig ausnutzen, um sich eine solide Grundabsicherung für spätere Zeiten zu schaffen. Auch die Angebote betrieblicher Altersvorsorge können genutzt werden, vor allem wenn der Arbeitgeber einen Zuschuss in ansehnlicher Höhe leistet und/oder Sie Privatversicherter sind. Ein Wermutstropfen bleibt, dass auf die Auszahlungen betrieblicher Altersvorsorgeverträge nicht nur Steuern, sondern auch die Pflichtbeiträge zur gesetzlichen Kranken- und Pflegeversicherung geleistet werden müssen. Zusätzlich kann gelegentlich das Besparen eines Rürup-Vertrages erwogen werden, wenn die beiden anderen geförderten Varianten bereits ausgeschöpft sind oder nicht (bzw. nur teilweise) in die persönliche Altersvorsorgeplanung passen. Alle Finanzmittel, die jenseits dieser Grundabsicherung zur Verfügung stehen, fallen unter das »magische Dreieck« jeder Geldanlage: Sicherheit, Rendite und Liquidität. Deshalb ist es von zentraler Bedeutung, dass jeder Altersvorsorgesparer seine Risikobereitschaft und seinen Wunsch nach Flexibilität oder aber langfristiger Vertragsbindung möglichst genau einschätzen kann.

Aus den Antworten der Fragebögen lässt sich nachvollziehen, ob hier die Prioritäten richtig gesetzt werden. Wer sich z. B. selbst als sicherheitsorientiert in der Risikobereitschaft einschätzt, sein Erspartes aber zum großen Teil in Aktienfonds oder gar Einzelaktien investiert hat, hat sich entweder nicht beraten lassen oder ist schlimmstenfalls falsch beraten worden. Dasselbe gilt für den Fall, wer eine hohe Flexibilität in Ein- und Auszahlungsphase wünscht, gleichzeitig aber eine oder mehrere Kapital-Lebensversicherungen abgeschlossen hat. Auch dieses deutet auf eklatante Falschberatung bei Vertragsabschluss hin. Ein weiteres Indiz für Falschberatung besteht darin, wenn mehrere Verträge mit relativ niedrigen Beiträgen abgeschlossen wurden. Es gibt Fallbeispiele, bei denen ein Riester-Vertrag, eine betriebliche Altervorsorge, eine Kapital-Lebensversicherung und womöglich noch eine fondsgebundene Rentenversicherung abgeschlossen wurden, jeweils zu Monatsbeiträgen um die 50 Euro. Dieses ist schlichtweg unsinnig, denn auf diese Weise werden weder die staatlichen Zulagen noch die möglichen Steuervorteile wirklich ausgenutzt. Der BdV rät im Gegenteil dazu, nur wenige Verträge abzuschließen, bei diesen aber die Fördergrenzen für Zulagen bzw. Steuervorteile voll auszureizen, und darüber hinausgehende Finanzmittel »frei« anzulegen. Wohlverstandene Altersvorsorgeberatung bedeutet deshalb zu allererst, zu einer ausgewogenen und nachvollziehbaren Prioritätensetzung zu kommen. Wenn die Schwerpunkte in der Grundabsicherung richtig gesetzt worden sind, bleibt die »Kür« der freien Geldanlage mit all ihren Möglichkeiten für zusätzlich vorhandene Mittel selbstredend bestehen (vgl. Tabelle auf Seite 89). Der BdV kann auf Grund seines rechtlichen Status als gemeinnütziger Verein nur eine Hilfe zur Selbsthilfe bieten. Das bedeutet, dass sich die ausgesprochenen Empfehlungen auf Produktkategorien, nicht aber auf einzelne Vertragsangebote beziehen. Es werden aber vielfältige Informationsquellen genannt, anhand derer sich jeder Verbraucher konkrete Angebote einholen kann, um zu einem Vertragsabschluss zu kommen.

Dichtung und Wahrheit bei der Versorgungslücke

Dem aufmerksamen Leser dürfte nach den bisherigen Ausführungen nicht entgangen sein, dass es *nicht per se* falsche Altersvorsorgeangebote gibt, sondern nur *in bestimmten Konstellationen* falsche Verträge. Steuersparen mittels langfristiger Verträge ist dann sinnvoll, wenn diese Verträge bis zum vorgesehenen Ende durchgehalten werden können. Einem Auszubildenden, der weder über einen festen Arbeitsvertrag verfügt noch die Riester-Förderung ausschöpft, eine fondsgebundene Rentenversicherung anzudrehen, kann dagegen nur als Falschberatung ausgelegt werden – kommt aber vor! Die individuelle Bedarfsermittlung muss deshalb klären, welche Voraussetzungen für welche Art von Altersvorsorgevertrag bestehen. Dabei kann es zu vollkommen »versicherungsfreien« Lösungen kommen, wenn etwa die Risikobereitschaft für Fondssparen vorhanden ist. Folglich wird mit einem Riester-Fondssparplan die Grundabsicherung geschaffen, und alle sonstigen Reserven werden in Tagesgeld sowie reine Fonds gesteckt.

Für die Altersvorsorgeberatung wesentlich ist auch die Frage nach der so genannten *Versorgungslücke*. Im Allgemeinen wird hierunter die Differenz zwischen dem Einkommen als Erwerbstätiger und dem Einkommen im Ruhestand verstanden. Da die Versorgungslücke eine zentrale Rolle beim Vertrieb von Altersvorsorgeverträgen spielt, muss sehr genau unterschieden werden, was hierbei die notwendige Einsicht in Sachzwänge und gleichzeitig das Ausnutzen von Ängsten – Stichwort: Altersarmut – durch Finanzvertriebe ist. Das Berechnen der Versorgungslücke ist nicht ganz einfach. Die sozialversicherungspflichtigen Arbeitnehmer erhalten seit wenigen Jahren von der gesetzlichen Rentenversicherung die persönliche »Renteninformation«. Hierin wird angegeben, wie hoch die bisher erworbenen Rentenansprüche sind, und wie hoch sie voraussichtlich sein werden, wenn die Einkommenssituation des Arbeitnehmers bis Rentenbeginn stabil bleibt. Diese Hochrechnungen der Regelaltersrente werden mittlerweile sowohl ohne als auch mit jährlichen Steigerungen von einem und zwei Prozent vorgenommen. Bitte beachten Sie: Die Renteninformationen sind »nur« Prognosen über die voraussichtliche Rentenhöhe. Eine Angabe der Rentenhöhe zum künftigen Rentenbeginn unter Berücksichtigung des Kaufkraftverlustes des Geldes durch Inflation fehlt allerdings. Seit Mitte der 1990er Jahre lag diese meist etwas unter zwei Prozent. Zur Verdeutlichung der Auswirkung der Inflation (Preissteigerungsrate) soll folgendes Beispiel dienen: Um in 30 Jahren bei einer angenommenen jährlichen Inflationsrate von zwei Prozent eine monatliche Kaufkraft zu gewährleisten, die nach heutigem Geldwert 1.500 Euro entspricht, müssten dann rund 2.700 Euro zur Verfügung stehen.

Ohne solche Prognoserechnung kann lediglich das künftig wahrscheinliche Rentenniveau als Orientierung dienen. Nach den derzeitigen Regelungen ist langfristig mit einer Absenkung des gesetzlichen Brutto-Rentenniveaus von heute ca. 47 Prozent auf voraussichtlich 40 Prozent im Jahr 2030 zu rechnen. Das entspricht dann etwa 67 Prozent des Nettolohns. Im Jahr 2004 lag dieses noch bei 70 Prozent. Eine weitere Reduzierung auf 64 Prozent soll bis 2050 erfolgen. Die Differenz zwischen Rente und dem letzten Nettoeinkommen wird dabei vielfach als Rentenlücke bezeichnet. Diese Lücke kann je nach Lebenslauf und Dauer der beruflichen Tätigkeit noch größer ausfallen, weil das erwähnte Rentenniveau nicht erreicht wird. Einkommenssteigerungen können die spätere Höhe der Rente allerdings verbessern. Hinzugefügt werden muss, dass von der künftigen Bruttorente möglicherweise Steuern, auf jeden Fall Beiträge zur gesetzlichen Kranken- und Pflegeversicherung gezahlt werden müssen. Der Abzug hierfür beläuft sich derzeit auf etwas mehr als acht Prozent, die andere Hälfte wird von der gesetzlichen Rentenversicherung übernommen. Die danach verbleibende Rente wird als Nettorente bezeichnet, die tatsächlich ausgegeben werden kann. Angestrebt werden sollte, dass im Alter aus eigener zusätzlicher Altersvorsorge zusammen mit gesetzlichen Renten möglichst mindestens 80 Prozent des letzten Nettogehaltes zur Verfügung stehen.

Achten Sie bei allen Berechnungen der Versorgungslücke genauestens darauf, ob Brutto- und Nettorente sowie Nominal- und Realeinkommen exakt auseinandergehalten werden. Ansonsten verstehen es Finanzvertriebe vielfach bestens, die letztlich verbleibende Kaufkraft der zukünftigen Rente fast ins Bodenlose stürzen zu lassen, um dementsprechend die Versorgungslücke dramatischer aussehen zu lassen.

An dieser Stelle muss der Sinn der so häufig in Altersvorsorgeberatungen benutzten *finanzmathematischen* Berechnungen hinterfragt werden. Dabei geht es nicht darum, die Korrektheit der verwendeten mathematischen Formeln in Frage zu stellen. Vielmehr muss verdeutlicht werden, wie sehr die durch die Formeln berechneten Werte von den Voraussetzungen abhängen, unter denen sie angewendet werden. Es macht einen großen Unterschied, ob die Preissteigerungsrate (Inflation) mit zwei, drei oder vier Prozent jährlich angesetzt wird, ob die jährliche Rendite eines Aktienfondssparplanes mit sieben, zehn oder gar zwölf Prozent angegeben wird, ob die Rendite einer privaten Rentenversicherung von vier oder fünf Prozent sich auf die Gesamtprämie oder nur den Sparanteil der Prämie bezieht usw. Durch den *Zinseszinseffekt*, d. h. die Summierung der Zinsauszahlungen auf das angesammelte Sparguthaben, die ihrerseits ebenfalls verzinst werden, bewirken schon kleinste Abweichungen hinter dem Komma langfristig enorme Größenunterschiede. Mathematisch korrekt berechnet, kann so ziemlich alles scheinbar »bewiesen« werden, was nach den jeweiligen Annahmen, die für die Berechnung getroffen wurden, gewünscht wird.

Für Sie als Verbraucher ist entscheidend, sich über die Relativität aller mathematischen Aussagen im Klaren zu sein: Bei den Berechnungen der Versorgungslücke wie bei langfristigen Renditeprognosen von Sparverträgen handelt es sich immer nur um *Größenordnungen und Wahrscheinlichkeiten*, aber nicht um Gewissheiten. Es ist sicherlich sinnvoll, sich dieser Größenordnungen bewusst zu werden. Deshalb sollten Sie Modellrechnungen dafür nutzen, sich bestmögliche wie auch schlimmstmögliche Szenarien durchrechnen zu lassen. Lassen Sie sich aber niemals in »Panik« versetzen, denn es handelt sich immer nur um Wahrscheinlichkeiten. Seriös durchgeführte Prognoserechnungen weisen deshalb ausdrücklich auf die *Voraussetzungen* hin, unter denen sie gemacht worden sind.

Für ein Grundverständnis der Altersvorsorge kann es sinnvoll sein, sich über die Bedeutung von Brutto- und Nettorente, von Nominal- und Realeinkommen, von Zinseszins und Kostendurchschnittseffekt (»Cost-Average-Effect«) bei Fonds sowie dem Nutzen von Vergangenheitswerten und ihrer Plausibilität für die Zukunft zu informieren. Denken Sie weniger an die Versorgungslücke als an Ihre realen Möglichkeiten für langfristiges Sparen. Wenden Sie hierfür als Arbeitnehmer etwa wenigstens sieben bis zehn Prozent Ihres regelmäßigen Nettoeinkommens auf. Als Selbstständiger sollten Sie mindestens etwa 20 Prozent des Nettoeinkommens in die Altersvorsorge investieren, wenn Sie nicht in ein berufsständisches Versorgungswerk oder die gesetzliche Rentenversicherung einzahlen. Diese Prozentangaben sind erste pauschale Orientierungswerte, die je nach Ihrer persönlichen Situation anders ausfallen können.

7. Pflegeversicherung

Bei der Pflegeversicherung müssen Sie zwei Formen unterscheiden: Die seit 1995 geltende Pflegepflichtversicherung und die Pflegezusatzversicherung, die von privaten Versicherungsunternehmen angeboten wird.

Pflegepflichtversicherung

Die Pflegeversicherung ist gesetzlich vorgeschrieben: Seit 1995 muss sich jeder gegen das Pflegerisiko absichern und zwar grundsätzlich dort, wo er krankenversichert ist. Für die gesetzlich Versicherten ist dies die Pflegekasse der eigenen Krankenkasse (»soziale Pflegeversicherung«). Privat Krankenversicherte müssen eine private Pflegepflichtversicherung abschließen. Achtung: Sie darf nicht verwechselt werden mit den freiwilligen Pflegezusatzversicherungen (vgl. Kapitel »Private Pflegezusatzversicherung«, Seite 180).

Entlastung im Pflegefall: Die Lebenserwartung steigt kontinuierlich an und gleichzeitig die Pflegebedürftigkeit. Die Pflegeversicherung wurde eingeführt, damit die persönlichen und finanziellen Belastungen nicht nur von den Angehörigen oder vom Staat getragen werden müssen. Wer dauerhaft pflegebedürftig ist, kann daher unterschiedliche Hilfen nutzen. Er hat entweder Anspruch auf ein Pflegegeld, Hilfe einer ambulanten Pflegeeinrichtung oder stationäre Pflege in einem Heim.

Nicht zuständig ist die Pflegekasse bei vorübergehender Pflegebedürftigkeit von weniger als sechs Monaten. Dann ist die Krankenkasse in der Pflicht und gewährt Leistungen wie häusliche Krankenpflege. Die Krankenkasse kommt außerdem für die medizinische Betreuung auf.

Die Pflegekasse deckt bei weitem nicht den gesamten Pflegebedarf ab, sondern stellt eine Grundabsicherung zur Verfügung. Sie ist nach Pflegebedürftigkeit gestaffelt und wird nur auf Antrag gewährt. Voraussetzung ist, dass der Pflegebedürftige bei alltäglichen Verrichtungen wie Aufstehen, Waschen, Anziehen und Essen auf erhebliche Hilfe angewiesen ist. Wer täglich mindestens 90 Minuten Hilfe bei zwei Verrichtungen benötigt, wird Pflegestufe I (erhebliche Pflegebedürftigkeit) zugeordnet. Die Grundpflege, also Hilfe bei der Körperpflege, der Ernährung und der Mobilität wie An- und Ausziehen, muss mindestens die Hälfte der Zeit beanspruchen. Bei schwer pflegebedürftigen Personen (Pflegestufe II) erhöht sich der zeitliche Bedarf auf mindestens drei Stunden täglich. Schwerstpflegefälle der Pflegestufe III sind rund um die Uhr auf Hilfe angewiesen, also sowohl tagsüber wie auch nachts. Im Tagesdurchschnitt muss die zu pflegende Person diese Versorgung mindestens fünf Stunden täglich benötigen, davon vier für die Grundpflege.

Die Entscheidung über die Zuordnung zu einer bestimmten Pflegestufe trifft der Medizinische Dienst der Krankenkassen. Die privaten Pflegeversicherer haben hierfür eine eigene Einrichtung gegründet.

Geld- und Sachleistungen vorrangig für häusliche Pflege: Die Leistungen der gesetzlichen und privaten Pflegepflichtversicherungen sind prinzipiell gleich. Vorrang hat in beiden Fällen die häusliche Pflege.

Ambulante Dienste mit professionellen Pflegekräften unterstützen Angehörige oder allein lebende Pflegebedürftige und ermöglichen, dass sie länger in der eigenen Wohnung und damit in der gewohnten Umgebung bleiben können. Je nach Pflegestufe können ambulante Pflegeeinsätze zwischen 420 Euro und 1.918 Euro bei Härtefällen zur Auszahlung kommen. Diese Leistungen dürfen aber nur Pflegedienste erbringen, die die Pflegekasse zugelassen hat. Mit ihnen schließt der Pflegebedürftige einen Vertrag ab, in dem die Pflegeleistungen festgelegt werden. Die ambulante Pflege wird in der gesetzlichen Pflegeversicherung als Sachleistung gewährt, während privat Krankenversicherte nur Geldleistungen erhalten. Sie bezahlen die professionellen Pflegekräfte zunächst selbst und bekommen die Honorare ersetzt – maximal bis zum Wert der entsprechenden Sachleistung in der gesetzlichen Pflegeversicherung.

Wer sich selbst eine andere Pflegeperson oder einen Pflegedienst sucht, kann dafür nur das Pflegegeld in Anspruch nehmen. Zwischen 215 Euro und 675 Euro monatlich gibt es bei der Pflege durch die

Angehörigen, ehrenamtliche Helfer oder eine selbst eingestellte Pflegekraft. Um die Unterstützung möglichst gut an die eigenen Bedürfnisse anzupassen, können Sach- und Geldleistungen kombiniert werden.

Monatliche Leistungen in Euro auf einen Blick

Pflegestufe	Benötigte Hilfe	Stationäre Hilfe im Pflegeheim	Häusliche Pflege durch Fachpersonal*	Pflegegeld bei häuslicher Pflege**
I: erhebliche Pflegebedürftigkeit	einmal täglich 45 Minuten bei Körperpflege, Essen, Mobilität mehrfach wöchentlich im Haushalt täglich insgesamt 90 Minuten	1.023	420	215
II: schwere Pflegebedürftigkeit	dreimal täglich, insgesamt zwei Stunden bei Körperpflege, Essen, Mobilität mehrfach wöchentlich im Haushalt täglich insgesamt drei Stunden	1.279	980	420
III: schwerste Pflegebedürftigkeit	vier Stunden (tagsüber und nachts) bei Körperpflege, Essen, Mobilität mehrfach wöchentlich im Haushalt täglich insgesamt fünf Stunden	1.470, in Härtefällen 1.750	1.470, in Härtefällen 1.918	675

* diese Werte gelten auch bei teilstationärer Pflege
** durch Pflegepersonen, z. B. Angehörige, Freunde, Nachbarn
Schrittweise werden die angegeben Leistungen im Jahr 2010 und 2012 erhöht

Der Pflegebedürftige kann selbst bestimmen, in welchem Verhältnis er beide Leistungskomponenten nutzen will. Wenn beispielsweise 40 Prozent der Sachleistungen genutzt werden, besteht ergänzend ein Anspruch auf maximal 60 Prozent Geldleistungen für die jeweilige Pflegestufe. Normalerweise kann die Entscheidung frühestens nach sechs Monaten wieder verändert werden.

Bis zu vier Wochen im Jahr und bis zu einer Höchstsumme von 1.470 Euro wird außerdem für eine Pflegevertretung gezahlt, wenn die Pflegeperson verhindert oder im Urlaub ist. Ergänzend zur häuslichen Betreuung sind außerdem eine teilstationäre Tages- und Nachtpflege sowie eine Kurzzeitpflege für einen begrenzten Zeitraum möglich. Bei besonders betreuungsintensiver Pflege, etwa bei Demenzkranken, können bis zu 2.400 Euro jährlich (200 Euro monatlich) für spezielle Betreuungsangebote eingesetzt werden.

Darüber hinaus übernimmt die Pflegekasse Kosten für Pflegehilfsmittel wie spezielle Betten, Hausnotruf, Rollstuhl, aber auch so genannte Verbrauchsprodukte wie Betteinlagen (sofern nicht die Krankenkasse zuständig ist). Bei Verbrauchsprodukten werden maximal 31 Euro monatlich erstattet. Versicherte müssen einen Eigenanteil von zehn Prozent, maximal 25 Euro zahlen. Größere Hilfsmittel wie Gehhilfen können oft ausgeliehen werden. Für Ein- und Umbauten im Wohnbereich wie Rampen, Treppenlifte, Verbreiterung von Türen oder der Umbau des Badezimmers werden einmalig bis zu 2.557 Euro Zuschuss gewährt.

Bei stationärer Pflege in einem Heim zahlt die Pflegeversicherung je nach Pflegestufe zwischen 1.023 Euro und 1.470 Euro, in Härtefällen 1.750 Euro. Sie deckt aber nur die Kosten für die Grundpflege, soziale Betreuung und medizinische Behandlungspflege. Für Unterkunft und Verpflegung, die so genannten Hotelkosten, muss der Versicherte selbst aufkommen. Falls die stationäre Pflege nicht erforderlich ist, etwa weil eine Betreuung zu Hause möglich wäre, besteht nur Anspruch auf die Leistungen bei häuslicher Pflege.

Trennung von Kranken- und Pflegeversicherung vermeiden: Gesetzlich Krankenversicherte sind automatisch Mitglied in der Pflegekasse ihrer Krankenversicherung. Freiwillig Versicherte haben jedoch die Möglichkeit, sich bei einem privaten Anbieter zu versichern. Privat Krankenversicherte können ebenfalls wählen, ob sie bei ihrer Krankenversicherung bleiben oder anderweitig eine Pflegeversicherung abschließen. Empfehlenswert ist eine Trennung von Kranken- und Pflegeversicherung aber in beiden Fällen nicht. Denn die privaten Anbieter müssen jeden Antragsteller annehmen. Und die Beiträge unterscheiden sich allenfalls geringfügig, die Leistungen und die Kriterien für die Pflegebedürftigkeit sind gesetzlich festgelegt. Dafür laufen Sie Gefahr, dass sich Kranken- und Pflegeversicherung im Pflegefall immer wieder streiten, wer für eine bestimmte Leistung aufkommen muss. Dadurch kann es Ihnen passieren, dass Sie auf Leistungen warten müssen.

Beitragshöhe ist nachrangig: In der »sozialen Pflegepflichtversicherung« beträgt der Beitrag 1,95 Prozent des Arbeitseinkommens. Jeweils die Hälfte wird vom Arbeitnehmer und vom Arbeitgeber übernommen. Kinderlose Versicherte müssen – mit einigen Ausnahmen – seit 2005 zusätzlich 0,25 Prozent allein aufbringen. Als Höchstgrenze gilt die Beitragsbemessungsgrenze der gesetzlichen Krankenversicherung, die sich auf 3.675 Euro im Jahr 2009 beläuft.

Seit dem 1. April 2004 ist die Beteiligung des Rentenversicherungsträgers weggefallen und die Rentner müssen ihren Beitrag zur Pflegeversicherung in voller Höhe allein tragen.

Bei der privaten Pflegepflichtversicherung werden die Beiträge grundsätzlich wie in der privaten Krankenversicherung nicht nach Einkommen, sondern nach persönlichen Kriterien wie Alter und Vorerkrankungen (nicht jedoch Geschlecht) berechnet, allerdings mit einigen Abweichungen. So gelten ähnlich wie in der »sozialen Pflegeversicherung« Elemente der Familienversicherung: Kinder sind grundsätzlich beitragsfrei mitversichert. Für den Ehegatten ist nur der halbe Beitrag zu entrichten, falls er ebenfalls zum 1. Januar 1995 in der privaten Pflegepflichtversicherung mitversichert war und sein Einkommen 1/7 der monatlichen Bezugsgröße der Sozialversicherung nicht übersteigt (Ehegattenregelung). Die Grenzwerte betragen für das Jahr 2009 monatlich 360 Euro bzw. 400 Euro im Rahmen einer geringfügigen Beschäftigung (400 Euro: Mini-Job). Wurde der Pflegeversicherungsvertrag erst nach dem 1. Januar 1995 geschlossen, so gilt die Begrenzung der Prämienhöhe auf den Höchstsatz der sozialen Pflegeversicherung, wenn eine 5-jährige Vorversicherungszeit erfüllt wird.

Gegen die Einstufung des Medizinischen Dienstes der Krankenkassen können Sie Widerspruch einlegen.

Verträge mit einem Anbieter von Pflegediensten können Sie innerhalb von zwei Wochen nach dem ersten Pflegeeinsatz ohne Angabe von Gründen kündigen.

Ausführlich informiert die kostenlose Broschüre »Ratgeber Pflege: alles was Sie zur Pflege wissen müssen« des Bundesministeriums für Gesundheit sowie die Ratgeber der Verbraucherzentralen »Pflegefall – was tun?« und »Pflegegutachten« (mit »Pflegetagebuch«). Individuelle Fragen zur Pflegeversicherung beantwortet Ihnen die

Hotline des Gesundheitsministeriums unter Tel. 01805-99 66 03 (0,14 Euro/Min.). Helfen kann Ihnen auch die Unabhängige Patientenberatung Deutschland (UPD), Tel. 0800-0117722 (kostenfrei).

Pflegende Familienangehörige können für ihre Pflegeleistungen unter Umständen einen Zuschuss zur Rentenversicherung erhalten und sollten dies mit der Pflegekasse klären.

Am 1. Juli 2008 ist das Pflege-Weiterentwicklungsgesetz in Kraft getreten. Es soll vor allem dazu führen, dass die Pflegeversicherung besser auf die Bedürfnisse der zu Pflegenden und ihrer Angehörige abgestimmt wird. Als ein Teil dieser Pflegereform trat zeitgleich das Pflegezeitgesetz in Kraft. Gesetzesziel ist es, Arbeitnehmern die Möglichkeit zu bieten, pflegebedürftige Angehörige in ihrer häuslichen Umgebung zu pflegen. Die Vereinbarkeit von Beruf und familiärer Pflege soll dadurch verbessert werden. Arbeitgeber sind nunmehr verpflichtet, Beschäftigte für einen Zeitraum von bis zu zehn Tagen oder auch bis zu sechs Monaten freizustellen.

Private Pflegezusatzversicherung

Lücken für den Pflegefall schließen: Die Pflegepflichtversicherung bietet nur eine Grundabsicherung und reicht nicht für eine »Rund-Um-Pflege«. Ein Heimplatz kann 3.000 Euro und mehr kosten. Wenn die eigene Rente oder das Vermögen zusammen mit den Leistungen der gesetzlichen Pflegeversicherung nicht ausreichen, müssen die eigenen Kinder oder das Sozialamt einspringen. Um das zu vermeiden, empfiehlt es sich so früh wie möglich eine Pflegezusatzversicherung abzuschließen. Das sollte allerdings erst dann erfolgen, wenn die existenziell wichtige Berufsunfähigkeitsversicherung und Privathaftpflichtversicherung besteht sowie die Risikolebensversicherung im Fall eines Immobilenkredites (+ Wohngebäudeversicherung) und/oder einer Familie.

Private Kranken- und Lebensversicherer bieten die Zusatztarife in vier verschiedenen Varianten an:
- Pflegerentenversicherungen,
- selbstständige Pflegerentenversicherung (»Pflegerenten-Risikoversicherung«),
- Pflegekostenversicherungen und
- Pflegetagegeldversicherung.

Bei der Pflegerentenversicherung wird die Absicherung des Pflegerisikos mit einem Sparvorgang kombiniert. Derartige Koppelungen sind intransparent und unrentabel, die Beiträge relativ hoch. Trennen Sie daher wie auch in anderen Fällen die Sparanlage vom Risikoschutz und decken den Pflegefall entweder durch eine Pflegekosten- oder Pflegetagegeldversicherung ab.

Die selbstständige Pflegerentenversicherung (»Pflegerenten-Risikoversicherung«) zahlt eine vereinbarte Monatsrente. Darüber kann frei verfügt werden. Die volle Pflegerente gibt es erst ab Pflegestufe III. In den anderen beiden Pflegestufen wird sie je nach Tarif anteilig gezahlt, teilweise auch gar nicht. Diese Versicherung ist im Vergleich zur Pflegerentenversicherung zwar günstiger, weil sie eine Risikovariante ist, also ohne Sparvorgang läuft. Aber unterm Strich ist sie eine zu teure Lösung. Daher ist eine Pflegekosten- oder Pflegetagegeldversicherung die bessere Lösung.

Durch die Pflegekostenversicherung werden Pflegekosten erstattet, sofern sie nicht von der gesetzlichen Pflegeversicherung übernommen werden, allerdings meist nur bis zu einem festgelegten Höchstbetrag oder Prozentsatz. Wenn Angehörige oder Freunde die Pflege übernehmen, wird teilweise nur ein geringes Pflegetagegeld gezahlt. Eine Kostenerstattung erfolgt selten. Ein Teil der Belastungen verbleibt also beim Versicherten. Die Kosten müssen außerdem durch Rechnungen nachgewiesen werden. Dies bedeutet viel »Papierkram«, den entweder der Pflegebedürftige selbst oder die Helfer zusätzlich zur Pflege bewältigen müssen.

Die Pflegetagegeldversicherung dagegen zahlt im Pflegefall einen vereinbarten Geldbetrag pro Tag. Dies ist unabhängig davon, in welchem Umfang und wofür tatsächlich Kosten anfallen. Mit dem Geld können auch Leistungen wie Begleitung beim Spaziergang bezahlt werden, die nicht zu den eigentlichen Pflegeleistungen gehören. Der volle Tagessatz wird normalerweise allerdings erst bei Pflegestufe III fällig.

Voraussetzung ist jeweils ein bestimmter Grad an Pflegebedürftigkeit. Viele Versicherungsunternehmen orientieren sich an der Einstufung des Medizinischen Dienstes der Krankenkasse, einige behalten sich eine eigene Überprüfung vor. Vereinzelt verlangen Versicherer in regelmäßigen Abständen einen ärztlichen Nachweis über die Pflegebedürftigkeit, nicht nur bei Minderung oder Wegfall der Pflegebedürftigkeit.

Schwierige Bedarfsermittlung: Eine Bedarfsermittlung ist mit großen Unsicherheiten verbunden. Niemand kann Ihnen sagen, wie in einigen Jahrzehnten die Leistungen der gesetzlichen Pflegeversicherung ausgestaltet oder wie teuer private Pflegeleistungen sein werden. Unsicher dürfte oft auch sein, ob Sie bei Pflegebedürftigkeit von der Familie oder Freunden betreut werden können oder ob nur eine Unterbringung im Heim in Betracht kommt.

Eine Pflegekostenversicherung macht vor allem dann Sinn, wenn Sie mit hohen Pflegekosten rechnen, etwa weil Sie davon ausgehen, dass Sie professionelle Dienste in Anspruch nehmen werden. Das kann der Fall sein, wenn Sie keine Angehörigen haben, die Sie betreuen können. Mit einer Pflegekostenversicherung können Sie einen größeren Teil der Auslagen abdecken, auch wenn es zwischenzeitlich zu erheblichen Preissteigerungen gekommen sein sollte.

Eine Pflegetagegeldversicherung dagegen kommt in Betracht, wenn Sie frei über das Geld verfügen möchten. Vorteilhaft ist sie außerdem, wenn Sie Hilfsleistungen nicht bei professionellen Anbietern »einkaufen«, sondern sich von Angehörigen oder ehrenamtlichen Helfern pflegen lassen. Andererseits kann nicht ausgeschlossen werden, dass Ihnen die Pflegekosten »davonlaufen«.

Beitragsvergleich kaum möglich: Wie in der privaten Krankenversicherung steigen bei allen Pflegezusatztarifen die Beiträge mit zunehmendem Eintrittsalter. Frauen zahlen wegen der höheren Lebenserwartung mehr als Männer. Bei bereits bestehenden Erkrankungen können Risikozuschläge, auch Leistungsausschlüsse, erhoben werden. Ebenfalls kann der begehrte Versicherungsschutz abgelehnt werden.

Ein Beitragsvergleich ist schon zum Zeitpunkt des Vertragsabschlusses nicht einfach, weil die angebotenen Policen in vielen Punkten differieren und unterschiedliche Leistungsbeschränkungen aufweisen. Welche Gesellschaft auf Dauer, also meist bis an das Lebensende des Versicherten, die günstigste ist, lässt sich nicht vorhersagen.

Nach Berechnungen des BdV müssen Sie zum Beispiel für eine private Pflegezusatzversicherung in Form der Pflegetagegeldversicherung mit Anspruch von 50 Euro pro Tag in Pflegestufe III monatlich mit folgenden durchschnittlichen Beiträgen rechnen: Bei einem Eintrittsalter von 40 Jahren zahlt ein Mann 25 Euro (möglich bis zu 45 Euro), eine Frau hingegen 35 Euro (bis zu 70 Euro möglich). Bei einem Einstieg zwanzig Jahre später beträgt der Durchschnittbeitrag eines

Mannes 50 Euro (bis zu 130 Euro möglich), für eine Frau bereits 85 Euro (bis zu 195 Euro möglich).

Bei den Angeboten auf Leistungsunterschiede achten: Aus verschiedenen Gründen sollten Sie Informationen und Angebote von mehreren Versicherungsunternehmen einholen. Zum einen müssen Anbieter – wie grundsätzlich bei der privaten Krankenversicherung – nicht jeden Versicherten aufnehmen und prüfen die Gesundheitsverhältnisse des Antragstellers. Zum anderen bestehen erhebliche Leistungsunterschiede. Da die Angebote zudem unübersichtlich sind, sollten Sie die Zusatzversicherungen im Detail prüfen. Achten Sie vor allem auf folgende Punkte:

Die Versicherung sollte sowohl für die häusliche sowie für die Pflege im Heim aufkommen und Leistungen für alle drei Pflegestufen gewähren, weil Sie nicht im Voraus wissen können, welche Art der Pflege Sie später benötigen.

Wenn eine Pflege durch Angehörige oder Freunde in Betracht kommt, sollte das Pflegetagegeld nicht niedriger sein als für professionelle Pflegekräfte.

Bei steigenden Pflegekosten sollten Sie die Möglichkeit haben, das Pflegetagegeld nachträglich zu erhöhen – und zwar ohne erneute Gesundheitsprüfung und Risikozuschläge.

Die Leistungspflicht sollte einsetzen, wenn die gesetzliche Pflegeversicherung die Pflegebedürftigkeit anerkennt. Die private Versicherung sollte außerdem die Pflegestufe der gesetzlichen Pflegeversicherung übernehmen. So werden zusätzliche medizinische Untersuchungen vermieden. Hilfreich wäre es, wenn der Versicherer nicht in regelmäßigen Abständen Atteste über die Pflegebedürftigkeit verlangt. Ausnahme: Wegfall oder Minderung der Pflegebedürftigkeit.

Das Versicherungsunternehmen sollte auf das ordentliche Kündigungsrecht innerhalb der ersten drei Vertragsjahre verzichten.

Problematisch ist die teilweise übliche dreijährige Wartezeit, bei der im Pflegefall erst nach Ablauf dieser Fristen gezahlt wird. Achten Sie darauf, dass der Versicherer auf diese verzichtet.

- Vereinzelt sind Karenzzeiten (meistens 91 Tage) vorgesehen, bevor der Versicherer leistet. Auf diese sollte der Versicherer verzichten.

Günstig ist es, wenn Sie bei Eintritt des Pflegefalls keinen Beitrag mehr zahlen müssen.

Geben Sie in Ihrem Schreiben zur Angebotseinholung auf jeden Fall Ihr Geburtsdatum, Ihr Geschlecht und Ihren Beruf an und erkundigen Sie sich nach den letzten und eventuell bevorstehenden Beitragserhöhungen.

Probeantrag empfehlenswert: Wie bei der privaten Krankenversicherung müssen Sie Fragen nach Ihrem Gesundheitszustand wahrheitsgemäß beantworten. Vor allem, wenn Sie bereits gesundheitliche Probleme haben, sollten Sie bei mehreren Gesellschaften gleichzeitig Probeanträge einreichen. Erfolgt die Beratung zum Abschluss einer Pflegezusatzversicherung durch einen Versicherungsberater oder Versicherungsmakler ist auch eine anonyme Risikovoranfrage eine gute Alternative.

Berücksichtigen Sie bei der Bedarfsermittlung, dass die Pflegezusatzversicherung nicht alle Pflege- oder Heimkosten abdecken muss. »Hotelkosten« für Unterbringung und Verpflegung können Sie gegebenenfalls von der gesetzlichen Rente und anderen regelmäßigen Einkünften abdecken.

Als Anreiz für die Eigenvorsorge können Sie die Beiträge zur privaten Pflegezusatzversicherung bis 184 Euro pro Jahr in der Steuererklärung als Sonderausgaben geltend machen, allerdings nur wenn Sie nach 1957 geboren sind.

8. Adressen

ANHANG 1: Literaturhinweise

Altersvorsorge von A-Z. Betriebliche Altersversorgung, Eigenvorsorge, Entgeldumwandlung, Gesetzliche Rentenversicherung. Von Günter Schaub, Volker Mathießen und Andreas Polster, München 2006.

Bundesministerium der Justiz: Das neue Versicherungsvertragsrecht. Broschüre (kostenlos), Berlin 2008.

Bund der Versicherten: Leitfaden Versicherungen. Richtig versichern und dabei sparen, Springe / Augsburg 2007

Christine Bortenlänger / Sabine Theodora Ruh: Kompass Geldanlage. Ihr Weg zu Vermögen und finanzieller Sicherheit, Stuttgart 2005.

Thomas Dommermuth / Michael Hauer / Frank Nobis: Sichere Altersvorsorge. Was Sie jetzt dafür tun können. Freiburg 2007.

Tom Friess / Michael Huber: Finanzcoach für den Ruhestand. Der persönliche Vermögensberater für Leute ab 50, Frankfurt / Main 2005.

Wolfgang Jüngst / Matthias Nick: ZDF-WISO-Organizer. Ruhestand ohne Risiko, Frankfurt / Main 2007.

Wolfgang Raab (Hg.) : Grundlagen des Investmentfondsgeschäftes. Frankfurt / Main 2006.

Günther Schmidt: Persönliche Finanzplanung. Modelle und Methoden des Financial Planning, Heidelberg/Berlin 2006.

Stiftung Warentest: Zeitschrift Finanztest (monatliche Hefte und Sondernummern) zu allen Arten von Altersvorsorgeangeboten (Versicherungen, Fonds, festverzinslichen Wertpapieren, Termingeldern usw.).

Verbraucherzentralen: verschiedene Ratgeber zur Gesetzlichen Rente, Riester-Rente, betrieblichen Altersvorsorge und Geldanlage, jeweils aktualisierte Ausgaben.

Egon Wachtendorf: Die 222 wichtigsten Fragen zu Investmentfonds. Praxiswissen für das Fonds-Investment, München 2005.

Martin Weber: Genial einfach investieren. Mehr müssen Sie nicht wissen – das aber unbedingt!, Frankfurt / Main 2007.

Aktuelle Vergleiche und Ratings werden laufend publiziert im Wirtschaftsteil großer Tageszeitungen sowie von Wirtschafts- bzw. Finanzzeitschriften wie Capital, Euro, Impulse, Geldidee, WirtschaftsWoche, Focus Money, Börse Online, Euro am Sonntag, Das Wertpapier, Das Investment u.a.

ANHANG 2: Adressen und Internet-Websites
von Behörden, Verbänden und privaten Organisationen

I. Behörden

Deutsche Rentenversicherung-Bund
(frühere BfA)
Ruhrstraße 2
10709 Berlin
Telefon: 030 / 865-1
Website: www.deutsche-rentenversicherung-bund.de
Mit Zentraler Zulagenstelle für Altersvermögen
Servicetelefon: 0800-1000 480 70
Weitere Informationswebsite:
www.ihre-vorsorge.de

Versorgungsanstalt des Bundes und der Länder (VBL)
Hans-Thoma-Str. 19
67133 Karlsruhe
Telefon: 0721 / 155-0
Website: www.vbl.de

Statistisches Bundesamt
Gustav-Stresemann-Ring 11
65189 Wiesbaden
Telefon: 0611 / 75-1
Website: www.destatis.de

Bundesanstalt für Finanzdienstleistungsaufsicht (BaFin)
Graurheindorfer Str. 108, 53117 Bonn
Oder: Lurgiallee 12, 60439 Frankfurt/Main
Telefon: 0228 / 4108-0
Website: www.bafin.de
Verbrauchertelefon: 01805 – 12 23 46 (gebührenpflichtig)

CEIOPS
Committee of European Insurance and Occupational Pensions Supervisors
(Europäische Vereinigung der Versicherungsaufsichtsbehörden)
Westhafenplatz 1
60327 Frankfurt am Main
Telefon: 069 / 95 11 19 20
Website: www.ceicps.eu

II. Verbände

Bund der Versicherten e.V. (BdV)
Postfach 1153
24547 Henstedt-Ulzburg
Telefon: 04193-9904-0
Website: www.bdv.info

Gesamtverband der Deutschen Versicherungswirtschaft (GDV)
Friedrichstr. 119
10117 Berlin
Telefon: 030 / 2020-5117/-18
Website: www.gdv.de
Mit Informationszentrum der deutschen Versicherer:
Website: www.klippundklar.de

Bundesverband Investment und Asset Management (BVI)
Eschenheimer Anlage 28
6018 Frankfurt / Main
Telefon: 069 / 15 40 9-0
Website: www.bvi.de

Bundesverband Deutscher Banken (BDB)
Burgstraße 28
10178 Berlin
Telefon: (030) 16 63-0
Website: www.bdb.de
Mit besonderer Informationswebsite zur Altersvorsorge:
www.infos-finanzen.de

Literaturhinweise, Websites, Ansprechpartner

Stiftung Warentest
Lützowplatz 11-13
10785 Berlin
Telefon: 030 / 2631-0
Website: www.test.de

Bundesverband der Verbraucherzentralen (vzbv)
Kochstraße 22
10969 Berlin
Tel: 030 / 25800
Website: www.vzbv.de
Mit besonderer Informationswebsite zur Altersvorsorge:
www.vorsorgedurchblick.de

Verein Versicherungsombudsmann e.V.
Leipziger Str. 121
10117 Berlin
Telefon: 030 / 20 60 58-0
Website: www.versicherungsombudsmann.de
Verbrauchertelefon: 01804-224424 (gebührenpflichtig)

III. Private Organisationen und Einrichtungen

1. Rentenversicherung und betriebliche Altersvorsorge

Arbeitsgemeinschaft betriebliche Altersvorsorge (aba)
Rohrbacher Str. 12
69115 Heidelberg
Telefon: 06221 / 13 71 78-0
Website: www.aba-online.de

Pensions-Sicherungs-Verein VVaG (PSV)
Berlin-Kölnische-Allee 2-4
50969 Köln
Telefon: 0221 / 93659-0
Website: www.psvag.de

Bundesverband der Rentenberater (für Gesetzliche Rentenversicherung/teilweise mit Spezialisierung auf betriebliche Altersvorsorge):
Hohenstaufenring 17
50674 Köln
Telefon: 0221 / 240 6642
Website: www.rentenberater.de

2. Bausparen und Immobilien

Verband der Privaten Bausparkassen
Klingelhöferstraße 4
10785 Berlin
Telefon: 030 / 590091-500
Website: www.bausparkassen.de

Informationsportal zur Baufinanzierung der Verbraucherzentralen:
Website: www.baufoerderer.de

3. Kapitalanlage und Finanzinformationen

Bundesrepublik Deutschland – Deutsche Finanzagentur GmbH
Bundeswertpapierverwaltung (BWPV)
Lurgiallee 5
60295 Frankfurt / Main
Telefon: 069 / 25 616-0
Website: www.deutsche-finanzagentur.de oder www.bwpv.de

Deutsches Institut für Altersvorsorge (DIA)
Lindenstraße 14
50674 Köln
Telefon: 0221 / 9242 8105
Website: www.dia-altersvorsorge.de

Deutsches Aktieninstitut (DAI)
Niedenau 13-19
60325 Frankfurt / Main
Telefon: 069 / 929 15-0
Website: www.dai.de

Schutzgemeinschaft der Kapital-
anleger e.V. (SdK)
Maximilianstraße 8
80539 München
Telefon: 089 / 2020 8460
Website: www.sdk.org
Mit Anlegerschutzarchiv: www.anlageschutz.de

Deutsche Schutzvereinigung für
Wertpapierbesitz (DSW)
Hamborner Str. 53
40472 Düsseldorf
Telefon: 0211 / 6697-02
Website: www.dsw-info.de

Financial Planners Standards Board
Deutschland e. V.
(Finanzplaner mit Honorar-
beratung):
Escherheimer Landstraße 18
60322 Frankfurt / Main
Telefon: 069 / 90 55 08 66
Website: www.fpsb.de

*Allgemeine Finanzinformationen im
Internet (Websites):*
www.aktiencheck.de
www.finanzen.net
www.finanznachrichten.de
www.finanztreff.de
www.onvista.de
www.vwd.de
www.private-investmentclubs.de
www.zinsen-berechnen.de

*Fondsvergleiche im Internet
(Websites):*
www.dasinvestment.com
www.fondsprofessionell.de
www.fundresearch.de
www.investmentfonds.de
www.feri.de
www.morningstar.de

*Zertifikatevergleiche im Internet
(Websites):*
www.zertifikatejournal.de
www.zertifikateweb.de

*Informationen über den Grauen
Kapitalmarkt (Website der Zeitschrift
Börse Online):* www.graumarktinfo.de

zu Klampen!

Bund der Versicherten
(Herausgeber)
Leitfaden Versicherungen
Richtig versichern und dabei sparen

3., aktualisierte und erweiterte Auflage
272 Seiten, Hardcover
ISBN 978-3-86674-050-1

Der *Leitfaden Versicherungen* bahnt einen Weg durch den Versicherungsdschungel. Er vermittelt das erforderliche Wissen über alle Versicherungsarten im privaten Bereich, benennt Fußangeln und Fallstricke und klärt schließlich über Verbraucherrechte auf.
Klar strukturiert und gut lesbar, hilft er, Geld zu sparen.

ZU KLAMPEN VERLAG · RÖSE 21 · 31832 SPRINGE
Fon 0 50 41 - 80 11 33 · Fax 0 50 41 - 80 13 36
www.zuklampen.de · info@zuklampen.de